POLNISCHE JUDEN
Geschichte und Kultur

Marian Fuks, Zygmunt Hoffman,
Maurycy Horn, Jerzy Tomaszewski

POLNISCHE JUDEN
Geschichte und Kultur

Verlag Interpress

Titel des polnischen Originals
Żydzi polscy. Dzieje i kultura

Graphische Gestaltung
Krzysztof Racinowski

Deutsch
Dorota Matejak, Barbara Ostrowska

Redakteur der polnischen Ausgabe
Anna Broniarek

Technische Redaktion
Elżbieta Szeszko

Aufnahmen: J. Chodyna, J. Grelowski, M. Kalinowski, M. Krajewska, J. Morek, T. Prażmowski

Die im Buch abgebildeten Kunstwerke stammen aus den Sammlungen des Jüdischen Historischen Instituts in Warschau, des Museums für Judaika in Krakau, des Nationalmuseums in Warschau und des Museums der Modernen Kunst in Łódź.

Die zweitausenddritte Publikation des Verlags Interpress

Das Buch erscheint ferner in englischer Sprache.

ISBN 83-223-2003-5

INHALT

VORWORT

Wir bieten dem Leser ein einmaliges und ungewöhnliches Buch. Es ist der Kultur einer Welt gewidmet, die es nicht mehr gibt. Obwohl noch Menschen unter uns leben, die sich an diese Welt erinnern können, gehört sie bereits der Vergangenheit an, zerstört durch die tragischen Ereignisse des Zweiten Weltkriegs. Diese Welt ist aber nicht spurlos verschwunden, sie hat zahlreiche Denkmäler und Schätze der Kultur hinterlassen.

Polnische Juden... Unter den auf 80 Länder der Welt verstreuten Juden nahmen und nehmen sie weiterhin einen besonderen Platz ein. Hat sich doch in Osteuropa und vor allem auf polnischem Boden diese spezifische, einmalige jüdische — sakrale und profane — Kultur in all ihren Aspekten, Erscheinungsformen und Nuancen herausgebildet.

Der Zweite Weltkrieg hat dem polnischen Judentum und seiner Kultur einen grausamen Schlag versetzt. Über drei Millionen polnische Juden sind ums Leben gekommen, ihr jahrhundertealtes Kulturerbe aber ist in beträchtlichem Masse erhalten geblieben. Der Hitlerfaschismus hat viele überaus wertvolle Objekte der jüdischen Kultur vernichtet. Er hat historische Gotteshäuser mit ihrer reichen eigentümlichen Ornamentik in Trümmer gelegt. Er hat Bücher, Handschriften, alte Drucke, Meisterwerke der Bildhauerei, Malerei und Graphik verbrannt. Er hat Häuser und zahlreiche Gegenstände des täglichen Bedarfs und des jüdischen Brauchtums zerstört. Der Hitlerfaschismus hat es aber nicht vermocht, die Vergangenheit der polnischen Juden zu vernichten. Sie lebt fort in der Literatur, in Prosa und Dichtung, im wissenschaftlichen und religiösen Schrifttum, in den erhaltengebliebenen Jahrgängen der Zeitschriften, die vom 18. Jh. bis hin zum Ende des Zweiten Weltkriegs erschienen, in dramatischen Werken und in der reichen Bühnenliteratur, in Malerei und Musik.

Polnische Juden... Diese Bezeichnung steht bei den Juden in der ganzen Welt als Begriff für eine besondere Gemeinschaft, die die Kultur und sogar die Mentalität fast aller Juden beeinflusst hat. Auf der Erde leben heute etwa 15 Millionen Juden. Es gibt sie auf allen Kontinenten. Es ist wahrscheinlich nicht übertrieben, wenn man behauptet, dass zumindest die Hälfte dieser 15 Millionen gefühlsmässig mit dem polnischen Judentum verbunden ist.

Das Leben der Juden in Osteuropa, also auch auf polnischem Boden, war nicht leicht. Die Andersartigkeit ihrer Religion, ihrer Kleidung, ihrer Bräuche und ihrer Lebensweise rief Unwillen und sogar antisemitische Ausfälle hervor. Oft waren die ruhige, solide Lebensweise der Juden und die Begabungen dieser Nation den anderen ein Dorn im Auge. Die Juden verhielten sich jedoch loyal gegenüber dem Land, in dem sie seit Jahrhunderten lebten und dessen ehrliche Patrioten sie waren, was sie bei den Kämpfen um die Unabhängigkeit Polens mit ihrem Blut bewiesen.

So manches Mal verliessen Juden in den Wirren der Geschichte Polen. Sie verliessen Polen, doch sie konnten das Sentiment, die nostalgische Sehnsucht nach all dem, was sie mit diesem Land verband, nicht loswerden.

Polnische Juden wanderten in alle Erdteile aus. Sie nahmen ihre Bräuche und ihre Kultur mit, etwas, was sie bis zum Tode nicht verliess und im Leben ihrer Nachkommen fortdauerte. Aus Polen stammen schliesslich fast alle grossen Klassiker der jüdischen Literatur. Vergangenheit und Atmosphäre der jüdischen Kleinstädte in Polen hat schliesslich niemand anderes verewigt und für die Nachwelt bewahrt als solche Schriftsteller wie Isaak Leib Perez, Schalom Asch, Schalom Alejchem und viele, viele andere bis hin zum mit dem Nobelpreis für Literatur ausgezeichneten Isaac Bashevis Singer, der aus Radzymin bei Warschau stammt.

Hier werden nicht alle aus Polen stammenden hervorragenden Vertreter des politischen und gesellschaftlichen Lebens, alle Gelehrten, Schriftsteller, Künstler und Nobelpreisträger aufgezählt. Viele bedeutende Juden oder Persönlichkeiten jüdischer Herkunft stammen aus Osteuropa, meistens eben aus dem Gebiet des Königreichs Polen, aus Galizien, Grosspolen, Pommern oder dem Polen in der Zeit zwischen den beiden Weltkriegen.

Und wie viele einfache Menschen, wie viele polnische Juden, Kaufleute, Handwerker, Arbeiter, Wissenschaftler und Künstler, die über die ganze Welt verstreut sind, manifestieren bis auf den heutigen Tag ihre Verbundenheit mit dem Land ihrer Herkunft, mit Polen! Der beste Beweis dafür ist das Bestehen von etwa 400 Vereinen der polnischen Juden. Diese Vereine entfalten eine rege Tätigkeit. Sie geben Gedenkbücher, sog. Pinkassim, heraus, für die sie mit grösster Sorgfalt die verschiedenartigsten Materialien, Dokumente, Berichte, Erinnerungen, Tagebücher, Beschreibungen und all das zusammentragen, was sowohl die ältesten Zeiten als auch die Zeit zwischen den beiden Weltkriegen bis hin zur Zeit der Naziokkupation mit ihren Ghettos und Vernichtungslagern betrifft. Sie geben auch eigene Zeitschriften heraus, u.a. die in New York erscheinende „Bialystoker Stimme".

Eben für sie wird das vorliegende Buch wohl nicht nur eine interessante — darum haben sich die Verfasser nach Kräften und bestem Wissen bemüht —, sondern auch herzstärkende und ergreifende Lektüre sein. Auch für andere Leser, die die Geschichte der polnischen Juden fast mit der grauen Vorzeit in Verbindung bringen, dürfte diese Lektüre interessant sein.

DIE JUDEN IN POLEN BIS ZUM ENDE DES 18. JH.

Die ältesten Quellen über jüdische Siedler in Polen stammen erst vom Ende des 11. Jh. Es wird jedoch allgemein angenommen, dass sich Juden erheblich früher in Polen niedergelassen haben. Die Theorie, eine ansehnliche Zahl von Bekennern des mosaischen Glaubens sei nach dem Niedergang des Chasarenreiches um 965 aus dem Osten nach Polen gekommen, hat der wissenschaftlichen Kritik nicht standgehalten.

Die ersten Juden, die im Zuge der Herausbildung des polnischen Staates im Land an Weichsel und Oder auftauchten, waren Kaufleute. In den Quellen werden sie als Radaniten bezeichnet. Einer von ihnen war Ibrahim ibn Jakub, der Verfasser des ersten umfangreichen Berichts über Polen, der im Sommer 965 oder 966 von seiner Heimatstadt Toledo im von den Arabern beherrschten Spanien aus eine Handels- und Diplomatenreise in das deutsche Kaiserreich und die slawischen Länder unternahm.

In der Zeit der feudalen Zersplitterung schuf die Entwicklung der Städte und der Ware-Geld-Beziehungen die Voraussetzungen für eine zahlreichere Ansiedlung von Juden in Polen. Der verstärkte Zustrom von Juden war jedoch vor allem durch ihre Verfolgung in Westeuropa bedingt, die sich in der Zeit der Kreuzzüge verstärkte. Der erste Quellenhinweis betrifft die Ankunft von Juden, die 1097 oder 1098 aus Prag vertrieben worden waren. Die jüdischen Ankömmlinge aus Böhmen und auch aus Deutschland liessen sich vor allem in Schlesien nieder. Dort betrieben sie Handel und Landwirtschaft, waren jedoch auch Grundbesitzer. Bis zur Mitte der 14. Jh. hatten sie sich in mindestens 35 schlesischen Städten niedergelassen. Langsamer ging in jener Zeit die Ansiedlung von Juden in den anderen Gebieten Polens vonstatten. Erst 1237 wird in den Quellen erstmalig eine geschlossene Siedlung von Juden in Płock erwähnt. 1287 gab es eine jüdische Gemeinde in Kalisz, und 1304 eine Judengasse in Krakau.

Schon früher, unter Mieszko III., Herzog von Grosspolen (1138—1202) und Herrscher über ganz Polen (1173—1177 und 1198—1202), hatten Juden als Stempelschneider und Münzmeister in seiner Münze gearbeitet. Jüdische Münzer arbeiteten bis 1206 auch für andere damalige polnische Herzöge, für Kasimir den Gerechten, Bolesław den Langen und Ladislaus Dünnbein. Aus reinstem Silber schlugen sie Brakteaten genannte Münzen, die sie mit hebräischen Schriftzeichen versahen.

1264 verlieh ein Nachfolger von Mieszko III., Boleslaus der Fromme von Grosspolen, den Juden ein als Statut von Kalisz bezeichnetes Privileg, das ähnliche Privilegien in Österreich, Böhmen und Ungarn zum Vorbild hatte. Danach wurden die Juden anstatt den Stadt- und Kastellansgerichten dem herzoglichen Gerichtswesen unterstellt. Das Privileg garantierte den Juden freien Handel und das Recht, Kreditoperationen durchzuführen, die allerdings auf Anleihen auf unbeweglichen Besitz beschränkt waren. Das Statut von Kalisz, das die Juden als „Sklaven des Staatsschatzes" bezeichnete, gewährleistete ihnen Sicherheit der Person, Schutz der persönlichen Habe und Freiheit der Religionsausübung. Die Juden erhielten die Möglichkeit, sich zu selbstverwalteten jüdischen Gemeinden zusammenzuschliessen. Ähnliche Privilegien wurden den Juden auch von schlesischen Herzögen Heinrich Probus von Wrocław in den Jahren 1273—1290, Heinrich von Glogau in den Jahren 1274 und 1299, Heinrich von Liegnitz in den Jahren 1290—1295 und Bolko von Liegnitz und Wrocław im Jahre 1295 verliehen.

Die für die Juden vorteilhaften Privilegien der polnischen Herzöge riefen eine Gegenaktion des Klerus hervor. 1267 beschloss das Konzil von Wrocław nach dem Vorbild früherer Konzile in westlichen Ländern, für die Juden gesonderte, von den Christen getrennte Viertel zu schaffen und ihre Bewohner zum Tragen besonderer Zeichen zu verpflichten. Den Juden wurde untersagt, Ämter zu bekleiden und Posten innezuhaben, bei denen Christen ihre Untergebenen waren, sowie mehr als ein Gotteshaus in einer Stadt zu errichten. Obwohl diese Beschlüsse auf den Konzilen 1297 in Buda und 1285 in Łęczyca wiederholt wurden, traten sie angesichts der Vorteile, die die wirtschaftliche Tätigkeit der Juden den Herzögen brachte, praktisch nicht in Kraft.

An der Wende vom 13. zum 14. Jh. wurde die feudale Zersplitterung in Polen überwunden. Im wiedervereinigten Königreich nahm die Rolle der Städte und des Bürgertums zu. Die an der weiteren Entwicklung der Ware-Geld-Beziehungen interessierten polnischen Herrscher förderten die Immigration der Juden. Erwähnenswert ist vor allem Kasimir der Grosse, der bereits 1334, ein Jahr nach seiner Machtübernahme, die den Juden in Grosspolen 1264 von Boleslaus dem Frommen verliehenen Privilegien bestätigte. Die Juden wurden dem deutschen Recht entzogen und der Rechtsprechung der Wojewoden, bei Halsgerichtsverfahren sogar des Königs selbst unterstellt. 1364 und 1367 verlieh Kasimir der Grosse den Juden Privilegien, die ihr Leben im ganzen Land regelten. Die Privilegien Kasimirs des Grossen, die 1453 von Kasimir dem Jagiellonen und dann von seinen Nachfolgern bestätigt wurden, waren bis zur Teilung Polens, d.h. bis zum Ende des 18. Jh., das grundlegende Dokument für die allgemeine rechtliche Stellung der Juden im Königreich Polen. In Litauen spielten die Privilegien, die Herzog Witold in den Jahren 1388 und 1389 den drei jüdischen Gemeinden in Troki, Brest-Litowsk und Grodno verliehen hatte, eine ähnliche Rolle.

Die Hauptbeschäftigung der polnischen Juden im 14. und 15. Jh. war der Handel. Die Juden vermittelten in jener Zeit beim Austausch von Waren zwischen Polen und den italienischen Kolonien am Schwarzen Meer, in der Rus, in Ungarn und der Türkei. Sie beteiligten sich am Ostseehandel und am Handel mit Schlesien. Durch ihre Verbindungen zu den jüdischen Gemeinden in anderen Ländern und durch ihre Handels- und Krediterfahrungen waren die jüdischen Kaufleute in jener Zeit den einheimischen Kaufleuten beim Handel mit dem Ausland und mit fernen Gegenden überlegen. Aufgrund von Protesten des reichen Bürgertums und der Geistlichkeit wurden die Kreditgeschäfte der Juden zu Beginn des 14. Jh. erheblich eingeschränkt. 1423 verbot das Statut von Warka den Juden, auf Schuldbriefe und Hypotheken Kredit zu gewähren und beschränkte ihre Geschäfte ausschliesslich auf das Beleihen von beweglichem Besitz.

Ihr angehäuftes Kapital legten die Juden in Pachten an. Im 14. und 15. Jh. pachteten reiche jüdische Kaufleute und Wucherer die königliche Münze und Salzbergwerke und erzielten Gewinne aus Zöllen und Mauten. Zu den bedeutendsten gehörten im 14. Jh. Jordan und sein Sohn Lewko aus Krakau und im 15. Jh. Jakub Słomkowicz aus Luzk, Wołczko aus Drogobytsch, Natko aus Lwow, Samson aus Żydaczów, Josko aus Hrubieszów und Szania aus Bełz. Einer von ihnen, Wołczko aus Drogobytsch, Makler des Königs Ladislaus Jagiello, gründete etliche Dörfer in der Wojewodschaft Rus und war Schultheiss des Dorfes Werbiż in eben dieser Wojewodschaft. Auch die Juden von Grodno waren in jener Zeit Eigentümer von Dörfern, Vorwerken, Wiesen, Fischteichen und Mühlen. Bis zum Ende des 15. Jh. spielte die Landwirtschaft jedoch nur eine unbedeutende Rolle als Unterhaltsquelle jüdischer Familien. Weitaus grössere Bedeutung hatte das Handwerk, das nicht nur auf den Bedarf der Glaubensgenossen, sondern auch der christlichen Bevölkerung eingestellt war (Kürschnereien, Gerbereien, Schneidereien).

Die zunehmende Wirtschaftstätigkeit der Juden verschärfte die Konkurrenz gegenüber den christlichen Kaufleuten. Mitte des 14. Jh. kam es aus diesem Grunde zu antisemitischen Unruhen in Schlesien, das unter der Herrschaft der deutsch-böhmischen Dynastie der Luxemburger stand. Dort wurden die Juden auch — ähnlich wie früher in Westeuropa — während einer als schwarzer Tod bezeichneten Epidemie beschuldigt, sie hätten systematisch die Brunnen vergiftet. 1349 kam es in vielen schlesischen Städten zu Pogromen, und ein Teil der Flüchtlinge aus den dortigen Städten suchte ebenso wie die aus den Ländern Westeuropas vertriebenen Juden Zuflucht in Polen.

Die wohlwollende Aufnahme der Flüchtlinge durch Kasimir den Grossen und die Zusicherung königlichen Schutzes trug zur verstärkten Ansiedlung der Juden bei. Aus der zweiten Hälfte des 14. Jh. stammen die ersten Hinweise auf Judenviertel in Lwow (1356), Sandomierz (1367), Kazimierz bei Krakau (1386) und einigen anderen Städten. Im 15. Jh. tauchten in zahlreichen weiteren Städten von Grosspolen, Kleinpolen, Kujawien, Pommern und der Roten Rus jüdische Bewohner auf. In den fünfziger Jahren des 15. Jh. suchten in polnischen Städten jüdische Flüchtlinge aus Schlesien Schutz, das damals unter der Herrschaft der Habsburger stand. 1454 kam es zu antisemitischen Ausschreitungen in Wrocław und anderen schlesischen Städten, die vom päpstlichen Abgesandten, dem Mönch Jan Kapistran, inspiriert worden waren. Seine Hauptaufgabe war es, den Plebs und den Pöbel gegen die Hussiten aufzuwiegeln, und bei Gelegenheit zettelte er auch einen niederträchtigen Feldzug gegen die Juden an, die er der Verleumdung der christlichen Religion bezichtigte. Im Ergebnis der von Kapistran heraufbeschworenen Aktion wurden die Juden aus Niederschlesien vertrieben. Bald darauf entwickelte Kapistran, von Zbigniew Oleśnicki nach Polen eingeladen, in Krakau und einigen anderen Städten eine ähnliche Tätigkeit, die zu antisemitischen Tumulten, jedoch geringeren Ausmasses, führte. 40 Jahre später, 1495, wurden die Krakauer Juden aus der Innenstadt verbannt und in die „Judenstadt" in Kazimierz verwiesen. Im selben Jahr vertrieb Alexander der Jagiellone, Anordnungen der Herrscher von Spanien nachahmend, die Juden aus Litauen. Für einige Jahre fanden sie Zuflucht in Polen, bis ihnen 1503 gestattet wurde, in das Grossfürstentum Litauen zurückzukehren.

Im ausgehenden Mittelalter lebten Juden in 85 Städten; ihre Gesamtzahl im Königreich Polen wird auf 18 000 und in Litauen auf 6000 geschätzt. Zusammen machten sie nur 0,6% der gesamten Bevölkerung beider Staaten aus.

Das 16. Jh. und die erste Hälfte des 17. Jh. waren ein Zeitraum der verstärkten Ansiedlung und eines verhältnismässig schnellen Anstiegs des natürlichen Zuwachses der polnischen und litauischen Juden. Auch wuchs, vor allem im 16. Jh., die Zahl der Immigranten, unter denen sich nicht nur Aschkenasim aus den zur habsburgischen Monarchie gehörenden Ländern Deutschland, Böhmen, Ungarn und Oberschlesien (in den achtziger Jahren des 16. Jh. waren lediglich zwei jüdische Gemeinden in Glogau sowie in Biała Podlaska übriggeblieben), sondern auch aus Spanien und Portugal vertriebene Sephardim befanden. Ausserdem siedelten Sephardim aus Italien und der Türkei freiwillig nach Polen über.

Ende des 16. Jh. ging die Immigration zurück, und neue jüdische Gemeinden entstanden hauptsächlich durch die Migration der Bevölkerung aus überfüllten Vierteln in neue Siedlungen. Um 1648 gab es in mehr als der Hälfte aller Städte der Adelsrepublik Polen bereits jüdische Einwohner, wobei sich das Zentrum des jüdischen Lebens von den westlichen und zentralen Gebieten in die östlichen Wojewodschaften verlagerte, wo es in etwa zwei Dritteln aller Städte grössere oder kleinere Gruppen von Juden gab. Ab Mitte des 16. Jh. begannen sich immer mehr Juden auf dem Lande niederzulassen. Mitte des 17. Jh. zählte die jüdische Bevölkerung der Adelsrepublik Polen ungefähr 500 000 Personen, also annähernd 5% der gesamten Bevölkerung Polens und des Grossfürstentums Litauen.

Die Rechtslage der Juden war nach wie vor durch königliche und grossfürstliche Privilegien sowie durch Sejmgesetze geregelt, jedoch unterstanden die Juden in den Privatbesitzern gehörenden Städten und Dörfern in Polen ab 1539 gerichtlich und verwaltungsmässig den Eigentümern. Seitdem waren neben den generellen Privilegien die den Juden von den Grundeigentümern verliehenen Privilegien von grosser Bedeutung. Die Rechtslage der Juden wurde weiterhin durch Konzilbeschlüsse und Gewohnheitsrecht beeinflusst. Dadurch war die Rechtslage der jüdischen Bevölkerung sehr unterschiedlich. In einigen Städten wurden die Juden als Bürger der Stadt anerkannt (doch ohne das Recht, sich um ein städtisches Amt zu bewerben). In vielen Städten, vor allem in jenen, deren Eigentümer dem Adel angehörten, konnten die Juden unbehindert Handel treiben und ein Handwerk ausüben. In anderen waren diese Möglichkeiten und auch das Recht, sich niederlassen zu dürfen, beschränkt. Und in wiederum anderen Städten war es den Juden verboten, sich dort anzusiedeln. Im 16. Jh. erlangten mehr als 20 Städte „Privilegia de non tolerandis Judaeis", u.a. Międzyrzec 1520, Warschau 1525, Sambor 1542, Gorodok 1550, Wilna 1551, Bydgoszcz 1556, Stryj 1567, Biecz, Krosno und Tarnogród 1569, Pilzno 1577, Drogobytsch 1578, Mikołajew 1596 und Chęciny 1597. Diese Verbote wurden nur in einem Teil der erwähnten Städte konsequent eingehalten. In den anderen Städten entstanden entweder gesonderte Vorstadtviertel, die Judenstädte (u.a. in Lublin, Piotrków, Bydgoszcz, Drogobytsch und Sambor), oder aber die Juden erreichten die Anullierung der diskriminierenden Anordnungen, so z.B. in Stryj und Tarnogród. Die Einschränkung der territorialen Entwicklung der jüdischen Viertel veranlasste die Juden, sich um ein Wohnverbot für Christen darin zu bemühen. „Privilegia de non tolerandis Christianis" erhielten z.B. die Judenstadt in Kazimierz 1568, die Gemeinde in Posen 1633 und auch alle litauischen Gemeinden 1645.

In den Jahren 1501—1648 unterlag die wirtschaftliche Tätigkeit der Juden in der Adelsrepublik Polen einer weiteren Intensivierung. Auch die Berufsstruktur der jüdischen Bevölkerung änderte sich im Vergleich zum vorhergehenden Zeitraum grundlegend. Zur wichtigsten Unterhaltsquelle der jüdischen Familien wurden das Handwerk und der örtliche Handel. Die Magnaten, die die Juden als Konkurrenz gegenüber den königlichen Städten nutzten, boten dem jüdischen Handwerk im allgemeinen günstige Entwicklungsbedingungen. In den grösseren der Krone unterstehenden Städten und in den Städten, die der Kirche gehörten, waren die jüdischen Handwerker ähnlich wie die keiner Zunft angehörenden christlichen Handwerker, die als „Pfuscher" bezeichnet wurden, ständig Schikanen seitens der Stadtverwaltung und der christlichen Zünfte ausgesetzt. Sie konnten ihren Beruf nur heimlich ausüben, und nur in wenigen Städten (z.B. in Grodno, Lwow, Luzk und Przemyśl) wurden nach langem Kampf einige jüdische Handwerker von den Zünften geduldet, allerdings gegen ein gebührendes Entgelt.

Trotz dieser Schwierigkeiten behielt das jüdische Handwerk, das die Unterstützung der königlichen Starosten und der adligen Eigentümer von Städten genoss, nicht nur seinen früheren Besitzstand, sondern vergrösserte ihn noch erheblich. Mitte des 17. Jh. übten die polnischen und litauischen Juden über 50 Handwerksberufe aus (in der Roten Rus waren es 43) und waren in allen handwerklichen Herstellungszweigen vertreten. Eine grosse Rolle spielten jüdische Fachleute bei der Herstellung von Nahrungsmitteln, Leder, Textilien und Bekleidung sowie als Goldschmiede und bei der Anfertigung von Zinngefässen und Glas. Mitte der 17. Jh. gründeten jüdische Handwerker in Krakau, Lwow and Przemyśl eigene Zünfte. In Biała Cerkiew gehörten 1641 mehrere jüdische Handwerker (Schneider und Metzger) christlichen Zünften an.

Im 16. Jh. und in der ersten Hälfte des 17. Jh. spielten die Juden eine hervorragende Rolle bei der Entwicklung des polnischen Aussenhandels. Sie trugen auch zu verstärkten Kontakten zwischen Ost und West bei und übertrugen die im Ausland erworbenen Handelserfahrungen auf polnischen Boden. Lebhafte Handelsbeziehungen unterhielten die jüdischen Kaufleute über Gdańsk insbesondere mit England und den Niederlanden und über Lwow und Krakau mit Ungarn und der Türkei. Die Juden verkauften nicht nur Produkte der polnischen Landwirtschaft ins Ausland, sondern auch handwerkliche Fertigwaren, besonders Pelze und Bekleidung. Dagegen führten sie aus West und Ost Waren ein, die auf dem polnischen Markt gefragt waren. Jüdische Grosshändler reisten zu den bedeutenden Messen in Venedig, Florenz, Leipzig, Hamburg, Frankfurt am Main, Wrocław und Gdańsk. Um Handelsunternehmungen in grossem Massstab durchzuführen, gründeten sie manchmal Handelsgesellschaften. Mitte des 16. Jh. schlossen sich z.B. jüdische Kaufleute aus Brest-Litowsk, Tykocin, Grodno und Śledzewo zu einer Gesellschaft zusammen, deren Ziel der Handel mit Gdańsk war, und 1616 taten Juden aus Lwow, Lublin, Krakau und Posen es ihnen gleich. An der Wende vom 16. zum 17. Jh. entstanden in vielen Orten nur kurze Zeit bestehende gemischte jüdisch-christliche Gesellschaften zur Abwicklung vorteilhafter Handelsgeschäfte. Am Aussen- und Überseehandel waren nur verhältnismässig wenige Juden beteiligt. Die Hauptmasse des jüdischen Kaufmannsstandes bestand aus mittelmässig begüterten Ladenbesitzern, aber auch aus Krämern und Hausierern, deren ganzer Besitz in der Ware auf der Bank vor dem Haus, auf dem Wagen oder im Sack auf dem Rücken bestand.

Die zunehmende Expansion der Juden beim Handel beunruhigte das Bürgertum, das ihre Konkurrenz um so schmerzlicher verspürte, als es in dem Handel treibenden Adel einen weiteren Konkurrenten fand. Der Kampf eines Teil des Bürgertums gegen die jüdischen Kaufleute kam u.a. in Versuchen zum Ausdruck, den jüdischen Handel einzuschränken. Obwohl die Monarchen der jüdischen Bevölkerung im allgemeinen gewogen waren, erliessen sie doch unter dem Druck des Bürgertums und der Geistlichkeit eine Reihe von Dekreten, die den jüdischen Grosshandel auf gewisse Waren reduzierten oder auf eine bestimmte Höhe der Einkäufe beschränkten, die den Juden zu tätigen gestattet waren. Grössere Einschränkungen waren in den zwischen den Magistraten der grösseren Städte und den jüdischen Gemeinden geschlossenen Übereinkommen vorgesehen, doch wurden diese Verträge nicht immer eingehalten. In den privaten Grundbesitzern gehörenden Städten ging der jüdische Handel, der den Eigentümern beträchtliche Gewinne eintrug, meist ohne Hindernisse vonstatten.

Die Handelstätigkeit der Juden war mit Kreditgeschäften verbunden. Sehr oft waren die jüdischen Kaufleute zugleich Finanziers. Zu den bedeutendsten jüdischen Bankiers gehörten die Fiszels aus Krakau und die Nachmanowicz' aus Lwow sowie die litauischen Juden Mendel Izakowicz und Izak Brodawka. Jüdische Finanziers waren die Wegbereiter des zentralisierten Kredits in Polen. Zwar befassten sich die von ihnen geschaffenen Finanzinstitutionen vor allem mit der Beschaffung von Kapital zur Finanzierung grosser jüdischer Pachten und des Grosshandels, sie gewährten jedoch nebenbei dem Adel auf künftige Ernten und jüdischen Unternehmern Kredit. Eine positive Rolle spielten auch die kleinen, doch häufig gewährten Kredite für Handwerker und kleine Kaufleute, weil das Erlangen eines Kredits in vielen Fällen die unabdingliche Voraussetzung für die Eröffnung einer Werkstatt oder eines Ladens war. Die Kehrseite dieser Tätigkeit darf jedoch nicht übersehen werden. Das Gewähren von Krediten zu Wucherzinsen führte zu einer Verarmung sowohl der jüdischen als auch der christlichen Schuldner. Ein Teil von ihnen kam ins Gefängnis, und ihre Familien blieben ohne Mittel zum Leben. Diese Wuchertätigkeit der jüdischen Kreditgeber verstärkte unter den Bürgern die Abneigung gegenüber der jüdischen Bevölkerung, die ständig durch die Andersartigkeit von Religion und Brauchtum genährt wurde.

Ein wichtiger Bereich der wirtschaftlichen Tätigkeit der Juden war weiterhin die Pacht. Im besprochenen Zeitraum gab es neben den reichen jüdischen Kaufleuten und Bankiers, die grosse Wirtschaftskomplexe oder Einkünfte aus Zoll und Maut in ausgedehnten Gebieten pachteten, eine grosse Zahl kleiner Pächter von Mühlen, Brennereien, Brauereien und Schenken. Auch die Zahl der jüdischen Unterpächter, Schreiber und Steuereintreiber, die bei reichen Pächtern beschäftigt waren, stieg erheblich. Einige reiche Pächter gelangten zu hohen Würden. So erhielt z.B. der Hauptsteuereintreiber der von den Juden in Litauen zu entrichtenden Steuern, Michał Ezofowicz, 1525 während der Feierlichkeiten anlässlich des preussischen Lehnseides den Adelstitel und das „Leliwa"-Wappen, ohne des jüdischen Glaubens zu entsagen. Sein Bruder Abraham Ezofowicz, der sich taufen liess, wurde ebenfalls in den Adelsstand erhoben und erhielt ausserdem das Amt des Starosten von Minsk und des Unterschatzmeisters von Litauen.

Im ersten Viertel des 16. Jh. übten jüdische Pächter ihr Amt als vollberechtigte Leiter der ihnen unterstehenden Unternehmen, u.a. in Salzbergwerken und Zollämtern, aus. 1521 schrieb Justus Ludwik Decjusz, der Chronist Sigismunds des Alten: „In dieser Zeit stehen die Juden immer höher im Wert; es gibt kaum einen Maut oder irgendeine Abgabe, die ihnen nicht unterstünde oder um die sie sich nicht zumindest bemühten. Die Christen sind allgemein von den Juden abhängig; du findest niemanden unter den reichen und ersten Herren der Republik, der nicht einen Juden über sein Vermögen einsetzte, der nicht Juden Macht über die Christen gäbe."

Der Kleinadel, der im 16. Jh. einen scharfen Kampf gegen die Magnaten führte, war dagegen, dass Juden von den Magnaten und dem König Salzbergwerke, Zoll und Maut in Pacht gegeben wurden. Unter dem Druck des niederen Adels verbot der Sejm von Piotrków 1538 den Juden die Pacht öffentlicher Einnahmen. Dieses Verbot wurde auf späteren Sejmtagungen mehrmals wiederholt. Die Erlasse erwiesen sich aber nur teilweise als wirksam. 1581 fasste die autonome Vertretung der Juden (der sog. Vierländersejm), die in Lublin tagte, einen Beschluss, der den Glaubensgenossen bei Bannstrafe untersagte, Salinen, Münzen, Spundgelder, Zoll und Maut in Grosspolen, Kleinpolen und Masowien zu pachten. Dieses Verbot wurde folgendermassen begründet: „Angestachelt durch Gier nach Gewinn und Bereicherung aus zahlreichen grossen Pachten, können Leute — Gott möge es verhüten — grosse Gefahr für die Gesamtheit (der Juden) heraufbeschwören." Seitdem gab es nur in der Roten Rus, in Podolien, Wolhynien und der Ukraine am Dnepr sowie in Litauen jüdische Pächter. Auf den von Juden gepachteten Gütern kam es ähnlich wie auf den vom Adel verwalteten Gütern infolge der feudalen Ausbeutung der Bauern des öfteren zu lokalen Unruhen, die in der Ukraine in Kosaken- und Bauernaufstände umschlugen. Das Zusammenwirken der jüdischen Pächter und der Magnaten der Ukraine in ihrer Kolonialpolitik führte dazu, dass die Aufstände häufig unter dem Motto der Abrechnung mit den Polen und Juden standen.

Neben Handwerk, Handel, Finanzgeschäften und Pacht wurde die Landwirtschaft in den östlichen Gebieten der Adelsrepublik Polen zu einer immer bedeutsameren Unterhaltsquelle der jüdischen Bevölkerung. Maciej Miechowita, der Verfasser einer polnischen Chronik (1519), schrieb über die Juden, dass sie sich in der Rus nicht nur mit Wucher und Handel befassten, sondern auch mit der Landwirtschaft. In den Städten waren die Juden Eigentümer von Feldern und Gärten. In Chełm wurden 1636 jüdische Steuereinnehmer zur Fronarbeit herangezogen. Auf dem Lande bestellten Juden den Boden, der zu den von ihnen gepachteten Schenken, Mühlen und Brauereien gehörte.

Ein Teil der Juden erwarb seinen Unterhalt als bezahlte Beamte der jüdischen Gemeindeverwaltung, als Musikanten, Fuhrleute und Makler auf Adelshöfen und in Häusern reicher Kaufleute sowie oft als Vermittler, Dienstboten, Verkäufer usw. Ohne Mittel zum Leben blieben dagegen die Bettler und Krüppel, an denen es in den jüdischen Gemeinden nicht mangelte. Nur ein Teil von ihnen konnte auf sporadische Hilfe von karitativen Organisationen oder auf einen Platz in einem Armenhaus rechnen. Da sich die Unterschiede im Vermögensstand der Juden vertieften, nahmen die sozialen Konflikte schärfere Form an. Ab Mitte des 16. Jh. gab es Kämpfe zwischen jüdischen Handwerkern und jenen Juden, die ihr Kapital im Leder-, Textil- und Bekleidungshandwerk angelegt hatten. Der Kampf des jüdischen Pöbels und Plebs gegen die reichen Kaufleute und Finanziers fand seinen Niederschlag im Wirken des plebejischen Predigers Salomon Efraim aus Łęczyca an der Wende vom 16. zum 17.

Jh. In seinem Buch „Ir gibborim" (Stadt der Helden), das 1580 in Basel erschien, prangerte er die Ausbeutung der Armen durch die Reichen scharf an. Er griff auch jene Rabbiner an, die den Reichen schmeichelten. Seine Ansichten äusserte er nicht nur in Publikationen und Predigten in Synagogen, sondern er verkündete sie auch öffentlich auf den zahlreich von Juden besuchten Jahrmärkten.

In den Quellen sind sporadisch gemeinsame Auftritte jüdischer Handwerker und christlicher „Pfuscher" gegen Zunftälteste verzeichnet. Auch gab es gemeinsame Aktionen von Juden und Bürgern gegen den Adel. Das fand seinen Niederschlag u.a. in einer Vereinbarung, die die Juden 1589 mit den Stadtbehörden von Kamionka Strumiłowa „mit Einverständnis aller" abschlossen. Die Ratsherren „haben die Juden alle in ihr Recht aufgenommen, in alle ihre Freiheiten, und sie alle sollen sie als Bürger tragen". Die Juden verpflichteten sich, an Arbeiten zugunsten der Stadt teilzunehmen, Wachen aufzustellen und sich gemeinsam mit den Christen an Hochwasseraktionen und anderen Massnahmen zu beteiligen. Die Christen dagegen verpflichteten sich, „die Juden als unsere Nachbarn vor Verfolgung und Gewalt sowohl seitens des Adels als auch der Soldaten zu schützen, sie zu verteidigen und es nicht zuzulassen, dass ihnen Unrecht geschieht... da sie unsere Nachbarn sind".

Hand in Hand mit der rasch zunehmenden Ansiedlung und der wirtschaftlichen Tätigkeit der polnischen Juden ging der Ausbau der jüdischen Selbstverwaltung, deren organisatorische Struktur im 16. Jh. eine Form annahm, die in anderen europäischen Ländern nicht anzutreffen war. Ähnlich wie im Mittelalter wurden die autonomen jüdischen Gemeinden vom Kahal, der Gemeindeverwaltung, verwaltet, d.h. einem Kollegium, dem vorwiegend unter den örtlichen Reichen gewählte Älteste angehörten. Der Kahal befasste sich mit Beisetzungen, ihm unterstand der Friedhof, er organisierte das Schulwesen, übte die Kontrolle über die Badehäuser, das Schlachten und den Verkauf von Fleisch aus, und in den geschlossenen Judenstädten wachte er über Sauberkeit sowie über Ruhe und Sicherheit der Einwohner. Hinzu kamen wichtige Funktionen der Wohltätigkeit, so das Einrichten von Krankenhäusern und die Unterstützung armer Mädchen, die heirateten. Eine nicht unbedeutende Frage, mit der sich der Kahal befasste, war die Aufteilung der Steuersumme, die die Gemeinde zu zahlen hatte, auf die einzelnen Haushalte.

Die weitere hierarchische Entwicklung der autonomen jüdischen Institutionen war mit den Schwierigkeiten verbunden, auf die die Behörden zu Beginn des 16. Jh. bei der Eintreibung der Steuern von den einzelnen Gemeinden stiessen. In den Jahren 1518—1522 ordnete Sigismund August die Schaffung von vier jüdischen Bezirken oder Ländern an, die auf besonderen Tagungen die Landesältesten sowie die Taxatoren und Steuereinnehmer wählen sollten. 1530 setzte der König ein ständiges Schiedstribunal mit Sitz in Lublin ein, das Streitfragen zwischen Juden aus den einzelnen Ländern schlichten sollte. 1579 berief Stephan Báthory eine Hauptvertretung der Juden des Königreichs Polen und Litauens, die für die reibungslose Eintreibung der bereits 1549 für die jüdische Bevölkerung eingeführten Kopfsteuer verantwortlich sein sollte. Diese Einrichtung, der Vierländersejm (Waad arba aracot), konstituierte sich 1581 auf seiner Tagung in Lublin. Der Vierländersejm, der meist jedes Jahr einberufen wurde, wählte aus seiner Mitte einen Rat, die sog. Judengeneralität. An ihrer Spitze stand der Generalmarschall, ihre Mitglieder waren der Generalrabbiner, der Generalschreiber sowie die Generalschatzmeister. Bis 1623 fanden sich zu den Sejmen Vertreter sowohl des Königreichs Polen als auch Litauens ein. In jenem Jahr entstand ein gesonderter Sejm der litauischen Juden, da ein getrenntes Schatztribunal für Litauen ins Leben gerufen worden war. Diese Einrichtungen bestanden bis 1764. Der Sejm der Juden des Königreichs Polen tagte vorwiegend in Lublin, manchmal auch in Jarosław oder Tyszowce. Der Sejm der Juden von Litauen beriet meist in Brest-Litowsk.

Der Sejm oder Waad repräsentierte die Gesamtheit der Juden; er unterhandelte über seine Syndiken mit den zentralen und örtlichen Behörden und war bemüht, durch deren Kontakte mit den Abgeordneten die in Fragen der Juden auf den polnischen Landtagen und im polnischen Sejm gefassten Beschlüsse zu beeinflussen. Im Waad wurden nicht nur Fragen des Fiskus, sondern auch Probleme behandelt, die mit dem Leben und der Kultur der Juden in der Adelsrepublik in Zusammenhang standen. Dort wurden Beschlüsse über die Pacht staatlicher Produkte, die Höhe der Zinsen bei Kredittransaktionen zwischen Juden, den Schutz der Glaübiger vor betrügerischen Bankrotten, die Erziehung der Jugend, den Schutz der Familie usw. gefasst.

Der Waad befasste sich mit Fragen der Besteuerung der jüdischen Bevölkerung, u.a. zur Verteidigung des Landes. Die Hauptsteuer war die Kopfsteuer. Ausserdem zahlten die Juden ebenso wie die anderen Bürger Steuern zur Verteidigung der Stadt. Ausser den finanziellen Leistungen waren die Einwohner einer Stadt ungeachtet ihrer Konfession zu Sachleistungen für den Bau und den Ausbau der städtischen Befestigungsanlagen und den Unterhalt ständiger Wachen verpflichtet. Juden wurden genauso wie Christen zu persönlichen Leistungen zur Verteidigung der Stadt herangezogen.

In den jüdischen Vierteln waren wehrhafte Synagogen ein wichtiges Verteidigungselement. Im 16. und 17. Jh. entstanden im östlichen Grenzgebiet mehrere Dutzend derartige Synagogen, u.a. in Bełżec, Brody, Buczacz, Buszcz, Czortków, Husiatyń, Jarosław, Leszniów, Lublin, Luzk, Podkamień, Pomorzany, Sokal, Stryj, Szarogród, Szczebrzeszyn, Szydłów, Tarnopol, Zamość und Żółkiew.

Es war eine der Hauptpflichten der Bürger, darunter auch der Juden, die Städte als befestigte Punkte des Widerstands gegen einen Feind zu verteidigen, dem es gelungen war, ins Innere des polnischen Staates einzudringen. Zu Beginn des 16. Jh. kam noch die Pflicht hinzu, im Grossfürstentum Litauen gemeinsam ein Militärkontingent zu stellen. Diese Pflicht wurde nach 1514 in entsprechende Geldleistungen umgewandelt. Erstmalig waren die Juden 1544 dazu verpflichtet worden, Militärkontingente zu stellen, doch erst nach 1648 wurden sie energischer dazu angehalten. Ähnlich wie die gesamte Stadtbevölkerung erhielten die Juden ihre Kampfausbildung bei den militärischen Pflichtübungen, und ihre Kampffähigkeit und ihre Fertigkeit im Umgang mit der Waffe wurde bei sog. Vorführungen überprüft.

Die unmittelbare Beteiligung von Juden an Kämpfen gegen die Feinde der Adelsrepublik auf dem Schlachtfeld lässt sich am Beispiel von Einzelpersonen von der Mitte des 16. Jh. an quellenmässig belegen. Unter Stephan Báthory diente Mendel Izakowicz aus der Umgebung von Krakau als Brükkenbauer und Ingenieur im polnischen Heer und leistete ihm im Krieg gegen Russland erhebliche Dienste. Während des Krieges gegen Russland 1610—1612 dienten alleine in einem Fähnlein, vermutlich der leichten Reiterei, gleichzeitig weit über zehn Juden. Eine gewisse Anzahl von Juden nahm auch am sog. Smolensker Krieg (1632—1634) teil, einige von ihnen gerieten in russische Gefangenschaft.

Das Jahr 1648, in dem der Aufstand unter der Führung von Bogdan Chmelnizki ausbrach, wurde zu einem Wendepunkt sowohl in der Geschichte der Adelsrepublik Polen als auch in der Geschichte der polnischen Juden. Das Land geriet in eine Wirtschaftskrise, die durch die Kriegszerstörungen noch vertieft wurde. Die Kriege gegen die Ukraine, gegen Russland, Schweden, die Türkei und die Tataren dauerten mit geringen Unterbrechungen von 1648 bis 1717 und verursachten einen Niedergang der Städte und der Landwirtschaft sowie erhebliche Menschenverluste. Während des Aufstandes von Bogdan Chmelnizki und der Kriege gegen die Ukraine und Russland hörten die jüdischen Gemeinden in den von den Feinden der Adelsrepublik besetzten Gebieten auf zu bestehen. Ein Teil der Juden wurde ermordet, ein Teil emigrierte in die zentralen Gebiete Polens, und ein weiterer Teil wanderte nach Westeuropa aus. Die Verluste an jüdischer Bevölkerung alleine während der Aufstände des ukrainischen Volkes (1648—1654) werden auf 20—25%, d.h. auf 100 000—125 000 Personen, geschätzt. Erst nach 1717 war wieder ein starker Zuwachs der jüdischen Bevölkerung zu verzeichnen. Es wird angenommen, dass 1766, als die Zählung der zur Zahlung der Kopfsteuer verpflichteten Juden beendet wurde, in der Adelsrepublik etwa 750 000 lebten. Das waren 7% der Gesamtbevölkerung des Königreichs Polen und des Grossherzogtums Litauen. Nach Rafał Mahler wohnten damals 29% der Juden in ethnisch polnischen Gebieten, 44% in Litauen und Belorussland und 27% in überwiegend von ukrainischer Bevölkerung bewohnten Gebieten. Ungefähr 2/3 der Juden wohnten in der Stadt und 1/3 auf dem Lande.

Nach der ersten Teilung Polens gerieten etwa 150 000 Juden unter österreichische, rund 25 000 unter russische und nur rund 5000 unter preussische Herrschaft. Die 1790/91 in Polen durchgeführte Volkszählung ergab ein weiteres Anwachsen der jüdischen Bevölkerung. Tadeusz Czacki schätzte es auf über 900 000 Personen, d.h. auf etwa 10% der gesamten Bevölkerung der damaligen Adelsrepublik Polen. Etwa zur gleichen Zeit (1780) lebten im österreichischen Teilungsgebiet über 150 000 Juden, und in den anderen beiden Teilungsgebieten einige Zehntausend.

Der Wiederaufbau der Städte nach jedem Krieg ging sehr langsam voran. Verhältnismässig schnell wurden die Güter der Magnaten wiederhergestellt, die sich dazu gerne der Juden bedienten. In den Ost- und teilweise auch den Zentralgebieten der Adelsrepublik Polen spielten sie eine wichtige Rolle bei der Reaktivierung des Handwerks, nicht nur der herkömmlich jüdischen Zweige wie Goldschmiedekunst, Zinnbearbeitung, Posamentierhandwerk, Glasbearbeitung, Kürschnerhandwerk oder Schneiderhandwerk, sondern auch anderer Berufe wie Klempner, Kesselschmied, Plattner, Schnitzer, Drucker, Färber und Seifensieder. Im besprochenen Zeitraum tauchten zahlreiche jüdische Handwerker auf, die über Land zogen, um in Dörfern und an Adelshöfen vorübergehend Arbeit zu finden. Die materielle Lage der jüdischen Handwerker war im allgemeinen sehr schwer. Die Verarmung der Stadt- und Dorfbewohner führte dazu, dass jüdische wie christliche Handwerker nur schwer Abnehmer für die von ihnen gefertigten Waren fanden. In den grösseren Städten kam es durch die Konkurrenz zu zahlreichen Streitigkeiten zwischen den Zünften und jüdischen und christlichen „Pfuschern". Diese Kämpfe endeten manchmal mit einem Kompromiss, und viel häufiger als in früheren Zeiten wurden Juden in christliche Zünfte aufgenommen. Ausserdem entstanden neben den bereits länger bestehenden auch neue rein jüdische Zünfte, so z.B. in Posen, Krakau, Lwow, Przemyśl, Kępno, Leszno, Luzk, Berdyczów, Minsk, Tykocin und Białystok.

Während der Kriege ab Mitte des 17. Jh. erstarb der jüdische Gross-, Fern- und Aussenhandel fast völlig. Nur den Kaufleuten einiger weniger Städte wie Brody oder Leszno gelang es, mit erheblicher Unterstützung der Magnaten in der zweiten Hälfte des 17. Jh. die Kontakte zu Gdańsk, Wrocław, Königsberg und Frankfurt an der Oder und in geringerem Umfang zu England wiederherzustellen. Mit Hilfe der Magnaten begann sich auch der jüdische örtliche Handel wieder zu beleben. Die meisten Läden in den aus den Trümmern wiederaufgebauten Rathäusern wurden an Juden vermietet (u.a. in Staszów, Siemiatycze, Kock, Siedlce und Białystok). Auch der jüdische Hausierhandel lebte wieder auf, so dass der während der Kriege unterbrochene Wirtschaftsaustausch zwischen Stadt und Land wieder in Gang kam.

Einer radikalen Änderung unterlag nach den Kriegen ab Mitte des 17. Jh. die organisatorische Form des jüdischen Kreditwesens. Die grossen Bankhäuser verschwanden, und die Kahale wurden von Kreditgebern zu Kreditnehmern. Angehörige des Adels und der Geistlichkeit legten ihr Kapital immer häufiger in jüdischen Gemeinden an und zwangen sie gleichzeitig zu solidarischer Verantwortlichkeit für die Schulden einzelner Juden. Bei Zahlungsunfähigkeit eines Kahals hatten die christlichen Herren das Recht, die Synagogen zu versiegeln und zu schliessen, die Ältesten ins Gefängnis zu bringen und die den Kaufleuten gehörenden Waren zu konfiszieren. Um sich vor leichtsinnigen Kreditnehmern zu schützen, wendeten die Gemeinden die sog. Chasaka an, die darauf beruhte, dass Gemeindemitglieder die Erlaubnis bekamen, Kredit aufzunehmen. Über die Zuteilung von Anleihen entschieden oft Cliquen, die sich aus Kahal-Ältesten zusammensetzten. Ein Teil des vom Adel und der Geistlichkeit geliehenen und durch Wucher vergrösserten Kapitals floss in die Taschen der Kahal-Oligarchie, ein Teil wurde für unproduktive Zwecke verwendet, u.a. zur Finanzierung von Prozessen wegen Ritualmordes, zur Bezahlung der Protektion christlicher Herren usw.

In der ersten Hälfte des 18. Jh. wurden der Adel und die Geistlichkeit von Sorge über das Schicksal des in jüdischen Gemeinden angelegten Kapitals und über die sprunghaft anwachsenden Zinsen für nicht abgezahlte Schulden erfasst. Ihre Gelder versuchten diese Gläubiger mit Hilfe der zuvor erwähnten Methoden einzutreiben. Wenn das nicht gelang, wurde eine Konsumsteuer auferlegt, deren Gewinn zur Abzahlung der Anleihe dienen sollte. Schliesslich entschloss man sich 1764, die Kahal-Banken aufzulösen und die Aussenstände durch Prokopfbesteuerung der Juden einzutreiben.

Infolge der allgemeinen Verarmung der jüdischen Bevölkerung vertieften sich in der zweiten Hälfte des 17. Jh. und im 18. Jh. die Gegensätze zwischen dem Volk und der Kahal-Oligarchie, die sich bemühte, die Last der ständig wachsenden staatlichen und Gemeindesteuern auf die ärmeren Schichten abzuwälzen. In einigen Städten, u.a. in Krakau, Leszno und Drogobytsch, kam es zu Aufsässigkeiten der jüdischen Armen gegen die Kahal-Oligarchie. Einen scharfen Kampf gegen die Kahale führten die jüdischen Zünfte, die versuchten, sich von ihrer wirtschaftlichen Abhängigkeit zu befreien. Zugleich brachen, vor allem in den grösseren Städten des Königreichs, Konflikte zwischen Juden und Christen aus, deren Ursachen in der wirtschaftlichen Konkurrenz zu suchen waren. Die spannungsgeladene Atmosphäre dieses Kampfes, der meist unter religiösen Losungen geführt wurde, begünstigte den Ausbruch von antisemitischen Tumulten und Pogromen, z.B. in Krakau, Posen, Lwow, Wilna, Brest-Litowsk und einigen anderen Städten. Allgemein gefürchtet waren bei den Juden die zur Zeit der religiösen Vorurteile durchgeführten Ritualprozesse. Viel gefährlicher erwies sich für die Juden jedoch ihre Lage in der Ukraine, wohin die jüdische Bevölkerung erst Ende des 17. Jh. zurückgekehrt war. Die Rolle, die jüdische Pächter im 18. Jh. bei der Kolonialisierungspolitik der polnischen Magnaten gespielt hatten, bewirkte, dass sich der Zorn des ukrainischen Volkes ähnlich wie beim Chmelnizkiaufstand sowohl gegen den polnischen Adel als auch gegen die Gesamtheit der Juden richtete. Beim Bauernaufstand 1768, der unter dem Motto stand, die Unfreiheit abzuschütteln und den russisch-orthodoxen Glauben in Humań und anderen Städten der Ukraine zu verteidigen, kamen mehrere tausend Adlige und Zehntausende von Juden ums Leben.

Die Ereignisse von 1768 in der Ukraine liessen die aufgeklärteren Denker unter der polnischen Bevölkerung die Notwendigkeit erkennen, grundlegende gesellschaftliche Reformen durchzuführen und sowohl die Bauern- als auch die Judenfrage zu lösen. Die Probleme der Juden wurden in den letzten Jahrzehnten des Bestehens der Adelsrepublik nicht nur erörtert, es wurde auch nach praktischen Lösungen gesucht. Dieser Frage waren zahlreiche Schriften und Sejmreden gewidmet. Die einen waren für eine weitere Einschränkung der Wirtschaftstätigkeit der Juden. Andere forderten, sie nach dem Vorbild der Fronbauern dem Adel unterzuordnen, wieder andere sprachen sich dafür aus, die jüdische Bevölkerung aus Polen auszuweisen. Diesen Tendenzen stellte sich eine unter dem Einfluss der Aufklärung stehende Gruppe von Adligen unter Tadeusz Czacki und Maciej Topór Butrymowicz entgegen. Diese Gruppe forderte, die Macht der Kahale einzuschränken und die Berufsstruktur der jüdischen Bevölkerung durch die Beschäftigung von Juden in Manufakturen und in der Landwirtschaft zu verändern. Sie trat auch für eine Assimilierung der Juden und ihre Einbeziehung in den Bürgerstand ein.

In den sechziger Jahren des 18. Jh. war die Judenfrage Gegenstand von Sejmberatungen. 1764 beschloss der Sejm, die zentralen und Länderorganisationen der Juden aufzulösen. Der Sejm von 1768 legte fest, dass Juden nur Berufe ausüben durften, die die Zustimmung der Städte fanden. Nach Auffassung der Juden bedeutete das völlige Abhängigkeit von ihrem ständigen Konkurrenten auf wirtschaftlichem Gebiet, vom Bürgertum. 1775 befasste sich der Sejm mit der Beschäftigung der Juden auf dem Lande und beschloss Steuerermässigungen für Juden, die Brachland zur Bewirtschaftung übernahmen. Ferner verbot er den Rabbinern, Ehen von Personen zu schliessen, die kein ständiges Einkommen hatten.

Die Frage von Judenreformen war auch Gegenstand der Beratungen des Grossen Sejms. Er berief eine ständige Kommission für Judenfragen, der es jedoch nicht gelang, ihr Projekt vor Verabschiedung des Stadtrechts am 14. April 1791 vorzulegen, nach dem die Juden nicht zum Bürgerstand zugelassen wurden. Später kam man auf die Erörterung der Judenfrage zurück, doch konnte der Grosse Sejm keine grundlegenden Reformen in diesem Bereich mehr durchführen. Das einzige wesentliche Zugeständnis, das den Juden während des Grossen Sejms gemacht wurde, war im Beschluss der Polizeikommission vom 24. Mai 1792 enthalten. Er besagte, dass die Juden gleich den anderen Bürgern das Recht haben sollten, nicht ohne Gerichtsurteil festgenommen zu werden.

Obwohl der Grosse Sejm die Projekte über die Lösung der Judenfrage nicht als Beschluss verabschiedete, wurde alleine schon ihre Erörterung von einem Teil der jüdischen Bevölkerung dankbar anerkannt. Am ersten Jahrestag der Verabschiedung der Verfassung vom 3. Mai wurden in den Synagogen Dankgottesdienste abgehalten und aus diesem Anlass eine Hymne veröffentlicht.

Die schwierige Judenfrage konnte auch im preussischen und österreichischen Teilungsgebiet nicht gelöst werden. Im preussischen Teilungsgebiet war nach einer Verordnung Friedrichs II. das General-Judenreglement vom 17. April 1750 für die jüdische Bevölkerung verbindlich. Ständiges Wohnrecht in den Städten erhielten nur reiche Juden sowie diejenigen, die sich mit Handel befassten. Ihnen war es untersagt, ein Handwerk auszuüben, das bereits durch eine Zunft vertreten war. Die Armen, d.h. die Betteljuden, hiess Friedrich II. aus dem Land zu jagen. Die Tätigkeit der jüdischen Selbstverwaltung wurde fast ausschliesslich auf religiöse Fragen beschränkt.

Im österreichischen Teilungsgebiet durchlief die Einstellung der Monarchie zur Judenfrage zwei Phasen. Anfänglich, d.h. unter Maria Theresia und in den ersten Regierungsjahren von Joseph II., wurde die Absonderung der jüdischen Bevölkerung von der anderen galizischen Bevölkerung beibehalten, und ihre Selbstverwaltung blieb mit gewissen Modifikationen bestehen. Die ärmsten Juden wies die österreichische Regierung aus dem Lande. Den restlichen Juden in Galizien wurden Beschränkungen hinsichtlich der Eheschliessung auferlegt, sie verloren zahlreiche Verdienstquellen und wurden zur Zahlung hoher Steuern gezwungen. Im späteren Zeitraum der Herrschaft von Joseph II. wurden die Juden zum Militärdienst einberufen (1788), und anschliessend wurden durch das grosse Juden-Reglement von 1789 gewisse Einschränkungen für die jüdische Bevölkerung aufgehoben und versucht, sie rechtlich dem Bürgertum gleichzustellen. Man ging davon ab, Juden aus Galizien auszuweisen. Das gesonderte Gerichtswesen wurde abgeschafft, die jüdische Selbstverwaltung eingeschränkt. Es erschien ein Erlass, der den Juden gebot, sich in ihrer Kleidung der christlichen Bevölkerung anzugleichen. Ausserdem wurden sie verpflichtet, deutsche Schulen oder reformierte jüdische Schulen zu besuchen. Die besondere Steuer für die Juden wurde jedoch beibehalten, und ihre Wirtschaftstätigkeit auf dem Lande wurde eingeschränkt. Ein Teil dieser Anordnungen stiess bei der jüdischen Bevölkerung auf entschiedenen Widerstand und wurde zurückgezogen. 1792 verwandelte der Nachfolger von Joseph II., Leopold II., die Militärdienstpflicht der Juden in eine Geldabgabe, und die Verordnung über den Verzicht der Juden auf ihre herkömmliche Kleidung trat nicht in Kraft.

In der zweiten Hälfte des 17. Jh. nahmen die Juden immer zahlreicher an den von der Adelsrepublik geführten Kriegen teil. Bei den Kriegen gegen die Kosaken und Tataren rüstete die jüdische Bevölkerung Fusstruppen und Reiterabteilungen aus, und ein Teil der jüdischen Jugend nahm an Schlachten teil, z.B. an der Schlacht bei Beresteczko. Mit der Waffe in der Hand kämpften Juden bei der Verteidigung belagerter Städte (Tulczyn, Połonne, Lwow u.a.). Im polnisch-schwedischen Krieg (1655—1660), beim polnisch-russischen Krieg (1654—1667) und beim polnisch-türkischen Krieg (1667—1699) stellten die Juden Rekruten, beteiligten sich an der Verteidigung von Städten (u.a. von Przemyśl, Witebsk, Stare Bychowo, Mogiljow, Lwow und Trembowla) und unternahmen zusammen mit dem Bürgertum und dem Adel Ausfälle in feindliche Lager (z.B. bei Suraż 1655, in der Gegend von Podhajce 1667 und Przemyśl 1672). 1664 diente im Heer der Adelsrepublik der Ingenieur Jehoszua Moszkowicz aus Kazimierz bei Krakau, der im Krieg gegen Russland schwere Geschütze und andere Waffen vor dem Versinken bewahrte.

Während des Kościuszko-Aufstandes und der Kämpfe gegen das zaristische Russland 1794 brachten die Juden den Aufständischen Sympathie entgegen und dienten ihrer Sache entweder im Hilfsdienst oder mit der Waffe in der Hand. Die Juden beteiligten sich u.a. an den bewaffneten Kämpfen während der April-Revolution in Warschau, bei denen viele von ihnen fielen. Als die zaristische Armee aus Warschau vertrieben war, entstand die Idee, aus jüdischen Freiwilligen eine gesonderte Abteilung aufzustellen. Dieser Gedanke wurde von Tadeusz Kościuszko unterstützt. Er schrieb in einer „Benachrichtigung über die Formierung eines jüdischen Regiments: „Nichts kann die fernsten Völker mehr von der Heiligkeit unserer Sache und von der Gerechtigkeit der gegenwärtigen Revolution überzeugen als der Umstand, dass Menschen, die durch Religion und Sitten von uns getrennt sind, zur Unterstützung unseres Aufstandes aus eigenem Antrieb ihr Leben opfern." Das jüdische Regiment unter Berek Joselewicz nahm an den Kämpfen bei der Erstürmung Pragas durch die zaristische Armee am 4. November 1794 teil und bezeugte durch das reichlich vergossene Blut die Ergebenheit der jüdischen Bevölkerung für den Aufstand und seine Losung von Freiheit, Gleichheit und Brüderlichkeit.

DIE KULTUR DER JUDEN IN POLEN BIS ZUM ENDE DES 18. JH.

SPRACHE UND LITERATUR

In Polen verwendeten die Juden früher zwei Sprachen. In der Synagogalliturgie, im Schulwesen und in der religiös-philosophischen Literatur war das Hebräische vorherrschend. Die Umgangssprache der polnischen Juden war, zumindest vom Beginn des 15. Jh. an, die jüdische Sprache, das Jiddisch, das zwar auf deutschem Wortschatz und deutscher Syntax basierte, sich jedoch in Klang, Wortstellung und durch erhebliche Entlehnungen aus dem Hebräischen (10—15%) von den deutschen Dialekten unterschied.

In späterer Zeit wurde der jüdische Wortschatz stark von den slawischen Sprachen beeinflusst. Das älteste schriftliche Dokument in Jiddisch in Deutschland stammt aus dem Jahre 1382, die ältesten Aufzeichnungen in dieser Sprache in Polen sind in Gerichtsbüchern aus den Jahren 1423—1437 erhalten. 1485 wurde der jüdische Text eines Vertrags zwischen Juden und den Bürgern von Krakau niedergeschrieben.

Im 14. Jh. begann man in Italien und Deutschland, Lieder jüdischer Barden in Jiddisch aufzuzeichnen, die ihr Vorbild im Schaffen der Troubadoure hatten, jedoch den Sitten und Traditionen der jüdischen Bevölkerung angepasst waren. Zu Beginn des 16. Jh. wurde in Westeuropa und gegen Ende jenes Jahrhunderts in Polen eine ganze Reihe von Erzählungen und Ritterromanen in jiddischer Sprache herausgegeben.

Zu jener Zeit entstand in Polen auch eine eigene jüdische Literatur, die hauptsächlich biblische Legenden zum Thema hatte. 1602 erschien in Basel eine umfangreiche Sammlung dieser Erzählungen in jüdischer Sprache, das Maase-Buch.

Gleichzeitig entwickelte sich das religiöse jüdische Schrifttum, das darauf abzielte, die Bibel den Frauen zugänglich zu machen, die des Hebräischen kaum oder gar nicht kundig waren. Das erste derartige Buch in Polen war die Konkordanz (inhaltlich übereinstimmende Texte) des Rabbiners Ascher ben Anschel, die 1534 in Krakau erschien. Sie war zugleich das erste in jüdischer Sprache gedruckte Buch in Polen. Am gefragtesten war unter den Jüdinnen jedoch das Buch „Coena urena" (Geht und schaut) von Jakow ben Icchok Askenazy aus Janów Lubelski (1550—1628), das 1622 in jüdischer Sprache herausgegeben wurde. Es enthielt nicht nur eine einfache Auslegung der Bibel, die mit zahlreichen Legenden aus dem Talmud ausgeschmückt und erweitert war, sondern auch praktische Ratschläge und Hinweise fürs Leben. Vom intellektuellen Niveau der jüdischen Frauen des 16. Jh. zeugt das literarische Schaffen der Rebeka, Tochter des Rabbiners Meir Tiktiner aus Tykocin. Die in der religiös-philosophischen Literatur bewanderte Schriftstellerin verfasste einen didaktisch-erzieherischen Ratgeber für jüdische Frauen in Jiddisch, der den damaligen Gegebenheiten angepasst war (das Buch erschien 1618 nach dem Tod der Verfasserin). Tiktiner war auch die Autorin eines Freudenliedes in 80 Strophen, das während des Festes zur Erinnerung an den Erhalt der Tora (Simchat Tora) von den Frauen in der Synagoge gesungen wurde.

Die wichtigste Rolle im Schrifttum der polnischen Juden spielte bis zum Ende des 18. Jh. die sog. rabbinische Literatur, die sich vor allem mit dem Studium des Talmud (das Lernen) befasste, der aus zwei Teilen besteht, der Mischna oder dem Rechtskodex, der alle Lebensbereiche betrifft und um 200 n. Chr. durch Juda ha-Nasi aufgezeichnet wurde, und der Gemara, d.h. der Erläuterung der Mischna.

Neben rein religiösen Werken entstand in Polen eine Reihe von Arbeiten über Religionsphilosophie, Ethik, Didaktik usw., die ebenfalls der rabbinischen Literatur zugerechnet werden. Ihr grosser Reichtum und ihre Vitalität in Polen vom 16. bis zum 18. Jh. sind dadurch zu erklären, dass die Kenntnis des Talmud eine Lebensnotwendigkeit war, da die Juden in diesem Zeitraum streng nach den Vorschriften des Rituals und der Religion lebten und die Rabbinergerichte bei Streitfragen zwischen den Juden rechtsgültige Urteile nach dem Talmud-Recht fällten. Die Kenntnis des Talmud war darüber hinaus eine Voraussetzung, um eine höhere gesellschaftliche Stellung zu erreichen.

Zur Entwicklung der rabbinischen Literatur in Polen trug die schnelle Ausbreitung des Buchdrucks bei. Die ersten hebräischen Druckereien entstanden in Polen 1534 in Krakau. Ihre Begründer waren die Brüder Halic (Helicz, Halicz). In den Jahren 1569—1626 bestand in Krakau eine grosse Druckkerei, die Izak aus Prościejowice gegründet hatte. Im 17. und 18. Jh. wurden schön gestaltete hebräische und jüdische Bücher in Lublin, Żółkiew und anderen Städten gedruckt.

Die Hauptmethode, der sich die Verfasser der rabbinischen Werke bedienten, war der sog. Pilpul (Pfeffer), d.h. eine nur scheinber richtige Auffassung. Diese Methode war seit der Zeit des Krakauer Rabbiners Jakub Polak (1460—1541) in theologischen Schriften führend.

Die Krönung des Welttalmudismus war das Werk „Schulchan aruch" (Gedeckter Tisch) des Rabbiners von Adrianopol und Safed (Palästina) Josef Karo (1488—1575), das jahrhundertelang der Handkodex für den internen Gebrauch und das massgebende Werk im Bereich des jüdischen Rechts war.

Als hervorragendster Vertreter der rabbinischen Literatur in Polen gilt Moses Isserles (1520—1572), ein Zeitgenosse Karos und Kommentator seiner Werke, der durch die Anpassung des „Schulchan aruch" an die Bedürfnisse der Aschkenasim (das Werk Karos wies starke Einflüsse der Sephardim auf) zur Verbreitung dieses Werkes in Mittel- und Osteuropa beigetragen hat. Isserles war ausserdem Rektor der Jeschiwa, der Talmud-Hochschule in Krakau, und Verfasser zahlreicher Werke über Talmud-Recht, Philosophie, Kabbala, Astronomie und andere Wissenschaften.

Zu den Vertretern der rabbinischen Literatur in Polen zur Zeit ihrer höchsten Blüte (1550—1648) gehören ausserdem Salomon Luria (1510—1573), Propagator einer rationalen Methode zur Interpretation des Talmud, Mordechai Jaffe (1530—1612), Verfasser eines zehnbändigen Werkes unter dem Titel „Lewaschim" (Gewänder), Josua Falk (1550—1614), Rektor der Jeschiwa in Lwow und Kommentator des Werkes „Schulchan aruch", sowie Jomtow Lipmann Heller (1579—1654), ein entschiedener Gegner der sophistischen Kommentierung des Talmud und Verfasser eines Kommentars zur Mischna.

Eine gesonderte Art des mit der rabbinischen Literatur verbundenen literarischen Schaffens waren apologetische und polemische Werke, in denen die Bekenner des mosaischen Glaubens das Alte Testament bei den Auseinandersetzungen mit der katholischen und der evangelischen Geistlichkeit verteidigten. Der bedeutendste Vertreter dieser Richtung war in Polen im 15. Jh. Jomtow Lipmann aus Mühlhausen, der in den Jahren 1400—1425 in Krakau lebte. Erhaltengeblieben ist sein hebräisches polemisches Traktat „Nizzachon" (Sieg), mit dem er nicht nur den Christen und Karäern, sondern auch der jüdischen Scholastik den Kampf ansagte. Das Werk wurde mehrfach abgeschrieben und erschien 1644 erstmalig in Druck.

Der zweite hervorragende jüdische Apologet und Polemist in Polen war Nachman Jakub aus Bełżec, der mit dem bekannten polnischen Arianer Marcin Czechowic öffentliche Streitgespräche zur Verteidigung des jüdischen Glaubens führte. Nachman Jakub veröffentlichte 1581 das Buch „Entgegnung des Juden Jakub aus Bełżec auf die Dialoge des Marcin Czechowic, auf die wiederum Marcin Czechowic dem Juden Jakub antwortet". Ein anderer Apologet dieses Zeitraums war der

Karäer Isaak aus Troki (1533—1594), Verfasser des umfangreichen polemischen Werkes „Chisukemna" (Einsetzung des Glaubens), in dem er auf Widersprüchlichkeiten zwischen dem Wortlaut des Neuen Testaments und der christlichen Lehre von der Dreifaltigkeit sowie zwischen den ethischen Grundsätzen der Katholiken und ihrem Lebenswandel hinwies. Das Traktat des Isaak aus Troki rief im 17. Jh. lebhafte Diskussionen unter den Christen hervor und wurde im folgenden Jahrhundert zum Gegenstand des Interesses der Enzyklopädisten mit Voltaire an der Spitze. Das öffentliche Auftreten von Jakub aus Bełżec und Isaak aus Troki zur Verteidigung ihrer religiösen Ansichten zeugt von einer weitaus grösseren Toleranz gegenüber den Bekennern des Mosaismus in Polen als in vielen westeuropäischen Ländern, wo eine derart freie Propagierung des eigenen Glaubens im 16. Jh. undenkbar gewesen wäre.

Im 17. und 18. Jh., zur Zeit der Gegenreformation, verschwand die jüdische Literatur dieser Art in Polen, um in den Jahren 1757—1759 noch einmal kurz aufzutauchen, als sich der Frankismus herausbildete und die höhere katholische Geistlichkeit in Lwow und Krzemieniec Dispute zwischen Talmudisten und Frankisten veranstaltete. Teile dieser Dispute, bei denen im Namen der orthodoxen Juden der Rabbiner von Lwow Chaim Rapaport auftrat, wurden von Ber Birkental aus Bolechowice, einem Teilnehmer an dieser Polemik, in seinen Memoiren veröffentlicht.

WELTLICHE WISSENSCHAFTEN

Ausser Arbeiten über den Talmud entstanden in Polen Traktate, die den verschiedenen Zweigen des weltlichen Wissens gewidmet waren. Meist waren es Werke von Rabbinern, die in ihren theologischen Abhandlungen an das Erbe von Maimonides (1135—1204) anknüpften, jenes hervorragendsten Vertreters des jüdischen Aristotelismus, der die rationale Begründung der Grundsätze des Judaismus anstrebte. Anhänger der Idee des Maimonides waren in Polen im 16. Jh. die bereits erwähnten Rabbiner Salomon Luria und Moses Isserles, ferner Abraham Horowic und Jakub Kopelman und im 17. Jh. Mordechai Jaffe, Eliezer Mann und Manoach Hendel. Sie alle begründeten die Notwendigkeit, die Grundsätze des Glaubens mit der auf der Kenntnis der weltlichen Wissenschaften basierenden Vernunft zu vereinigen, und handelten auch danach, indem sie sich in ihren Ausführungen mehrfach auf Errungenschaften von Mathematik, Astronomie oder Medizin beriefen. Im 17. Jh. entstanden in Polen auch gesonderte Traktate über Mathematik und Mechanik. Ihre Verfasser waren der Mathematiker Jehuda ben Abraham Jakob aus Posen (erste Hälfte des 17. Jh.) und der Mechaniker und Konstrukteur Jehoszua Moszkowicz aus Lublin (zweite Hälfte des 17. Jh.).

Lebhaft entwickelte sich im 17. Jh. auch die jüdische Geschichtsschreibung. Ihr bedeutendster Vertreter war Natan Hanower aus Zasław (gest. 1683), der Verfasser der Chronik „Jawein mezula" (Tiefer Sumpf), die 1653 in Venedig erschien und vor allem dem tragischen Schicksal der jüdischen Bevölkerung während des Aufstandes von Bogdan Chmelnizki gewidmet war.

Einer der ältesten Wissenszweige, mit denen sich die Juden beschäftigten, war die Medizin. Im Mittelalter waren jüdische Ärzte durch ihr Können berühmt. Sie wurden gerne an die Höfe der Päpste und weltlichen Herrscher gerufen. Ihr medizinisches Wissen erwarben die Juden an Universitäten in Spanien und Portugal (fast bis zum Ende des 15. Jh.), in Italien (vor allem in Padua) sowie in Deutschland und Österreich (ab Mitte des 18. Jh.).

Trotz der Schwierigkeiten, die ihnen die Kirche machte, und trotz des Kampfes christlicher Ärzte und Publizisten erfreuten sich jüdische Ärzte in Polen grosser Beliebtheit. In grösseren Städten gab es Ärztefamilien, die sowohl jüdische als auch christliche Patienten jahrzehntelang behandelten.

Polnische Monarchen zogen die hervorragendsten jüdischen Mediziner als Leibärzte an ihren Hof, so zum Beispiel Kasimir der Jagiellone, Johann Olbracht (Isaak Hispanus), Sigismund der Alte und Königin Bona (Isaak Hispanus, Samuel Ber Meschullam und Moses Fischel), Sigismund August (Salomon Aschkenasi aus Udine und Salomon Kalohora aus einer spanischen Emigrantenfamilie) und Johann Sobieski (Emanuel de Jona). Jüdische Ärzte wurden an den Höfen von Alexander dem Jagiellonen, Stephan Báthory und Stanislaus August Poniatowski zu Rate gezogen.

Unter den jüdischen Ärzten an Magnatenhöfen (u.a. der Familien Myszkowski, Wodzicki, Lubomirski, Potocki, Radziwiłł und Sułkowski) war Josef Salomo del Medigo (1591—1655) am berühmtesten. Del Medigo wurde in Candia geboren und war Schüler von Galilei und Kepler. 1616 kam er nach Polen, praktizierte bis 1620 in Lublin und anschliessend am Hof der Familie Radziwiłł in Nieśwież. Während seines Aufenthalts in der Adelsrepublik Polen schrieb er eines seiner bedeutendsten Werke, das „Sefer Elim", in dem er die Theorie des Copernicus verteidigte.

An der Wende vom 16. zum 17. Jh. war ein anderer Arzt, Tobias Kohen (1652—1729), in Europa berühmt. Er wurde in Metz in der Familie eines polnischen Emigranten, des Arztes und Mathematikers Mojżesz Kohen aus Narol, geboren. Tobias Kohen erwarb den Titel eines Doktors der Medizin in Padua und kam dann nach Polen, wo er längere Zeit praktizierte. Er war der Verfasser eines lateinisch und hebräisch geschriebenen Traktats über Zoologie und des medizinischen Werkes „Maase Tobia" (Erzählungen des Tobias), in das nach damaliger Sitte geographisches, astronomisches und kosmographisches Wissen eingeflochten war.

Die weitere Entwicklung der weltlichen Wissenschaften war mit der jüdischen Aufklärung, der Haskala, verbunden. Diese Strömung setzte sich zwar für die Emanzipation und die Assimilation der Juden im Bereich der Kultur und der Sitten ein, verwarf jedoch nicht die althergebrachten Traditionen und trat nicht gegen die Religion auf. Die Haskala entwickelte sich in Westeuropa; ihr hervorragendster Vertreter war Moses Mendelssohn (1729—1786), ein in Deutschland wirkender Schriftsteller und Philosoph. Er war davon überzeugt, dass es den Juden gelingen werde, sich durch Änderung der Sitten und durch Bildungs- und Lehrreformen aus der Isolierung zu befreien und Gleichberechtigung zu erlangen. Die Ideen Mendelssohns fanden in Polen lebhaften Widerhall, da sich dort bereits früher Gelehrte gefunden hatten, die sich dem Einfluss der orthodoxen Rabbiner entziehen wollten. Dazu gehörten u.a. zwei Juden aus Zamość, der Mathematiker und Philosoph Israel Samosz (Zamość), Lehrer Mendelssohns in Berlin, sowie der Jurist, Kommentator und Übersetzer des Pentateuch ins Deutsche Salomon Dubno. Die Hauptvertreter der jüdischen Aufklärung in Polen waren der Philosoph Salomon Maimon (1754—1800) und der Naturkundler und Mathematiker Mendel Lewin Satanower (1749—1823). Obwohl Maimon, ein Vertreter der fortschrittlichsten, volksnahen Strömung der Haskala, ständig im Ausland lebte, verfasste er für die Juden in Polen und Litauen eine Reihe populärwissenschaftlicher Bücher, vor allem über Mathematik und Physik. Unter den von ihm stammenden Werken sind die Arbeiten, in denen er Kant kritisierte (1792), und seine Selbstbiographie am bekanntesten geworden. Letztere ist eine hervorragende Quelle zur Geschichte nicht nur der Juden, sondern auch der polnischen Bevölkerung am Ende des 18. Jh. Maimon war der Ansicht, zur Assimilation und Emanzipation der Juden, zur Änderung ihres Schicksals könnten kluge Herrscher erheblich beitragen. In der Widmung eines Exemplars seines Buches „Versuch über die Transzendentalphilosophie" (Berlin 1790) für Stanislaus August Poniatowski hob er hervor, er wäre glücklich, wenn er dazu beitragen könnte, unter den edlen Polen ein günstigers Urteil über sein Volk zu erlangen... und sie zu überzeugen, dass es den Juden weder an Fähigkeiten noch an gutem Willen mangele, sondern dass ihnen die ständige geistige Führung fehle.

Mendel Lewin Stanower wirkte vor allem während des Grossen Sejms. Er war Anhänger der sog. jüdischen Reformen, die er mit Hilfe polnischer Magnaten, u.a. des Fürsten Adam Czartoryski, durchzuführen versuchte.

1789 veröffentlichte Lewin eine Abhandlung in Französisch, in der er seinen Reformentwurf zu jüdischen Angelegenheiten darlegte. Er forderte, dass der Staat den Juden Toleranz in Glaubensfragen gewährleiste, die Sondersteuern für die jüdische Bevölkerung aufhebe und das Rabbinat reorganisiere. Der Staat sollte danach streben, das Vertrauen der Jugend zu gewinnen, indem er ihr Freiheit gebe, sie an Gehorsam gewöhne und ihr das Gefühl der Verbundenheit mit dem Vaterland einflösse. Das Hauptaugenmerk lenkte Lewin auf die Notwendigkeit, das Bildungssystem zu verändern und in der Jugend eine kritische Einstellung zu religiösen Autoritäten zu wecken. Auch hob er die Notwendigkeit hervor, dass sich die Juden die polnische Sprache aneigneten.

All das sollte dazu beitragen, religiösen Fanatismus, Aberglauben und Unwissenheit der Juden allmählich zu überwinden und die Isolation der jüdischen Bevölkerung zu durchbrechen.

Um mit seinen Ideen das jüdische Volk anzusprechen, übersetzte er eine Reihe religiöser Werke ins Jiddische. Denselben Weg schlugen andere Anhänger der Haskala, die Maskilim, ein, u.a. Moses Markuse, der Verfasser des „Sefer refuot" (Arzneibuch), einer in Jiddisch erschienenen bekannten Arbeit über Hausmedizin.

Der von den Anhängern der Haskala propagierte Assimilationsprozess erfasste nur die wohlhabenderen Schichten. Die Mehrzahl der Juden, insbesondere die mittleren und niedrigsten Schichten, behielt bis zum Ende des 18. Jh. ihre eigenen Traditionen, ihre Kultur und ihr Brauchtum bei.

Die Aufklärung beschleunigte die Entwicklung der weltlichen Literatur, der Philosophie, Mathematik, Astronomie und auch der Medizin. Sie beeinflusste auch die Haltung eines Teils der orthodoxen Juden, unter denen sich in der zweiten Hälfte des 18. Jh. eine Gruppe aufgeklärter Talmudisten herausbildete.

Einer der bekanntesten von ihnen war der Rabbi Elia Wilna (1720—1797), genannt Wilnaer Gaon (Exzellenz), Verfasser nicht nur eines Kommentars zur Bibel und von Kabbala-Büchern, sondern auch einer Arbeit über Trigonometrie. Die Kenntnis der exakten Wissenschaften (insbesondere von Mathematik und Astronomie) betrachtete Wilnaer Gaon als einen wichtigen Weg zur Vertiefung religiöser Studien, da, wie er schrieb, Glaube und Wissen eng miteinander verbunden seien. Ein bekannter Fortführer des Werkes des Elia Wilna war sein Schüler Baruch Schklower, auch Schik genannt (1740—1812), Autor von Werken über Astronomie, Anatomie und Hygiene sowie Übersetzer der Geometrie des Euklid (1780) und eines Lehrbuchs der Trigonometrie (1784) aus dem Englischen.

Eine Reihe aufgeklärter, wissenschaftlich verdienter polnischer Juden, hauptsächlich aus der Gruppe der Maskilim, entfaltete Ende des 18. und zu Beginn des 19. Jh. in den Ländern Westeuropas eine lebhafte wissenschaftliche und politische Tätigkeit. Zu ihnen gehörten die Teilnehmer und Politiker der französischen Revolution Aron Polak und Salkind Hurwitz aus Lublin, der hervorragende holländische Mathematiker Juda Litwak, der Professor für Orientalistik an der Universität Cambridge Israel Lyons, der Bibelforscher und Professor der Universität London Hyman Hurwitz sowie der Verfasser des aufsehenerregenden, in Deutschland veröffentlichten Gedichtbandes „Geschichte von einem polnischen Juden" Issachar Ber Falkensohn. Letzterer kehrte, nachdem er 1772 an der Universität in Halle den Grad eines Doktors erworben hatte, nach Polen zurück und eröffnete in Mogiljow eine Arztpraxis.

MYSTIK, KABBALA, MESSIANISCHE BEWEGUNGEN

Messianische und mystische Bewegungen tauchten zu Zei en besonderer Daseinsbedrohung unter den Juden auf. Diese Ideen wurden im Altertum von den Propheten Jesaja und Ezechiel sowie von ihren Nachfolgern verbreitet und kündigten die baldige Ankunft des Messias an, der das jüdische Volk erlösen werde.

Mit der Zeit entwickelte sich in der jüdischen Philosophie eine besondere Lehre mystisch-apologetischen Charakters, die Kabbala (Überlieferung). Im 13. Jh. wurde sie zu einem philosophischen System, das auf der neoplatonischen Emanationslehre als Reaktion gegen die Vernunftphilosophie des Maimonides basierte. Ende des 13. Jh. verfasste der spanische Jude Moses Baal Schemtow aus León auf Aramäisch das kabbalistische Hauptwerk „Sefer ha-Sohar" (Buch des Glanzes), das eine systematische theoretische Darlegung der Kabbala enthielt. Aus diesem Buch wurde in den jüdischen Schulen nicht gelehrt; nur der begabteste Lieblingsschüler wurde vom Lehrer in das „geheime" Wissen eingeweiht.

Im 16. Jh. entwickelte sich die sog. praktische Kabbala. Ihr hervorragendster Theoretiker war der in Palästina lebende Isaak Luria Aschkenasi (1534—1572), genannt Ari Hakodesch (Heiliger Löwe). Er verkündete, dass sich die Seele des Menschen von der Macht der unreinen Geister durch Kasteiung des Leibes, durch Fasten, Busse und Freikauf von Sünden befreien könne und dass sie nach dem Tode des Sünders eine Wanderung antrete und andere körperliche Gestalten annehme, bis sie von Sünden gereinigt sei. Aschkenasi verbreitete unter seinen Schülern die Überzeugung, dass die Kabbalisten die Möglichkeit hätten, Erscheinungen in Natur und Gesellschaft mit Hilfe der magischen Kraft des Bibeltextes zu beeinflussen. Unter den polnischen Vertretern der praktischen Kabbala übte Jesaja Horowitz aus Kazimierz bei Krakau (1632—1689) den stärksten Einfluss auf die jüdischen Volksmassen aus. Er war der Verfasser der Werkes „Schene luchot haberit" (Die beiden Bundestafeln), in dem er Ideen einer extremen Mystik und Askese vertrat. Nach Horowitz waren die Mittel, die zu Gott führten, das härene Kleid, Asche, Fasten, Weinen und Trauer. Der Mensch sollte seiner Ansicht nach nicht den „Verlockungen des Fleisches folgen, sondern der Stimme des Geistes". Er sollte in „Zittern, Furcht, Scham und Reinheit" leben.

Die von der Anhängern der praktischen Kabbala empfohlenen Fasten und Kasteiungen konnten jedoch den jüdischen Massen in der Zeit des wirtschaftlichen Ruins, der allgemeinen Verarmung der Bevölkerung und der da und dort veranstalteten Ritualprozesse und antisemitischen Pogrome keine Erleichterung bringen. Die jüdischen Volksmassen sehnten sich nach Trost und Hoffnung, sie träumten von der baldigen Ankunft des Messias, die sie von allem Leiden und Unglück erlösen sollte.

Unter diesen Gegebenheiten begann sich in Polen jene mystisch-messianische Bewegung zu verbreiten, die Sabbatianismus genannt wurde.

Im Unterschied zu den Anhängern der praktischen Kabbala verkündeten die Sabbatianer Lebensfreude und Vereinigung mit Gott durch Ekstase. Begründer dieser Bewegung war Sabbatai Zwi (1626—1676), der in Smyrna in Kleinasien die baldige Ankunft des Messias und die Erlösung der Juden von allem Unglück verkündete, wodurch er in vielen Ländern zahlreiche Anhänger gewann.

1666 begab sich Sabbatai Zwi, der sich inzwischen zum Messias erklärt hatte, in Begleitung Tausender von Gläubigen nach Stambul, um sich zum König von Israel zu krönen. Der türkische Sultan liess den selbsternannten Propheten gefangennehmen. Die Bewegung des Sabbatai Zwi brach bald zusammen, und er selbst, der Unruhestiftung angeklagt, nahm unter Androhung des Todes den islamischen Glauben an. Er starb in der Verbannung in Albanien. Unter seinen Anhängern hielt sich noch mehrere Jahrzehnte lang die Überzeugung, ihr Prophet lebe und werde das Volk Israel aus der Unfreiheit erlösen.

In der zweiten Hälfte des 18. Jh. entstand auf einer ähnlichen Basis wie der Sabbatianismus eine neue religiös-mystische Bewegung, die mit dem Wirken von Jakob Leibowicz Frank (1726—1891) in Verbindung stand. Frank wurde in Królówka in der Bukowina geboren. Als junger Mann studierte er in Bukarest und Saloniki kabbalistische Bücher. 1755 kam er nach Polen und ernannte sich zum Messias und Nachfolger von Sabbatai Zwi. Wie sein Vorgänger verkündete er Lebensfreude und Verbindung mit Gott durch Ekstase. Unter den polnischen Juden fand er Tausende von fanatischen Anhängern. Seine Bewegung war ein Protest gegen die Allmacht der Rabbiner. Nach kurzer Zeit wurde Frank der Abtrünnigkeit von der jüdischen Religion und der Verbreitung ausschweifenden Lebens angeklagt. Auf der Flucht vor der Rabbinerherrschaft begab er sich 1757 in die Walachei und trat dort zum Islam über. Schon nach drei Jahren, nachdem er die Erlaubnis des Sultans und des polnischen Königs erhalten hatte, kam er erneut nach Polen und nahm den katholischen Glauben an. Sein Taufpate war August III. Zusammen mit Frank traten mehrere Tausend seiner Anhänger zum Christentum über.

In der jüdischen Religion hinterliessen sowohl der Frankismus als auch der Sabbatianimus keine tieferen Spuren. Weitaus stärker war der Einfluss einer anderen mystischen Bewegung, des Chassidismus (von Chassid — rechtschaffen, gerecht, fromm), auf die polnischen Juden. Der Charakter dieser Bewegung wurde stark durch den Protest der Volksmassen gegen die Kahal-Oligarchie und die Gelehrsamkeit der Rabbiner geprägt. Begründer des Chassidismus war Israel ben Elieser, genannt Baal Schemtow (Mann von gutem Namen). Er wurde im Jahre 1700 in Okopy Świętej Trójcy in Podolien geboren. Nach Jahren der Wanderschaft als Synagogendiener, Lehrer, Quacksalber, Kräuterkundiger und Einsiedler trat er 1736 als frommer Wundertäter auf. Die Grundsätze seiner Lehre legte 1780 sein Anhänger und ständiger Begleiter, der Rabbiner Jakob Hakohen, im Kommentar zum Pentateuch unter dem Titel „Toldot Jakob Josef" dar.

Der Chassidismus verkündete, dass die Erlösung jedes Juden jeden Augenblick erfolgen könne, sogar in der für ihn tragischsten Situation, wenn er durch die Kraft seines Geistes den in seiner Seele schlummernden göttlichen Funken zum Allmächtigen hin lenke. Die Verbindung des Gedankens mit Gott könne nicht nur durch gemeinsames Gebet, sondern auch durch das Gebet des einzelnen erfolgen. Voraussetzung für die Wirkung des Gebets sei allerdings das unbedingte Abwerfen von Traurigkeit. Den höchsten Grad der Frömmigkeit erreichten die Zaddikim (Gerechten), die Mittler zwischen den Gläubigen und Gott. Die Zaddikim, die von den Gläubigen als vollkommene Personen angesehen wurden, veranstalteten gemeinsame Gebete und in jüdischer Sprache geführte Festmahle mit Gesang und Tanz, die häufig an Ekstase grenzten. Unter den Juden, die in jenen trüben Zeiten nach ein wenig Freude und nach Bestätigung ihres Wertes als Menschen dürsteten, fand der Chassidismus immer mehr Anhänger, obwohl die neue Bewegung von den Anhängern der traditionellen Religionsformen verbissen bekämpft wurde. Die Abneigung der jüdischen Volksmassen gegen die Kahal-Oligarchie und die Talmudisten sowie die Tatsache, dass die neue Bewegung nicht mit der herkömmlichen Lebensweise des Volkes brach und die bestehenden religiösen Vorschriften nicht abschaffte, führte dazu, dass der Chassidismus siegreich aus den Kämpfen gegen den orthodoxen Talmudismus hervorging. Ende des 18. Jh. hatte die chassidische Lehre den grössten Teil der östlichen Gebiete der Adelsrepublik Polen erfasst. Später wurde der Chassidismus, der die Entwicklung der weltlichen Wissenschaften und die Bildungsreform bekämpfte und danach strebte, die Juden geistig und brauchtümlich von der polnischen Bevölkerung zu isolieren, zu einem Hort der Reaktion und des Obskurantismus.

Jener Teil der jüdischen bildenden Kunst, der unmittelbar mit dem religiösen Kult verbunden war (Wandmalereien in den Synagogen, Grabmäler, illuminierte hebräische Handschriften, geschnitzte Altäre, Metallverzierungen für die Tora-Rollen), wurde zwar fast ausschliesslich von Bekennern des mosaischen Glaubens gefertigt, doch Werke, die für den Hausgebrauch bestimmt waren (Tischleuchter, Kronleuchter, Wandleuchter, Metalltabletts, Etrog-Dosen, Kelche, Krüge, Pokale usw.), wurden sowohl von Juden als auch von Nichtjuden hergestellt.

Architekten der Synagogen waren vorwiegend Juden, mit ihrem Bau, vor allem, wenn sie besonders prächtig werden sollten, wurden jedoch oft christliche Bauleute beauftragt.

In der Ornamentik der in Polen entstandenen jüdischen Kunst wurden zahlreiche Motive, die es schon im alten Palästina gegeben hatte, mit Motiven vermischt, die die für christliche Abnehmer arbeitenden Künstler in ihren Werken verwendeten. Da es die Religion den Juden verbietet, menschliche Gestalten abzubilden, sind auf den Kunstwerken und Erzeugnissen des Kunsthandwerks oft Tiere dargestellt, die symbolische Bedeutung haben, solche wie Hirsch, Löwe, Adler oder Tiger, aber auch Pflanzenmotive, z.B. Weinranken, Palmen mit Datteln, Granatäpfel oder der siebenarmige Leuchter, die Menora.

Das älteste Denkmal der jüdischen Architektur in Polen ist die Ende des 14. Jh. errichtete und 1570 von Mateusz Gucci umgebaute Alte Synagoge in Kazimierz bei Krakau. Vorbilder dieser Synagoge waren die Synagogen in Worms und Regensburg sowie die Alt-Neu-Synagoge in Prag (Anfang des 14. Jh.). Die Alte Synagoge in Kazimierz bei Krakau ist ein zweischiffiger Raum mit sechs Deckenfeldern und zwei Mittelstützen mit dem Almemor (eine Art Tribüne, auf der früher die Gebete gesprochen wurden und heute die Tora verlesen wird) und dem Aron hak-kodesch (dem heiligen Schrein), der an die Wand grenzt. Neben zweischiffigen entstanden in Polen einschiffige Synagogen, z.B. die im 16. Jh. umgebaute Alte Synagoge in Posen, die Synagoge in Gnesen (Ende des 16. Jh.) und die Remo-Synagoge (benannt nach dem Sohn des Stifters, Rabbiner Moses Isserles) in Kazimierz bei Krakau (1553—1557). Im 17. Jh. wurden, vor allem im südöstlichen und zentralen Raum der Adelsrepublik Polen, grosse, auf vier Mittelstützen ruhende Synagogen gebaut (z.B. in Łańcut, Rzeszów, Nowogródek und Leszno). Die Architektur der gemauerten Synagogen war von der weltlichen bürgerlichen Architektur beeinflusst.

In den ständig von Tatarenüberfällen bedrohten östlichen Grenzgebieten entstanden, manchmal auf Befehl des Königs, Festungssynagogen, die ausserhalb der Stadtmauer oder am Stadtrand errichtet wurden und dicke, von Wällen umgebene Mauern mit Zinnen, Schiessscharten und hoch angebrachten, schmalen Fenstern hatten. Zugleich war in Polen der Bau von Holzsynagogen verbreitet, bei denen die Architektur von kleinen Adelshöfen und katholischen Kirchen zum Vorbild diente. Aussen bescheiden, zeichneten sie sich durch ein ungewöhnlich reiches Inneres aus, vor allem durch Wandmalereien mit symbolischen Motiven. In der Renaissance tauchten auf den polychromen Malereien mancher Synagogen auch menschliche Gestalten auf, z.B. in den biblischen Szenen an den Wänden der Hohen Synagoge in Krakau. Die herrlichsten Wandmalereien waren in den Holzsynagogen zu finden, unter denen sich die Polychromie in der Synagoge in Mogiljow durch besonderen Formenreichtum und aussergewöhnlich präzise Ausführung auszeichnet. Diese Wandmalereien entstanden 1740, ihr Schöpfer war Chaim, ein Sohn des Isaak Segal aus Słuck, in gerader Linie ein Vorfahr des genialen zeitgenössischen Künstlers Marc Chagall. Sehr reich bemalt war auch das Innere der Holzsynagogen in Przedbórz, Jabłonowo und Kamionka Strumiłowa. Als Vorlage benutzten die Schöpfer der Synagogenmalerei manchmal illuminierte hebräische Handschriften, vorwiegend mit Tier- und Pflanzenornamenten, die in Polen bis zum Ende des 18. Jh. parallel zur Buchgraphik entstanden. In der synagogalen Bildhauerkunst dominierte das Flachrelief, das meist am mit Schnitzwerk verzierten heiligen Schrein und vom 16. Jh. an auch an schmiedeeisernen oder kupfernen Türen des Tora-Schreins auftrat. Herrliche Schnitzereien, die vom grossen Können der jüdischen Künstler zeugten, zierten die Türen in der Remo-, der Hohen und der Alten Synagoge in Krakau. Durch hohen künstlerischen Wert zeichnete sich auch der Bildhauerschmuck an den Grabstelen. Die herrlichsten Denkmäler der Friedhofskunst entstanden im 17. und 18. Jh. in Krakau, Lwow, Lublin, Wilna und Tarnopol. Zu den schönsten gehört das Grabmal der Familie des Berek Szmulewicz Zbytkower in Warschau, ein Werk des berühmten jüdischen Synagogenbauers und Holzschnitzers David Friedländer.

Bis zum Ende des 18. Jh. überwogen im jüdischen Kunsthandwerk sakrale Gegenstände, die sowohl für die Synagogen als auch für den Hausgebrauch während der Feiertage bestimmt waren. Dazu gehörten Schmuck für die Tora, Tora-Kronen, Rimmonim, Tora-Zeiger (Jadaijim), Kerzenhalter, Leuchter, silberne vergoldete Teller, Schalen und Krüge für die rituellen Waschungen der Rabbiner und während der Feste im Haus verwendete Kelche, Chanukka-Leuchter, Becher, Pokale, Besamim-Büchsen genannte Gewürzbehälter, Weihrauchbehälter, Etrog-Dosen und Puderdosen für die Beschneidungszeremonie. Die Gegenstände waren manchmal in Gestalt von Papageien, Fischen, Eicheln u.a. geformt. Sie waren mit Pflanzen- und Tierornamenten in Treib-, Ritz-, Filigran- oder Granuliertechnik, nicht selten auch mit Edelsteinen oder farbiger Emaille verziert. Im 17. und 18. Jh. traten bei den Erzeugnissen des jüdischen Kunsthandwerks neben der traditionellen Symbolik und Ornamentik auch bildnerische Lösungen auf, die an polnische oder ortsgebundene Vorbilder anknüpften. Der polnische Adler tauchte auf Tora-Vorhängen und Lambrequins, auf Schnitzereien der Tora-Schreine, Tora-Kronen, Lampen und Chanukka-Leuchtern, Kerzenhaltern, Kronleuchtern in Synagogen usw. auf. Einige Lambrequins aus der zweiten Hälfte des 17. Jh. waren mit polnischen Standarten und Waffen der polnischen Armee bestickt. Viel bescheidener waren die nicht unmittelber mit dem religiösen Kult verbundenen Erzeugnisse des Kunsthandwerks. Dazu gehörten die Arbeiten der in polnischen Städten verhältnismässig zahlreichen jüdischen Goldschmiede und die Werke der nicht so häufig anzutreffenden Graveure und Siegelschneider, die in Polen und im Ausland geschätzte Gedenkmedaillen herstellten. Unter den jüdischen Kupferstechern in Polen wurde Herszko Lejbowicz aus Nieświeź (1700—1770) berühmt, Schöpfer der subtilen Kupferstiche für das zum Andenken an die Mitte des 18. Jh. verstorbene Fürstin Anna Radziwiłł, geb. Sanguszko, herausgegebene Gedenkbuch sowie der 165 in Kupfer gestochenen Porträts der Familie und der Vorfahren des Fürsten Michał Radziwiłł. Ein Werk jüdischer Handwerker waren die gold- und silberbestickten Tora-Vorhänge, die Lambrequins und die an Festtagen über dem Almemor angebrachten Baldachine.

Ein herkömmliches Gewerbe der jüdischen Kunsthandwerker war die Buchbinderei. Arbeiten jüdischer Buchbinder waren die Ledereinbände der liturgischen Bücher, die manchmal mit Edelsteinen, Elfenbein oder Perlmutt besetzt waren.

SCHULWESEN

Das Schulwesen spielte im Leben der jüdischen Gemeinschaft eine erhebliche Rolle. Die Juden galten als Volk der Schrift und des Buches. Die höchste Autorität genossen in der Gemeinde nicht die Reichsten, sondern die Rabbiner, die als Personen von grosser Klugheit und hohem Wissen angesehen wurden. Für einen reichen Juden war es eine Ehre, seine Tochter mit einem begabten Menschen zu verheiraten, der, wenn auch noch so arm, den Rest seines Lebens mit dem Studium des Talmud zubrachte. Für viele junge Leute wurde das Lernen zu einer Lebensaufgabe.

Über den organisatorischen Aufbau des jüdischen Schulwesens in Polen im Mittelalter sind nur fragmentarische Mitteilungen erhalten geblieben. Weitaus mehr zu diesem Thema ist erst aus dem 16. Jh. bekannt. Damals bestand die Pflicht, die Jungen in private oder Kahal-Schulen zu geben. Für den Unterhalt der Lehrer zahlten die Gemeindemitglieder eine besondere Steuer. Vom 16. bis zum 18. Jh. bestand ein zweistufiges Schulsystem. In den Schulen der ersten Stufe lernten die Jungen vom vierten bis zum achten Lebensjahr in der Bibel lesen, hebräisch schreiben, hebräische Texte ins Jiddische übersetzen sowie die vier Grundrechenarten und die Grundsätze der Moral und der guten Erziehung beherrschen. In den Schulen der zweiten Stufe, die die Jungen zwischen acht und dreizehn Jahren besuchten, wurden der Talmud und Kommentare dazu durchgenommen. Mädchen aus reichen Familien wurden zu Hause unterrichtet. Neben Hebräisch lernten sie auch Jiddisch. Der Unterricht in allen Arten von Schulen beruhte auf dem Auswendiglernen. Die Ausbildung der Jugend wurde von Kahal-Kommissionen oder besonderen Schulbruderschaften, den Chewrat Talmud Tora, überwacht. In grösseren Städten (u.a. in Posen, Lwow, Krakau, Lublin und Przemyśl) wurden Jeschiwot, eine Art Talmud-Akademie, gegründet. Ihnen standen Rabbiner als Rektoren vor. In den Jeschiwot herrschte gewöhnlich das sophistische Lehrsystem vor. Es beruhte darauf, tatsächliche oder scheinbare Widersprüche (Chillukim, hebräisch Unterschiede) in der Bibel oder im Talmud aufzufinden und sie mit Hilfe von Prämissen zu klären, die Werken der Talmudliteratur entnommen waren. Dabei wurden die Vieldeutigkeit von Wörtern und schwer zu entdeckende Ungenauigkeiten ausgenutzt, ja sogar Sophismen angewandt. Diese als Pilpul (Pfeffer) bezeichnete Methode wurde von einigen aufgeklärten Rabbinern kritisiert.

Im 16. und in der ersten Hälfte des 17. Jh. genossen die polnischen Jeschiwot unter den Juden der ganzen Welt grosse Autorität. „Nirgends gab es unter den verstreuten Israeliten soviel Gelehrsamkeit wie in Polen", schrieb Natan Hanower aus Zasław. „In jeder Gemeinde bestand eine Jeschiwa, und der Rektor dieser Jeschiwa wurde immer besser entlohnt, damit er ohne Sorgen arbeiten konnte und damit das Unterrichten sein Beruf sei... Jede Gemeinde unterhielt Jugendliche und erkannte ihnen eine wöchentliche Beihilfe zu, damit sie beim Rabbiner der Jeschiwa lernen konnten." Diese Situation änderte sich grundlegend während der Kriege Mitte des 17. Jh. Viele Jeschiwot wurden damals geschlossen, und die Kahal-Schulen, denen es an ausgebildeten Lehrern mangelte, verfielen. Ein höheres Niveau konnte nur an einigen von Reichen finanzierten privaten Schulen aufrechterhalten werden, an denen neben traditionellen Disziplinen auch Fächer gelehrt wurden, die im Leben von Nutzen sein konnten.

Der Moralist Hersz Kejdanower beklagte sich 1705, Väter schickten ihre Kinder statt in Kahal-Schulen, wo sie in Hebräisch und Religion unterwiesen würden, in Schulen, in denen das Hauptgewicht auf Französisch und andere Sprachen gelegt werde, während das Studium der Heiligen Schrift in den Hintergrund trete. Die Bemerkung Kejdanowers betraf nur eine kleine Gruppe von Neureichen. Im Grunde genommen lernten die jüdischen Kinder nach traditionellem Vorbild, der Bildungsstand der jüdischen Bevölkerung war jedoch im 18. Jh. allgemein niedriger als im 16. Jh. und in der ersten Hälfte des 17. Jh. Aber sogar in diesem Zeitraum war Analphabetismus unter den jüdischen Männern eine sehr seltene Erscheinung.

Während der Haskala wurden die ersten Versuche unternommen, das jüdische Schulwesen zu verweltlichen. Im österreichischen Teilungsgebiet strebte die Regierung die „Dejudaisierung, Assimilation und Germanisierung" der jüdischen Bevölkerung an und versuchte, mit drastischen Methoden eine radikale Schulreform durchzuführen. 1785 befahl Joseph II. den Juden, ihre Kinder in die allgemeinen Volksschulen oder in weltliche jüdische Schulen zu schicken. Mit der Durchführung der Reform wurde vorübergehend der Böhme Herz Homberg, ein Maskil (Anhänger der Haskala) beauftragt. Im Laufe mehrerer Jahre gründete Homberg 107 Knaben- und einige Mädchenschulen, an denen etwa 150 Lehrer beschäftigt waren und ungefähr 4000 Schüler lernten. Diese Schulen, an denen der Unterricht in deutscher Sprache und in einem Geist durchgeführt wurde, der die Traditionen der jüdischen Volksmassen beleidigte, fanden bei den Eltern kein Vertrauen, so dass sie ihre Kinder immer seltener dorthin schickten. 1806 wurden diese Schulen endgültig aufgelöst.

BRAUCHTUM UND FAMILIENLEBEN. KLEIDUNG

Sitten und Bräuche der polnischen Juden bildeten sich unter den Bedingungen einer zunehmenden Isolierung der jüdischen Bevölkerung von ihrer Umgebung heraus, u.a. infolge der bewussten Politik sowohl der katholischen Kirche als auch der Synagogen. Im Mittelalter, als es nur wenige Juden in Polen gab, unterschieden sie sich in ihrer Lebensweise nur geringfügig von ihren Nachbarn. Davon zeugen u.a. Beschlüsse von Provinzialkonzilen aus dem 13. bis 15. Jh., die die katholische Bevölkerung in bestimmten Abständen daran erinnern mussten, dass sie nicht gemeinsam mit den Juden speisen, sich nicht auf Hochzeiten vergnügen und nicht mit ihnen tanzen sollte.

Die Juden unterschieden sich wahrscheinlich bis zum Ende des 15. Jh. im Königreich Polen und noch im 16. Jh. in Litauen in ihrer Kleidung nicht sonderlich von ihrer Umgebung. Davon zeugen nicht nur die erhaltenen bunten Kirchenfenster aus dem Mittelalter, auf denen die Juden in Bürgertracht dargestellt sind, sondern auch ein Abschnitt aus dem sog. litauischen Statut von 1526, in dem es heisst: „Die Juden sollen nicht in kostbaren Gewändern mit goldenen Ketten, sie selbst und ihre Frauen nicht in Gold und Silber gehen und auch nicht Silber an den Gürteln und Messern tragen." Die traditionelle Tracht der polnischen Juden (schwarze Mütze und Kaftan) und die sie von den Christen unterscheidende Frisur (langer Bart und Peies) tauchten in Polen vermutlich erst im 16. Jh. auf.

In den Judenvierteln und -städten bildete die Synagoge das Zentrum des gemeinschaftlichen und religiösen Lebens der Juden. In den meisten Gemeinden war sie nicht nur der Ort, an dem zweimal täglich Gebete gesprochen wurden, sondern auch der Versammlungsraum der Männer und der Sitzungssaal der Kahal-Verwaltung und des Kahal-Gerichts. In grösseren Städten wurden besondere Gebäude, die Judenrathäuser, errichtet, in denen es gewöhnlich ein Gefängnis für vom Kahal-Gericht verurteilte Schuldner, Diebe, Randalierer und Personen gab, die die rituellen Vorschriften übertreten hatten. Neben der Synagoge standen die Schule, das Spital, das Badehaus und ein gesondertes Bad, die Mikwa, für die Frauen.

Die Strassen in den „Judenstädten" waren schmal und dicht bebaut und hatten im allgemeinen weder Gehsteig noch Rinnstein. Von Zeit zu Zeit brachen Epidemien aus, die die Einwohnerschaft dezimierten, und es kam zu Feuersbrünsten, die sich sehr schnell ausbreiteten, da die Häuser aus Holz gebaut waren. Gemauerte Häuser tauchten in den Judenvierteln erst Ende des 16. Jh. auf (u.a. in Lwow, Krakau und Posen). Da die Judenviertel räumlich begrenzt waren, wurde die Raumnot mit zunehmender Einwohnerzahl immer grösser. In den Häusern wohnten mehrere oder sogar mehr als ein Dutzend Familien, die in winzigen Räumen nur durch schäbige Vorhänge voneinander getrennt waren. Nur die Reichsten besassen eine Wohnung mit mehreren Räumen, während die Ärmsten im Kellergeschoss oder unter dem Dach wohnten.

Die Einrichtung der jüdischen Wohnungen unterschied sich nicht wesentlich von der der Christen und hing vor allem von der Wohlhabenheit der Eigentümer ab. Besonderheiten der jüdischen Wohnungen waren die an der Tür befestigte Mesusa (eine kleine Pergamentschriftrolle, auf die Texte aus der Heiligen Schrift und der Name Gottes geschrieben wurden und die die Juden am rechten Türpfosten anbrachten), liturgische Gefässe sowie in Leder gebundene Werke der rabbinischen Literatur. In den Häusern der Juden gab es auch mehr Geschirr als in christlichen Haushalten, da nach dem Ritual für Fleischgerichte andere Gefässe benutzt wurden als für Milchspeisen. In reicheren Häusern gab es auch besondere Pessach-Gefässe, in ärmeren Familien dagegen wurde das täglich benutzte Geschirr vor diesem Fest in kochendem Wasser gereinigt.

Der Lebensablauf änderte sich bei den Juden an Sonnabenden und Feiertagen. Am Sonnabend gingen die Erwachsenen morgens in die Synagoge, dann setzte man sich an den reicher und üppiger als gewöhnlich gedeckten Tisch. Nachmittags studierte der Hausvater die Bibel oder den Talmud, und die Frauen lasen Liebesromane oder die mit Legenden und Geschichten durchflochtene Biblia pauperum.

Die wichtigsten Feste waren Jom Kippur (Versöhnungstag), Sukkot (Laubhüttenfest), Pessach (Passah-Fest), Chanukka (Fest der Wiederweihe des Tempels), Rosch hasch-schana (Neujahrsfest) und Purim (Losfest). Diese Feste können nicht nur als Quelle religiöser Erbauung und mystischen Erlebens angesehen werden, sondern zugleich auch als ein wesentliches Element der gesellschaftlichen Gemeinsamkeit. Die Verbindung durch gemeinsames Gebet war bei den Bekennern des Mosaismus sehr stark ausgeprägt. Das Gebet war das Bindeglied, das die Juden in der ganzen Welt über Jahrtausende hinweg vereinte. Die jüdischen Feste enthielten gleichermassen sakrale Elemente und Elemente der Tradition als auch ethische und historische Elemente. Die Feste inspirierten das Volkskunstschaffen und trugen zur Entwicklung verschiedener Formen des künstlerischen Ausdrucks und der ästhetischen Sensibilität bei. Die Feste erforderten Musik, Gesang und auch einen entsprechenden künstlerischen Rahmen.

Das Ritual der jüdischen Feste unterschied sich im 16. bis 18. Jh. nur wenig vom heutigen; nur das Purim-Fest, das auf den 14. und 15. Tag des Monats Adar (Ende März, Anfang April) fällt und der Erinnerung der im Buch Esther beschriebenen Ereignisse gewidmet ist, wurde in Polen früher fröhlicher und festlicher begangen als in späterer Zeit. An diesen Festen besuchten Verwandte und Bekannte einander, sie beglückwünschten sich und beschenkten einander. Es wurden besondere Kuchen, die dreieckigen Haman-Ohren, gebacken, und die Jugend veranstaltete Spiele und Maskenzüge (die sog. Purim-Spiele). In einigen Gemeinden, vor allem in Westpolen, veranstalteten die jungen Männer Volksschauspiele, die z.B. die Geschichte von Esther und Mardochai oder auch andere biblische Geschichten darstellten.

Die Geburt eines Kindes und die Beschneidung eines Sohnes wurden in den jüdischen Familien sehr feierlich begangen. Das Wochenbett wurde geschmückt, und den Gästen wurden Leckereien und Wein angeboten. In der Nacht vor der Beschneidung des Neugeborenen wachten Frauen im Zimmer der Mutter, nicht nur, um die Wöchnerin zu pflegen, sondern auch, gemäss der Überzeugung in der Zeit der Verbreitung der Kabbala, um das Neugeborene vor dem Einfluss von Hexen und bösen Geistern zu schützen.

Bis zum dritten Lebensjahr wurden die Jungen ausschliesslich von den Eltern erzogen, vom vierten Jahr an übernahm die Schule einen Teil der Erziehungspflichten. Die Mädchen blieben bis zu ihrer Verheiratung zu Hause und bereiteten sich auf ihre Rolle als künftige Hausfrau vor. Für die Mädchen wurden mit zwölf und für die Jungen mit dreizehn Jahren besondere Feierlichkeiten zum Abschluss der Kindheit veranstaltet. Besonders feierlich war für die Jungen Bar Mizwa, der Moment, da sie als Dreizehnjährige erstmals zusammen mit den Erwachsenen an den gemeinsamen Gebeten in der Synagoge teilnahmen.

Ehen wurden sehr früh geschlossen. Die jungen Männer heirateten meist mit 18 Jahren und die Mädchen zwischen dem 12. und 14. Lebensjahr. Die Ehe wurde vom Brautwerber, vom Schadchan, vermittelt, und die Betroffenen wurden im allgemeinen gar nicht gefragt. Reichere Mädchen wurden vom Vater ausgestattet, ärmere hingegen vom Kahal aus einer besonderen „Frauenkasse".

Hochzeit und Trauung fanden gewöhnlich unter freiem Himmel auf dem Synagogengelände statt. Bei reicheren Judenfamilien wurde in der Wohnung ein üppiges Festgelage mit Musik und Tanz veranstaltet, bei ärmeren war die Hochzeit bescheidener und fand in sog. Tanzhäusern statt, die es in fast jeder jüdischen Gemeinde gab. Zu den Hochzeiten spielten jüdische Kapellen auf.

In der öffentlichen Meinung der Christen herrschte in der Zeit der Aufklärung die Ansicht vor, das Eheleben der Juden sei mustergültig. Unter den Juden selbst dagegen wurden Stimmen laut, die jüdischen Ehen würden in zu jungem Alter geschlossen.

KRANKHEITEN UND BESTATTUNG

Im Krankheitsfall wurde ein jüdischer Arzt, Feldscher oder Barbier zu Rate gezogen. Manchmal zog man auch einen christlichen Arzt hinzu. Die Ärmeren konnten auf die Hilfe des Kahals rechnen, der das Krankenhauspersonal bezahlte und Barbiere dingte, um Blutegel zu setzen.

Im Gegensatz zu den Hochzeiten waren die Bestattungen sehr bescheiden. Sie fanden meist am Sterbetag oder einen Tag darauf statt. Der Gottesdienst wurde auf dem Friedhof abgehalten. Mit der Bestattung befassten sich Beerdigungsbruderschaften, die Chewra kaddischa, die von reichen Juden eine hohe Bezahlung dafür forderten. Ein Teil davon wurde für die Begräbniskosten der Ärmsten verwendet.

ABRISS DER GESCHICHTE DER POLNISCHEN JUDEN IM 19. UND 20. JH.

Zu Beginn des 19. Jh. unterschieden sich die polnischen Juden nicht nur durch eine andere Sprache, andere Sitten und eine andere Religion von den übrigen Bewohnern des geteilten Polens, sondern auch durch eine andere Rechtslage, die durch die Gesetzgebung der Teilerstaaten und des von Napoleon geschaffenen kurzlebigen Grossherzogtums Warschau (1807—1815) bedingt war. In den in Polen gültigen Gesetzen, deren Grundlagen sich zu Zeiten der Adelsrepublik herausgebildet hatten, war die unterschiedliche Stellung der den einzelnen Ständen angehörenden Bürger — von Adligen, Geistlichen, Bürgern und Bauern — verankert. Die Stellung der Juden innerhalb der Gesellschaft bestimmten gesonderte Normen; die Juden bildeten eine geschlossene Gruppe und somit einen weiteren, selbständigen Stand.

Die Behörden der Teilerstaaten nahmen an diesen Gesetzen viele Änderungen vor, die meist zu einer Benachteiligung der Juden im Vergleich zu ihrer Lage im unabhängigen Polen führten. Im Verlauf des 19. Jh. kam es mit dem Zerfall und der Aufhebung der feudalen Verhältnisse in allen Teilungsgebieten zu einer allmählichen Befreiung und Gleichberechtigung der Juden. Dieser Prozess war eng mit den Freiheitsbestrebungen der anderen gesellschaftlichen Gruppen verbunden.

Im österreichischen Teilungsgebiet traten die grundlegenden Rechtsnormen für die Juden Ende des 18. Jh. in Kraft. Sie schränkten den Bereich der zugelassenen Berufe ein (Juden wurden z.B. aus Apotheken, Brauereien und Mühlen entfernt), begrenzten die Möglichkeit, sich mit dem Handel zu befassen, und zwangen schliesslich einen Teil der Juden, vom Land in die Stadt überzusiedeln. Es ist hinzuzufügen, dass einige Städte weiterhin die „Privilegia de non tolerandis Judaeis" in Anspruch nahmen (z.B. Biała, Jasło, Wieliczka und Żywiec), in anderen Städten wiederum schlossen die Teilerbehörden die Juden in besonderen Vierteln ein (z.B. in Lwow, Nowy Sącz und Tarnów). Die unter dem Motto von Reformen eingeführten Vorschriften trugen lediglich zu einer Verschlechterung der Daseinsbedingungen des grösseren Teils der jüdischen Bevölkerung bei. Nach Schätzungen hatten in Galizien in den zwanziger Jahren des 19. Jh. über 40% der Juden keine konkrete Beschäftigung, sie bildeten das „von Luft" lebende Proletariat („Luftmenschen").

Diese Beschränkungen betrafen vor allem die ärmeren Schichten, die von den österreichischen Behörden als unbequemes Element angesehen wurden, während die wohlhabenden Unternehmer recht grosse Handlungsfreiheit genossen. Diese Politik führte zu einer Vertiefung der Vermögens- und sozialen Unterschiede unter den Juden. Einzelnen gelang es, ein grosses Vermögen zu erwerben, während die überwiegende Mehrheit in Armut lebte.

Hinzuweisen ist auf die grosse Rolle, die jüdische Kaufleute beim Handel in Galizien spielten. Wichtige Zentren waren dort die Städte Lwow und Brody. Letzteres wurde zu einem grossen Handelszentrum Mitteleuropas; es nutzte die bequemen Verkehrsverbindungen und die Zollprivilegien aus der ersten Hälfte des 19. Jh., die den Handel mit Russland begünstigten.

Grundlegende Änderungen erfolgten in der Lage der galizischen Juden nach 1848. Sie beteiligten sich an der revolutionären Bewegung des Vormärz, die zur Verbrüderung von Polen und Juden im österreichischen Teilungsgebiet führte und ihnen die Emanzipation als Bürger brachte. Zwar wurden diese Errungenschaften in den Jahren der Reaktion zunichte gemacht, doch ab 1859 begannen die österreichischen Behörden die rechtlichen Beschränkungen nach und nach aufzuheben. In den Jahren 1867/68 erfolgte die endgültige rechtliche Gleichstellung aller Bürger, also auch der Juden.

Die schwierige wirtschaftliche Lage Galiziens, eines Randgebiets der Habsburger Monarchie, bewirkte jedoch, dass die Gleichberechtigung viele Probleme des täglichen Lebens nicht zu lösen vermochte. Die materielle Lage zwang die unternehmenderen Menschen zur Emigration. Im allgemeinen suchten die galizischen Juden in anderen Ländern Österreich-Ungarns Arbeit und Verdienst, manchmal in Wien oder auch in Ungarn, und viele wanderten in die Balkanländer aus. Die Ende des 19. Jh. anwachsende Welle der Bauernemigration nach Übersee erfasste auch viele Juden. In den Jahren 1881—1900 belief sich die jüdische Emigration auf insgesamt etwa 150 000 Personen, und 1900—1914 reisten ungefähr 175 000 galizische Juden nach den Vereinigten Staaten aus.

Die preussische Gesetzgebung, die in den Polen abgenommenen Gebieten eingeführt wurde, richtete sich ebenfalls gegen die jüdischen Armen. Es traten einige gesetzliche Einschränkungen in Kraft, die u.a. darauf abzielten, Juden aus dem Land zu entfernen, die kein entsprechendes Vermögen nachweisen konnten. Von grosser Bedeutung war das General-Judenreglement vom 17. April 1797, das die Juden in Protegierte (Schutzjuden, die die deutsche Sprache beherrschen und ein bestimmtes Vermögen besitzen mussten) und Tolerierte einteilte. Durch das Judenreglement wurde das Ansiedlungsrecht der Juden auf dem Lande eingeschränkt; ausserdem sollten Personen, die nicht nachweisen konnten, dass sie zum Zeitpunkt des Anschlusses an Preussen in einer beliebigen Stadt des Teilungsgebiets wohnberechtigt gewesen waren, des Landes verwiesen werden. Die gleichen Grundsätze galten in dem nach 1815 Preussen angeschlossenen Grossherzogtum Posen, das zuvor ein Teil des Grossherzogtums Warschau gewesen war.

Erst der Vormärz brachte die Gleichberechtigung. 1848 wurden die Unterschiede zwischen den beiden Gruppen von Juden aufgehoben, und 1850 wurden sie rechtlich den anderen Untertanen des Königs von Preussen gleichgestellt. Die Gesetzgebung, die den deutschsprechenden Juden gewisse Privilegien zuerkannte, begünstigte deren sprachliche und sogar nationale Assimilation. Zahlreiche andere Juden jedoch mussten das preussische Teilungsgebiet verlassen.

Die Verfassung des Grossherzogtums Warschau führte die formale Gleichheit der Bürger ein und hob die Standesunterschiede auf, trotzdem sah die Gesetzgebung jedoch viele Beschränkungen für die Juden vor. Sie wurden aus einigen Berufen entfernt, und ihre volle bürgerliche Gleichberechtigung wurde von der kulturellen und brauchtümlichen Assimilation abhängig gemacht. Zur Judenfrage entstand eine Polemik, bei der einige Autoren den Juden u.a. vorwarfen, sie verkauften minderwertige, billige Ware. Darauf antwortete der hervorragende Wirtschaftssachverständige Wawrzyniec Surowiecki (1769—1827): „Weder Kaufmann noch Handwerker sind daran schuld, dass sie sie (die Ware) dem Land in dieser Qualität liefern, sondern Armut und Bedürftigkeit der Einwohner, die sich nichts Besseres leisten können. Fände dieser Satz in unserem Lande keine Bestätigung, würden die Juden bald mit ihren minderwertigen Waren bankrott machen.” In dieser Polemik offenbarten sich die Interessen des Bürgertums, das die Konkurrenz der jüdischen Kaufleute und Handwerker fürchtete, sich also für deren rechtliche Benachteiligung aussprach.

Ein grosser Teil der Juden im Grossherzogtum Warschau lebte in Armut und ernährte sich nur kärglich vom kleinen Handel und Handwerk. Nur wenigen gelang es, ihr Glück zu machen. An erster Stelle ist die Familie des Szmul Zbytkower (1756—1801) zu nennen, der in den letzten Jahren der Adelsrepublik den Grundstein für seine Finanzmacht legte, indem er Lieferungen für das Heer übernahm. Unter den weniger bekannten ist der Bankier Samuel Kronenberg zu erwähnen, dessen Sohn später eine grosse Rolle im politischen und wirtschaftlichen Leben Polens spielte.

Auf dem Wiener Kongress wurde 1815 beschlossen, aus dem grösseren Teil des Grossherzogtums

Warschau einen neuen politischen Organismus zu bilden — das konstitutionelle Königreich Polen, dessen Thron der russische Zar bestieg. Obwohl in der Verfassung die Gleichheit der Bürger verankert war, bezog sich das ausschliesslich auf die Christen, während die Juden der bürgerlichen und zivilen Rechte beraubt waren. Die Rechtsnormen aus der Zeit des Grossherzogtums Warschau behielten ihre Gültigkeit. Die Juden waren nicht von der allgemeinen Wehrpflicht erfasst, als Gegenleistung hatten sie eine Sondersteuer zu zahlen. Auch in den Städten besass die jüdische Bevölkerung keine Bürgerrechte. Dagegen wurden bestimmte Formen der Selbstverwaltung beibehalten. Von der früher ausgebauten autonomen Organisation der jüdischen Selbstverwaltung blieb in Polen nur die niedrigste Stufe erhalten, die Gemeinde. 1821 wurden durch neue Vorschriften anstelle der bisherigen Kahal-Verwaltungen Synagogenvorstände eingeführt, deren Kompetenzen sich auf Glaubensfragen und karitative Tätigkeit beschränkten. Auch wurden ihnen gewisse Verwaltungsfunktionen (z.B. die Eintreibung der Rekrutensteuer) übertragen.

Unter der jüdischen Bevölkerung vollzogen sich jedoch wesentliche Veränderungen, die mit der Vertiefung der sozialen Unterschiede verbunden waren. Besonders in der Hauptstadt Polens, in Warschau, bildete sich ein Kreis reicher Unternehmer heraus, und es entstand eine Intelligenz, die sich vor allem aus Vertretern freier Berufe (Ärzte, Lehrer, Künstler, Buchhändler) zusammensetzte, da Juden nicht in öffentlichen Ämtern und Institutionen beschäftigt wurden. Diese Schichten unterhielten Kontakte zu gleichgearteten polnischen Kreisen und nahmen regen Anteil am geistigen und politischen Leben. Allmählich glichen sie sich auch hinsichtlich Kleidung, Sitten und Sprache der polnischen Umgebung an. Bei ihnen tauchte das Bestreben auf, die vollen bürgerlichen Rechte zu erlangen und die gesamte jüdische Bevölkerung zu befreien und umzugestalten. Man suchte nach Wegen, um das traditionelle Brauchtum zu reformieren, die verschiedenen religiösen Vorschriften und Gebote den Bedingungen des modernen Lebens anzupassen und sich von der Vorherrschaft der intoleranten, oft primitiven orthodoxen Kreise freizumachen. Unter den jüdischen Jugendlichen bildeten sich Gruppen heraus, die zusammen mit der polnischen Jugend politisch und volksbildnerisch in der Konspiration tätig waren.

Der Novemberaufstand 1830/31 änderte nichts an der rechtlichen Lage der Juden: Die konservativen Aufständischenbehörden hatten nicht die Absicht, weitgehendere Reformen in irgendeinem Bereich des gesellschaftlichen Lebens vorzunehmen. Ungeachtet dessen war unter den Warschauer Juden ein starker Drang zu verzeichnen, das gemeinsame Vaterland zu verteidigen. Um ihnen gerecht zu werden, wurde Anfang 1831 eine kleine Gruppe von Angehörigen der reichsten jüdischen Schicht zur Nationalgarde zugelassen. Angehörige des Kleinbürgertums konnten der Stadtgarde beitreten, und das gemeine Volk der Schutzwache.

Nach der Niederschlagung des Aufstandes wurde begonnen, die die Juden betreffenden Rechtsvorschriften der russischen Gesetzgebung anzugleichen. Auch auf diesem Gebiet zielten die Teilerbehörden auf eine Nivellierung der Eigenständigkeit Polens ab, wenngleich sie die verwaltungsmässige Sonderstellung des Königreichs Polen und seine begrenzte Selbstverwaltung noch beibehielten. Unterschiedliche Tendenzen stiessen aufeinander. Einzelnen gelang es, persönliche Privilegien zu erhalten, die sie von einigen Beschränkungen befreiten.

Die einheimischen Behörden widersetzten sich den Unifizierungsbestrebungen und waren bestrebt, die gesonderten Gesetze für die Juden beizubehalten. In fortschrittlichen Kreisen wurden dagegen Stimmen laut, ihnen die Bürgerrechte zuzuerkennen. Diese Bestrebungen stimmten mit den Bemühungen aufgeklärter jüdischer Kreise überein. Dispute und Diskussionen führten zwar zu keinerlei unmittelbaren gesetzgeberischen Ergebnissen, förderten jedoch die Zusammenarbeit zwischen den jüdischen und polnischen Kreisen, die die rechtlichen und wirtschaftlichen Elemente der Feudalordnung beseitigen wollten, die sich im Königreich Polen noch gehalten hatten. Neben der Vergabe von Land an die Bauern gehörte die Verleihung der Bürgerrechte an die Juden zu den wichtigsten Problemen.

1861 kam es zu einer besonderen Belebung der politischen Bewegung. Jüdische Jugendliche traten den in zahlreichen Ortschaften entstehenden Verschwörergruppen bei. Im Sommer erfuhr man im Königreich Polen vom Tod zweier bekannter und geschätzter polnischer Emigranten, von Joachim Lelewel (1786—1861) und Fürst Adam Czartoryski (1770—1861). Ihnen zu Ehren wurden Gottesdienste abgehalten, an denen Juden in den Kirchen und Polen in den Synagogen teilnahmen. An Jahrestagen wichtiger historischer Ereignisse wurden gemeinsame Demonstrationen organisiert. Der berühmte Rabbiner Ber Meisels (1798—1870), der von Krakau nach Warschau übersiedelte, verkündete die Bruderschaft von Polen und Juden.

In jener Zeit wurde das seit langem diskutierte Dekret über die Wahlen zu den Kreis- und Stadtselbstverwaltungen erlassen. Stimmrecht erhielten Personen männlichen Geschlechts vom 25. Lebensjahr an, die die polnische Sprache in Wort und Schrift beherrschten, ungeachtet ihres Glaubens, jedoch unter Einführung eines hohen Vermögenszensus. Somit wurden die Juden erstmalig im Königreich Polen gleichberechtigt mit den anderen Einwohnern zu Wahlen zugelassen. Ihre Vertreter wurden Mitglieder der Selbstverwaltungsorgane.

Im Herbst 1861 kam es zu weiteren Demonstrationen. Am 10. Oktober liessen z.B. drei Absolventen der Warschauer Rabbinerschule beim Begräbnis des Erzbischofs Antoni Fijałkowski (1778—1861) die polnische Fahne wehen. Patriotische Demonstrationen, an denen sich Juden beteiligten, fanden in vielen anderen Städten statt. Es begannen Repressalien.

Unter diesen Gegebenheiten entschlossen sich die russischen Behörden, die von den autonomen Organen des Königreichs Polen erarbeiteten Prinzipien einer Reform der Rechtslage der Juden zu akzeptieren. Am 5. Juni 1862 wurde ein Dekret erlassen, das in vielen wesentlichen Lebensbereichen die Gleichberechtigung einführte. Der Weg zur allmählichen Emanzipation war gebahnt.

Die politisch aktivsten jüdischen Kreise sahen das Dekret als ihren Sieg an. Infolgedessen unterstützten sie den Januaraufstand 1863. Die Nationalregierung der Aufständischen proklamierte einige Monate nach Beginn der Kämpfe die vollkommene Gleichberechtigung von Juden in Polen. In den Reihen der Kämpfenden gab es Juden, und Juden gehörten zu den Anführern der Befreiungsbewegung. Der bekannte Bankier und Fabrikant Leopold Kronenberg (1812—1878), der ausgedehnte Verbindungen zu europäischen Finanzkreisen besass, organisierte das Finanzwesen der Aufständischen und erwarb Kredite. Durch die Niederlage des Aufstandes wurden jedoch alle Hoffnungen und die Reformen der Nationalregierung zunichte gemacht.

Der Fortschritt bei der Gleichberechtigung der Juden in den sechziger Jahren des 19. Jh. begünstigte die Entwicklung des kulturellen und politischen Lebens und die Umgestaltung des Bewusstseins. In der zweiten Hälfte jenes Jahrhunderts begannen sich die politischen Hauptströmungen herauszubilden, die nicht nur in den verhältnismässig kleinen Kreisen der Wohlhabenden und der Intelligenz, sondern auch unter den Volksmassen Anhänger fanden.

Bereits in den vorhergehenden Jahrzehnten hatte sich die Bewegung für die Gleichberechtigung der Juden entwickelt, die vor allem „Reformen" anstrebte, d.h. die Angleichung der Juden in Sitten und Kleidung an die Umgebung sowie die Anregung des intellektuellen Lebens. Ein Teil der führenden Vertreter dieser Richtung assimilierte sich allmählich in der polnischen Umgebung und formulierte das sogar als Ziel, das die ganze jüdische Bevölkerung anstreben sollte. Sie hielten zwar die Verbindung zu ihrem Milieu aufrecht, doch ihre Kinder erachteten sich oft schon als Polen und wurden als solche angesehen. Diesen Kreisen entstammen viele Familien, die sich um die polnische Kultur verdient gemacht haben, so z.B. die Słonimskis, Natansons und Toeplitz'.

Das Programm der Assimilation fand nur schwer Zugang zu den jüdischen Volksmassen, u.a. aus dem einfachen Grunde, weil sie im allgemeinen keinen Zutritt zu anderen Schulen als den religiösen hatten und nicht über die Voraussetzungen verfügten, um die polnische Sprache zu erlernen und sich andere Sitten anzueignen. Mehr noch, nach der Erlangung der Grundlagen für die Gleichberechtigung war das Assimilationsprogramm nicht mehr der einzige Weg zur sozialen Emanzipation. Die Volksmassen wurden dagegen von anderen politischen Konzeptionen angesprochen.

Ende des 19. Jh. kam noch ein weiterer Faktor hinzu. In ganz Europa entstand eine Welle des Nationalismus, die sich u.a. gegen die Juden richtete. In Frankreich gab es die Dreyfusaffäre (1894), in Böhmen die Sache Hilsner (1899) und in Russland den Fall Bejlis (1913). In Deutschland schrieb Richard Wagner, die Befreiung vom Joch des Judaismus sei höchste Notwendigkeit. Im Königreich Polen wurde diese Strömung von Roman Dmowski (1864—1939) und der von ihm gegründeten Nationaldemokratie vertreten.

Die wachsende Konkurrenz unter dem Kleinbürgertum war ein Nährboden für antisemitische Stimmungen. In Warschau und anderen Städten tauchten Aufrufe auf, jüdische Geschäfte zu boykottieren. Es kam zu Überfällen. Der Schriftsteller und Publizist Leo Belmont (1865—1941) schrieb: „In einigen Geschäften tauchte die vielsagende Aufschrift ‚christlicher Laden' auf — eine Anregung des Herrn Roman Dmowski, der das Evangelium neu kommentierte: Christus habe die jüdischen Händler nur deshalb aus dem Tempel vertrieben, um polnische Krämer hereinzulassen." Fortschrittliche polnische Kreise widersetzten sich zwar diesen Tendenzen, doch gelang es ihnen nicht, sie zu verhindern. Diese Tendenzen trugen zum Misserfolg der Assimilationsströmung als politische Konzeption bei, die unter den polnischen Juden breiten Einfluss hätte gewinnen können.

Die schwierige wirtschaftliche Lage, die Diskriminierung durch die russischen Behörden und schliesslich der aufkommende Antisemitismus trugen zur Emigration der Juden bei. Sie wanderten in einige europäische Länder, vor allem aber nach den Vereinigten Staaten von Amerika aus. Im allgemeinen bewahrten die Emigranten eine starke gefühlsmässige Bindung zur Heimat.

Ende des 19. Jh. gewannen die Ideologien der Arbeiterparteien erheblichen Einfluss auf das jüdische Proletariat, einige Gruppen des verarmten Kleinbürgertums und einen Teil der Intelligenz, später tauchte die zionistische Bewegung auf, und schliesslich nahm die konservative Bewegung organisatorische Formen an. Andere ideologische Gruppierungen und Richtungen hatten geringere Bedeutung.

Die genannten politischen und ideologischen Hauptströmungen waren nicht vollkommen einheitlich. Zwischen den Arbeiterparteien bestanden wesentliche Unterschiede in den Ansichten über Strategie und Taktik. Neben Organisationen, denen Mitglieder ohne Rücksicht auf ihre Nationalität angehörten, gab es andere, die nationalen Charakter trugen. Unter dem jüdischen Proletariat war der 1897 auf einer geheimen Tagung in Wilna gegründete „Bund" sehr einflussreich. Die Mitglieder des „Bund" vertraten die These von der Möglichkeit, die sozialen und nationalen Probleme der Juden in den Ländern, in denen sie lebten, lösen zu können, also auch in Polen. Neben dieser Partei erlangte die Partei Poale Zion, die sich in einen rechten und einen linken Flügel gliederte, wesentlichen Einfluss. Viele Juden gehörten der Sozialdemokratie des Königreichs Polen und Litauens an. Die Polnische Sozialistische Partei besass innerhalb ihrer Struktur die Jüdische Organisation, aus der zahlreiche bekannte Aktivisten hervorgingen.

Die Arbeiterbewegung strebte danach, die Nationalitätenprobleme durch die Umgestaltung der Gesellschaftsordnung und die Beseitigung der für den Kapitalismus typischen Ausbeutung des Menschen durch den Menschen zu lösen. Einen anderen Standpunkt vertrat die zionistische Bewegung, die eben die Nationalitätenfrage in den Vordergrund stellte. Sie sah es als irreal an, sie durch die Zusammenarbeit der Werktätigen unabhängig von ihrer Nationalität lösen zu wollen. Sie hielt Nationalitätenkonflikte für unvermeidlich und sah die einzige Perspektive in der Gründung eines jüdischen Staates in Palästina. Die Verwirklichung dieses Ziels sollte zur Hauptaufgabe jedes Juden werden, zugleich jedoch sollten die eigenen Interessen im jeweiligen Aufenthaltsland gewahrt werden. Auch die Zionisten gliederten sich in Splittergruppen mit den verschiedensten strategischen und taktischen Konzeptionen.

Die Konservativen sahen es als ihre Hauptaufgabe an, die mit der Religion und mit der genauen Einhaltung der Vorschriften des Brauchtums gleichgesetzte Tradition zu wahren. Den anderen Fragen standen sie recht gleichgültig gegenüber. Den Behörden gegenüber verhielten sie sich grundsätzlich loyal und sprachen sich für den unbedingten Gehorsam gegenüber den Gesetzen des Staates aus. Vorerst gründeten sie keine eigene politische Organisation. Ihr Einfluss stützte sich auf die Autorität der Rabbiner, um deren „Höfe" sich die treuen Chassidim gruppierten.

1918 nahmen einige jüdische Bevölkerungsgruppen, vor allem die konservativen Kreise, die sich von den die Juden nicht unmittelbar betreffenden Fragen distanzierten, dem wiedererstehenden polnischen Staat gegenüber eine neutrale, abwartende Haltung ein. Manche fürchteten sich vor irgendwelchen Änderungen, denn die Erfahrungen von Generationen hatten sie gelehrt, dass Änderungen in der Regel Unglück brachten. Es konnte den Anschein erwecken, dass die in einigen Gegenden Polens vorkommenden Tumulte und Überfälle auf Juden diese Ansicht bestätigten. Die tatsächliche Bedeutung dieser Zwischenfälle darf jedoch nicht überschätzt werden. Manchmal wurden sie durch soziale und wirtschaftliche Konflikte zwischen Kaufleuten und ihren Kunden aus Kleinstädten oder vom Lande ausgelöst. In anderen Fällen trugen sie kriminellen Charakter, so z.B. in Lwow, wo der Pogrom in den jüdischen Strassen ein Werk aus dem Gefängnis entlassener Verbrecher war.

Die von der 1916 auch in Polen gegründeten orthodoxen Partei Agudas Jisroel vertretenen Konservatisten deklarierten ihre Loyalität gegenüber dem polnischen Staat kurz nach dessen Konstituierung. Vertreter anderer Richtungen, vor allem der sozialistischen oder der ihnen nahestehenden Organisationen, beschränkten sich sehr oft nicht nur darauf, ihre positive Einstellung zum unabhängigen Polen zum Ausdruck zu bringen, sondern beteiligten sich auch aktiv am Kampf um die Befreiung. Juden gehörten den von Józef Piłsudski (1867—1935) geschaffenen Legionen sowie anderen Freiwilligenformationen an, die sich zum Programm des unabhängigen Polens bekannten.

Diese Einstellung zu den nahenden Veränderungen war mit der Überzeugung sowohl der polnischen als auch der jüdischen Volksmassen verbunden, dass der wiedererstehende polnische Staat wahrhaft demokratisch sein, also die dringenden sozialen und politischen Probleme lösen und sich zu einem Staat der Gerechtigkeit für die Werktätigen entwickeln werde.

Unter dem Einfluss der grossen revolutionären Bewegung, die in den Jahren 1917—1919 ganz Mittel- und Osteuropa erfasste, bildete sich in Polen eine bürgerliche Republik heraus. Der wiedererstandene Staat löste die grundlegenden wirtschaftlichen und sozialen Probleme zwar nicht, doch gewährleistete seine Gesetzgebung allen Bürgern unabhängig von ihrer Nationalität und Konfession volle Gleichberechtigung. Das war durch die im März 1921 vom Sejm verabschiedete Verfassung garantiert. Damit wurden zugleich die von den Teilermächten hinterlassenen, die Stellung der einzelnen Einwohnergruppen differenzierenden Rechtsvorschriften aufgehoben. Einige Fragen liessen jedoch Zweifel hinsichtlich ihrer Interpretation aufkommen. 1931 verabschiedete der Sejm daher ein Gesetz, das *expressis verbis* alle Vorschriften aufhob, die Bürger wegen Religion, Nationalität oder Rasse diskriminierten. In dieser Hinsicht hatte die Unabhängigkeit alle Hoffnungen erfüllt.

Weitaus schlechter verhielt es sich dagegen mit den wirtschaftlichen Beziehungen. Polen befand sich in den Jahren zwischen den beiden Weltkriegen in einer ausserordentlich schwierigen wirtschaftlichen Lage. Selbst wenn man die Konjunkturschwankungen, die in allen kapitalistischen Ländern auftraten (ein besonders starkes Absinken von Produktion, Beschäftigung und Einkünften erfolgte in der ersten Hälfte der dreissiger Jahre) ausser acht lässt, blieb der Zuwachs an Arbeitsplätzen hinter dem Bevölkerungszuwachs zurück. Die Übervölkerung des Dorfes nahm zu, was zu Einschränkungen auf dem Binnenmarkt führte, von dem der Erwerb von Mitteln zum Lebensunterhalt durch kleine Kaufleute und Handwerker abhing. In den Städten wurde die Arbeitslosigkeit zu einer wahren sozialen Plage. Unter diesen Umständen kam es vor allem in den dreissiger Jahren zu einer zunehmenden Verarmung jener Schichten, die ihren Lebensunterhalt durch kleine Geschäfte und Werkstätten erwarben. Wirtschaftswissenschaftler sprachen von einer Übervölkerung des Handels und des Handwerks.

Unter den etwa 32 Mill. Einwohnern Polens (nach der Volkszählung von 1931) machten Juden knapp 10% (etwa 3 Mill.) aus. Von diesen drei Millionen bestritten 42% ihren Unterhalt durch Arbeit in Industrie, Bergbau und Handwerk, 36% durch Handel und verwandte Zweige. Andere Berufe spielten eine viel geringere Rolle. In einigen Zweigen der Wirtschaft waren die Juden in der Mehrheit. Das betraf vor allem den Einzelhandel, bei dem 71% aller Kaufleute Juden waren. In der Bekleidungs- und Lederindustrie waren es fast 50%. Typische Berufe der Juden waren das Schneider- und Schuhmacherhandwerk. Bei der weit verbreiteten Arbeitslosigkeit hatten sie trotz der übermässigen Entwicklung einiger Handwerksberufe keine Chance, eine neue Arbeit zu finden. Zugleich verstärkte sich die Konkurrenz von Kaufleuten und Handwerkern anderer Nationalität. Auf dem Lande wurden die Genossenschaften zu einem immer ernsteren Konkurrenten der privaten Kaufleute.

Es wäre falsch, anzunehmen, dass die Konzentration der Juden auf nur einige Wirtschaftszweige und ihre Verarmung ein Ergebnis der Politik des Staates gewesen seien. Es stimmt, dass bei der Verwaltung nichtpolnische Angestellte in staatlichen Unternehmen nicht gerne gesehen waren, besonders, wenn sie militärisch von Bedeutung waren (Eisenbahn, Rüstungsbetriebe usw.). Daher wurden dort also auch Juden entlassen. Die Hauptursache lag jedoch in der Vergangenheit, in den Verhältnissen, die sich noch zu Zeiten der Teilungen herausgebildet hatten. Für die Überwindung der traditionellen Berufs- und Sozialstruktur der Juden war nicht nur eine Beschleunigung der wirtschaftlichen Entwicklung des ganzen Landes erforderlich, sondern auch die Schaffung von Voraussetzungen, die das Erlernen neuer, unter der jüdischen Bevölkerung bis dahin unbekannter oder unbeliebter Berufe gefördert hätten. Das letztgenannte Problem wurde übrigens von einigen jüdischen Organisationen erkannt, die die Ausbildung Jugendlicher in verschiedenen Berufen übernahmen. Das taten insbesondere die Zionisten, die mit Rücksicht auf ihre Palästinapläne qualifizierte Siedler ausbildeten. Das Ausmass dieser gesellschaftlichen Massnahmen war im Vergleich zur Zahl der jüdischen Bevölkerung in Polen bescheiden, weil es vom Erlangen finanzieller Mittel und von der Werbung Bereitwilliger abhing. Für ein ähnliches Unterfangen in grossem Massstab waren auch die staatlichen Mittel nicht ausreichend, denn die Regierung hatte unablässig mit Geldmangel für die unerlässlichsten Ausgaben zu kämpfen. Mehr noch, selbst wenn diese Mittel ausgereicht hätten, hätten die in den verschiedensten Berufen ausgebildeten Fachkräfte keine Arbeit gefunden.

Dieselben objektiven Ursachen bewirkten auch, dass keine Aussicht bestand, die Konzentration der jüdischen Arbeiter auf kleine Unternehmen und Werkstätten zu überwinden. Dort erwarben über 70% des städtischen jüdischen Proletariats ihren Unterhalt.

Hinzuzufügen ist, dass diese Erscheinungen auch durch einige brachtümliche und religiöse Traditionen beeinflusst wurden. Die von der Religion auferlegte Pflicht, am Sabbat nicht zu arbeiten, erschwerte es, Juden und Arbeiter anderer Nationalität in grossen Unternehmen zusammen zu beschäftigen, da die unterschiedlichen Feiertage den Produktionsrhythmus beeinträchtigten. Sogar jüdische Unternehmer beschäftigten nur ungern Juden. Selbstverständlich hielten sich nicht alle an die religiösen Vorschriften und weigerten sich nicht, am Sabbat zu arbeiten, doch diese Personen erweckten bei den Arbeitgebern wiederum den Verdacht, sozialistischen oder kommunistischen Organisationen anzugehören, also zur Organisierung der Belegschaft im Kampf um die Verteidigung ihrer Interessen beitragen zu können. In kleinen Unternehmen, in denen der Eigentümer selbst mitarbeitete, wurde jedoch sonnabends nicht gearbeitet.

Die Judenfrage in Polen war in der Zeit zwischen den beiden Weltkriegen also vor allem eine soziale Frage. Ohne eine Lösung der Probleme aller Werktätigen gab es keine Chance, die Lebensbedingungen der polnischen Juden ändern zu können. Im kapitalistischen System aber gab es trotz der Bemühungen der Regierung, besonders in der zweiten Hälfte der dreissiger Jahre, keine Aussicht, die wirtschaftliche Rückständigkeit zu überwinden und die Zahl der Arbeitsplätze zu erhöhen.

Die Emigration hielt also an. Dazu gibt es keine erschöpfenden Angaben. Bekannt ist, dass in den Jahren 1927—1938 fast 200 000 Juden Polen für immer verliessen. Davon wanderten 74 000 nach Palästina, 34 000 nach Argentinien und 28 000 nach den Vereinigten Staaten von Amerika aus. Die stärkste Emigrationswelle fiel jedoch in die zwanziger Jahre. 1929 führten die Länder, die bis dahin Emigranten aufgenommen hatten, dann wegen der schweren Wirtschaftskrise immer weitgehendere Beschränkungen ein. Das betraf u.a. die USA. Aus diesem Grunde ging die Emigration nach Übersee zu Beginn der dreissiger Jahre rapide zurück, während sich das Ausmass der Emigration nach Palästina vergrösserte. Nach sehr wahrscheinlichen Berechnungen wanderten 1919—1942 insgesamt fast 140 000 polnische Juden nach Palästina aus, d.h. rund 42% aller Einwanderer nach dort kamen aus Polen. Am stärksten war diese Welle in den Jahren 1933—1936.

Aufgrund der schwierigen wirtschaftlichen Lage und der Veränderungen in der rechtlichen und politischen Lage der Juden nach dem Wiedererstehen des unabhängigen Polens entstanden die verschiedensten Aktionsprogramme. Das traditionelle Programm der Agudas Jisroel, das sich auf die Einhaltung der religiösen Grundsätze, auf Loyalität gegenüber dem Staat und auf die Erwartung eines künftigen Reiches Gottes beschränkte, konnte nicht ausreichen. Die Position dieser Partei wurde unter dem armen Kleinbürgertum zwar durch die Autorität der Rabbiner aufrechterhalten — eine besonders wichtige Rolle spielte in der Leitung der Agudas Jisroel der bekannte, von vielen scharf angegriffene Zaddik von Góra Kalwaria —, ihr Bestreben, eine Art ideologisches Ghetto, eine Isolierung der Juden von der ungläubigen Umwelt zu schaffen, liess ihren Einfluss jedoch von Jahr zu Jahr geringer werden. Die Partei neigte immer mehr dazu, die Perspektive der Errichtung eines Staates in Palästina zu akzeptieren.

Der Einfluss der Arbeiterparteien blieb dagegen bestehen und nahm sogar zu. Die grösste Bedeutung hatte weiterhin der „Bund", der in mancher Hinsicht den Konzeptionen der radikalen Linken nahestand, wenngleich es in seinen Reihen unterschiedliche Ansichten gab. Vom Programm der Kommunisten unterschied er sich u.a. durch die Forderung nach kulturell-nationaler Autonomie für die nationalen Minderheiten, insbesondere für die Juden. Er verkündete ferner die Notwendigkeit, das ganze jüdische Proletariat in einer besonderen nationalen Partei zu organisieren. Viele Funktionäre des „Bund" erkannten jedoch die Notwendigkeit einer Diktatur des Proletariats an (im Programm von 1931 wurde die Möglichkeit einer solchen Diktatur zugelassen). Die Partei widersetzte sich entschieden den Konservativen und lehnte die Religion ab; sie warf der Agudas Jisroel vor, sie verteidige die Interessen der wohlhabenden Schichten und missachte die Bedürfnisse der Volksmassen. Zu den bedeutendsten Funktionären des „Bund" gehörten Wiktor Alter (1890—1941), Henryk Erlich (1882—1941) und Szmul Zygielbojm (1895—1943).

Ähnlich wie die illegale Kommunistische Partei Polens, der ebenfalls viele Juden angehörten, und die Polnische Sozialistische Partei sah auch der „Bund" die einzige Chance zur Lösung der Judenfrage in Polen im Aufbau einer sozialistischen Gesellschaft ohne Ausbeutung des Menschen durch den Menschen. Verbündete erblickte der „Bund" in den Arbeitern aller Völkerschaften, die Polen bewohnten. Alle Emigrationskonzeptionen lehnte er entschieden ab, da er es als völlig irreal ansah, die Emigration eines mehrere Millionen zählenden Volkes zu organisieren. Die sozialistischen Funktionäre betrachteten die Palästinaidee als Schwächung der Kräfte des Proletariats, das um die Veränderung der gesellschaftlichen Verhältnisse kämpfte, als Ablenkung der Aufmerksamkeit auf Lösungen, die bestenfalls eine Chance für wenige sein konnten.

Ein radikales soziales Programm verkündete auch die Poale Zion-Linke, die Perspektiven für die Juden in einer sozialistischen Revolution und in der Einführung einer kulturellen und nationalen Autonomie sah. Für die weitere Zukunft akzeptierte sie den Aufbau eines sozialistischen jüdischen Staates in Palästina; sie beteiligte sich also an den Palästinaarbeiten. Zu den führenden Funktionären der Poale Zion-Linken gehörten u.a. Antoni Buchsbaum, Szachna Sagan und Józef Witkin (Serubawel, 1876—1912). Erheblich bescheidener war der Einfluss der Poale Zion-Rechten, die das Hauptgewicht auf die Palästinaarbeiten legte, wie die Tätigkeit zur Vorbereitung eines künftigen jüdischen Staates genannt wurden. Sie bildete dafür Landwirte, Arbeiter und Soldaten aus.

Alle Arbeiterorganisationen arbeiteten ungeachtet der sie trennenden Unterschiede bei zahlreichen wichtigen aktuellen Fragen zusammen. Gemeinsam wurde gegen die von rechten Nationaldemokraten organisierten Pogromaktionen gekämpft. In Warschau entstand sogar eine Geheimorganisation, die darauf vorbereitet war, den nationalistischen Kämpfern Widerstand zu leisten. Sie bestand sowohl aus Juden als auch Polen, die der Arbeiterbewegung angehörten.

Entgegengesetzte Konzeptionen verkündeten die zionistischen Gruppierungen, die die Zukunft der Juden ausschliesslich in der Emigration und im Aufbau eines eigenen Staates sahen. Die Palästinaarbeiten wurden zum wichtigsten Ziel; aktuelle Fragen des politischen Lebens traten in den Hintergrund, wurden jedoch keineswegs vernachlässigt.

Die wichtigste Organisation war nach Wiedererlangung der Unabhängigkeit die Zionistische Organisation in Polen, die aus drei Regionalzentralen bestand (im ehemaligen österreichischen Teilungsgebiet, in Ostgalizien und in Westgalizien). Ausserdem gab es Fraktionen, was später zur Spaltung, zur Herauslösung der sog. Zionisten-Revisionisten und zur Gründung der Neuen Zionistischen Organisation durch diese Gruppe führte. Unter den bedeutendsten zionistischen Aktivisten sind vor allem zu nennen: der Rabbiner Abraham Ozjasz Thon (1870—1936), Emil Sommerstein (1883—1957) und Henryk Rosmarin (1882—1955), die alle der Fraktion „Et Liwnot" angehörten, sowie der hervorragende Redner und langjährige Sejmabgeordnete Icchak Grünbaum (1879—1970) von der Fraktion „Al Hamischmar".

Der Zionismus entstand als scharfe Opposition gegen Arbeiterbewegung und Konservative. Letztere warfen den Zionisten Profanation der religiösen Tradition vor, u.a. weil das Hebräische, die Sprache der heiligen Bücher, im künftigen jüdischen Staat zur Alltagssprache werden sollte. Die anderen politischen Strömungen sahen überwiegend die jüdische Sprache als Sprache des Volkes an.

Es ist nur scheinbar ein Paradox, dass die zionistische Bewegung in den nationalistischen polnischen Kreisen einen Partner fand. In den dreissiger Jahren erwiesen die polnischen Regierungskreise der zionistischen Bewegung gewisse Hilfe, insbesondere der radikalen zionistisch-revisionistischen Gruppierung, die die Gründung eines eigenen Staates auch mit militärischen Mitteln anstrebte. Zur Verhandlungsplattform wurde das Emigrationsprogramm. Die polnische Regierung sah nämlich keine Möglichkeit, die gesellschaftlichen Probleme des Landes aus eigener Kraft zu lösen, und war daher an der Emigration der ärmsten, den Arbeitsmarkt belastenden Bevölkerungsgruppen interessiert.

In der zweiten Hälfte der dreissiger Jahre kam ein weiterer Faktor hinzu. Das Sanacja-Regime, das an der Macht befindliche diktatorische politische Lager, übernahm nämlich einige nationalistische Losungen von den Nationaldemokraten und bemühte sich, die Emigration vor allem der nationalen Minderheiten zu forcieren.

Die Glaubensgemeinden wurden zu einem wichtigen Schauplatz der politischen Auseinandersetzungen zwischen den jüdischen Gruppierungen. Die Gemeinden waren im Grunde genommen religiöse Einrichtungen, die sich von den Synagogenvorständen im ehemaligen russischen Teilungsgebiet herleiteten. Die Funktionsprinzipien der Gemeinden waren durch einen Erlass von 1927 geregelt, der für ganz Polen ausser Schlesien verbindlich war. Einer Gemeinde gehörten nach dem Gesetz alle Personen jüdischen Glaubens an, die im Gebiet der Gemeinde wohnten. Nichtgläubige konnten selbstverständlich aus dieser Organisation austreten, gingen dadurch aber sowohl der Pflichten als auch der Rechte eines Gemeindemitglieds verlustig. Es gab nur wenige, die das taten.

Zu den Aufgaben der Gemeinde gehörten laut Erlass der Unterhalt des Rabbinats, der religiösen Zwecken dienenden Gebäude und Anlagen und der Friedhöfe, die Überwachung der religiösen Erziehung der Jugend, die Versorgung der Gläubigen mit koscherem Fleisch, die Verwaltung des Gemeindevermögens und der Stiftungen sowie Wohltätigkeit. Der so formulierte Tätigkeitsbereich ging über die rein religiöse Tätigkeit hinaus. Die Verwaltung der Stiftungen und die Hilfe für die Armen waren schliesslich von ungeheurer Bedeutung, insbesondere in den Jahren der schweren Wirtschaftskrise. Von den Gemeindebehörden hing nicht nur die Befriedigung der religiösen Bedürfnisse, sondern auch die Sozialpolitik ab. Aus diesem Grunde erweckten die jüdischen Glaubensgemeinden das Interesse einiger Parteien.

In den Gemeindeverwaltungen dominierte von jeher der Einfluss der Agudas Jisroel. Bereits in den zwanziger Jahren waren jedoch in einigen Orten, vor allem in Zentren des Industrieproletariats, der „Bund" und die Zionisten vertreten. Bei den Wahlen im Frühjahr 1931 forderten diese weltlichen Gruppierungen die Orthodoxen heraus, da sie die Möglichkeit erblickten, die Glaubenseinrichtungen in eine Art behelfsmässiger kultureller und nationaler Selbstverwaltung umzugestalten. Bei diesem Konflikt nahmen Vertreter der Agudas Jisroel Zuflucht zu allem möglichen Wahlmissbrauch. Sie entzogen den Gegnern unter dem Vorwand, sie träten gegen die Religion auf, das Stimmrecht. Sie erhielten Unterstützung von den Verwaltungsbehörden, die befürchteten, die religiöse Selbstverwaltung könne zu einer politischen Einrichtung werden. Die Gegner der Agudas Jisroel stellten mit Recht fest, die Konservativen in den Behörden vieler Gemeinden hätten die Bedürfnisse der werktätigen Massen ausser acht gelassen und sich sogar des Amtsmissbrauchs schuldig gemacht.

Die zweite Hälfte der dreissiger Jahre war reich an Ereignissen, die die Emigrationsstimmung unter den polnischen Juden anwachsen liessen. Die schwierige Wirtschaftslage Polens liess keine Hoffnung auf Besserung aufkommen; die Emigration konnte den Erwerb von Mitteln zum Leben erleichtern. In einigen Kreisen der zionistischen Jugend wuchs die Ungeduld, da die erwartete Proklamierung des jüdischen Staates ausblieb. Die von den Nationaldemokraten organisierten Angriffe mehrten sich. Zwar traten fortschrittliche Organisationen und zahlreiche bedeutende Wissenschaftler dagegen auf, doch gelang es den Nationalisten, an einzelnen Hochschulen die Einführung verschiedener Satzungen zu veranlassen, die die Studenten jüdischer Abstammung (nicht nur jene, die sich als Juden ansahen) benachteiligten. Einige Stadtverwaltungen erliessen Vorschriften, die indirekt die Juden diskriminierten, obwohl sie formal dem Gesetz entsprachen. Es kam vor, dass Schlägertrupps Professoren verprügelten, die sich dem Antisemitismus entgegenstellten (z.B. Prof. Edward Lipiński und Prof. Tadeusz Kotarbiński). In Kleinstädten kam es zu Pogromen; die von Nationaldemokraten aufgewiegelte Menge, die grösstenteils aus zwielichtigen Gestalten bestand, demolierte und beraubte jüdische Kramläden und Geschäfte und malträtierte deren Inhaber. Nicht immer gelang es Arbeitern, die Angreifer rechtzeitig aufzuhalten. Die Haltung der Regierung erwies sich als zweideutig. Zwar verurteilte sie entschieden die Exzesse, zugleich jedoch erklärte Premier Felicjan Sławoj-Składkowski (1885—1962) im Sejm: „Ökonomischer Boykott? Jawohl!" Auch die Kirche verurteilte die Vorfälle, doch gleichzeitig veröffentlichten angesehene Autoren in katholischen Schriften Beiträge, in denen den Christen empfohlen wurde, sich von den Juden fernzuhalten.

Von grosser Bedeutung waren die Ereignisse in Deutschland. Nachdem Adolf Hitler an die Macht gelangt war, begann dort die Verfolgung der Juden, unter denen sich auch etwa 50 000 polnische Bürger befanden. Das hatte offizielle Proteste polnischer Konsulate und der Botschaft zur Folge. Diese Einrichtungen unternahmen Schritte, um den Verfolgten zu helfen. Die polnischen Behörden befürchteten u.a., die zunehmende Verfolgung könne zur Verarmung der jüdischen polnischen Bürger führen und diese anschliessend zur Rückkehr nach Polen zwingen, wo sie keinen Lebensunterhalt finden würden. Viele Angestellte polnischer Konsulate ergriffen — das geht aus nach Warschau gesandten Berichten hervor — auch aus rein menschlichen Gründen Massnahmen, um den Verfolgten zumindest in gewissem Grade zu helfen.

Diese Massnahmen hielten das Dritte Reich davon ab, gegenüber den polnischen Juden all jene Repressalien anzuwenden, die die deutschen Juden zu erleiden hatten. Sie konnten die Lage der polnischen Juden im Dritten Reich jedoch nicht grundlegend ändern, und in den Jahren 1938 und 1939 kam es immer häufiger vor, dass jüdische polnische Bürger unter Androhung des Todes über die Grenze gejagt wurden, nachdem man ihnen ihren ganzen Besitz genommen hatte. In die Geschichte ist vor allem die grosse Aktion in den letzten Tagen des Oktober 1938 eingegangen, bei der ungefähr 13 000 (nach Angaben der polnischen Konsulate) bzw. 20 000 (nach einigen Forschern) polnische Juden aus Deutschland vertrieben wurden. Die Opfer verbrachten mehrere Tage unter freiem Himmel zwischen den Grenzposten, ehe sie polnischen Boden betreten durften. Ohne irgendwelche Mittel zum Leben mussten sie in Polen wochenlang in einem Übergangslager in Grenznähe warten.

Alle diese Ereignisse waren die Veranlassung dafür, dass man pessimistisch in die Zukunft blickte. Polen war unmittelbar bedroht. Diejenigen, die sich seit langem auf die Ausreise vorbereitet hatten, verfügten jetzt über ein weiteres Motiv dafür. Die anderen dagegen, die weitaus meisten, die weder die Möglichkeit noch die Absicht hatten, Polen zu verlassen, da sie es mit vollem Recht als ihr Vaterland ansahen, blickten voller Unruhe dem Lauf der Ereignisse entgegen.

Angesichts der Bedrohung durch das Dritte Reich bezeigten die Juden in Polen grosse Opferbereitschaft zur Verteidigung der Republik. Sie fand ihren Ausdruck in materiellen Formen, in Anleihen zu Verteidigungszwecken und in der Sammlung von Mitteln für militärische Zwecke. Sie trat auch im tragischen September 1939 in Erscheinung. Der hervorragende Wissenschaftler Emanuel Ringelblum schrieb über die Stimmung in jenen Wochen: „Die Warschauer Juden wurden von einer Begeisterung ergriffen, die lebhaft an das Jahr 1861, an die Ära der Verbrüderung, erinnerte." Während der Belagerung der polnischen Hauptstadt beteiligten sich die jüdischen Organisationen aktiv am Aufbau der Zivilverteidigung und an der Hilfe für die Geschädigten. Der Geschichtswissenschaftler Bernard Mark erinnerte an einen ungewöhnlichen Marsch der Juden durch die Strassen von Warschau: „In den ersten Reihen schritten fünf bekannte Rabbiner in langen schwarzen Seidenkaftanen und Zobelmützen... Ihnen folgten Jugendliche der rabbinischen Hochschulen mit geschulterten Schaufeln." Viele Juden beteiligten sich am Ausheben von Befestigungsgräben, sogar am geheiligten Tag, dem Sabbat. Andere wiederum griffen zur Waffe und nahmen am Kampf gegen den gemeinsamen Feind teil. Die Niederlage der polnischen Streitkräfte im Septemberfeldzug leitete einen neuen, tragischen Zeitraum in der gemeinsamen Geschichte von Polen und Juden ein.

Historiker, die den jüdischen Handel im ehemaligen Polen erwähnen, bemerken meistens nicht, dass jüdische Kaufleute oder gar Krämer zu den ersten gehörten, die auf polnischem Boden mit Büchern handelten. Das aber waren die Anfänge von Buchdruck, Buchhandel und Verlagswesen. Die jüdischen Krämer, die durch Dörfer und Kleinstädte zogen, verkauften neben allen möglichen Waren auch Bücher. Das waren meist Kalender, Traumbücher, Ratgeber und Gebetbücher für ihre Glaubensgenossen, manchmal aber auch Meisterwerke der grossen Literatur, die sie über mehrere Grenzen geschmuggelt hatten, nicht selten unter Gefahr des eigenen Lebens.

Die Juden waren ein Volk des Buches. Wegen der Herstellung und des Verkaufs von Büchern in Hebräisch und vom 19. Jh. an auch in Jiddisch waren nicht nur Amsterdam, Venedig, Wien und Prag, sondern auch Lublin, Krakau, Wilna und Warschau berühmt. In vielen Ländern befassten sich die Juden nicht nur mit der Herausgabe und dem Vertrieb von jüdischer Literatur, sondern auch der Literatur des Landes, in dem sie lebten. Eine besondere Rolle spielten auf diesem Gebiet die Juden in Polen.

Seit ältesten Zeiten war die Nachfrage nach hebräischen Büchern, vor allem nach Gebetbüchern aller Art, nach der Bibel, dem Talmud und ähnlichem gross, zumal sie im religiösen Leben und bei den synagogalen Kulthandlungen unentbehrlich waren und es unter den Juden, zumindest unter den Männern, keine Analphabeten gab — Gebete konnte jeder lesen. Der Bedarf an diesen Büchern wurde auf polnischem Boden durch den Import, aber auch durch örtliche Druckereien gedeckt, die bereits im 16. Jh. tätig waren. In Krakau gab ein unbekannter Drucker in den Jahren 1530/31 z.B. den Pentateuch und eine Haggadah heraus, und die Brüder Helicz verlegten mehrere Machsors, Gebetbücher für die Festtage. Eliakum Helicz gab sogar noch hebräische Bücher heraus, nachdem er sich hatte taufen lassen und den Namen Johannes angenommen hatte.

Zu den ältesten Zentren der hebräischen Buchdruckerkunst gehörte auch Lublin. 1536 gab der Drucker Chaim Schwarz einen Machsor mit polnischem und hebräischem Text heraus. In der zweiten Hälfte des 16. Jh. erschien eine beträchtliche Anzahl von Gebetbüchern — Siddurim (für Werktage) und Machsors. Im 17. und 18. Jh. entwickelte sich der Druck von hebräischen Büchern auch in anderen Städten, u.a. in Wilna, Grodno und Lwow sowie in vielen Kleinstädten. Neben den unentbehrlichen Gebetbüchern wurden immer häufiger vielbändige Ausgaben des Talmud mit Kommentaren, kabbalistische und ethische Werke u.dgl. herausgegeben.

In dieser Hinsicht stand Warschau weit hinter den anderen Städten zurück. Der Grund war das für Juden bestehende Verbot, sich in dieser Stadt niederzulassen. Daher entstanden jüdische Druckereien in der Umgebung von Warschau. 1775 bemühte sich Lazar Icchak, genannt Izakowicz aus Krotoszyn, um die Erlaubnis, in Warschau eine Druckerei gründen zu dürfen. Ein Jahr später erteilte ihm König Stanislaus August das Privileg, in Golędzinów eine Druckerei gründen und hebräische Bücher, später auch Kalender herausgeben zu dürfen. Erwähnenswert ist, dass hebräische Bücher auch von Nichtjuden verlegt wurden, u.a. von den bekannten Druckern des 18. Jh. Piotr Dufour und Johann Anton Krieger. Letzterer kaufte von Hirsz Lejbowicz und Szmul Segal die hebräischen Druckereien in Korzec, verlegte sie nach Nowy Dwór und gründete dort ein grosses, bedeutendes Herstellungszentrum von hebräischen Büchern. Kriegers Unternehmen prosperierte bis 1818. Von der Aktivität Kriegers zeugt u.a. die Tatsache, dass er 1789 auf dem Jahrmarkt in Łęczna insgesamt 2641 hebräische Bücher und 2000 jüdische Kalender zum Verkauf anbot.

1814 gründeten Hersz Nahasanowicz und Joel Lebensohn in der Żabia-Strasse in Warschau die erste jüdische Druckerei. Bald danach entstand eine Giesserei für hebräische Lettern. Mitte des

19. Jh. gab es in Warschau 33 Druckereien, darunter 13 hebräische, u.a. von Hersz Schriftgisser, Hersz Bomberg (beide ab 1834), Aron Kleif, Samuel Zysberg und Abraham Baumberg.

Neben den Druckern und Verlegern hebräischer Werke wirkten in Warschau jüdische Firmen, die auch den polnischsprachigen Büchermarkt rasch zu erobern begannen. Erwähnenswert ist, dass die Eigentümer von etwa 40% aller Druckereien im Königreich Polen, in einigen Städten, z.B. in Łódź und Wilna, von etwa 60%, Juden waren.

Es entstanden sogar jüdische Drucker- und Verlegerfamilien. Zu den hervorragendsten gehörten die Wegbereiter des polnischen Verlagswesens — die Glücksbergs und die Orgelbrands.

Die ersten Überlieferungen über die sicherlich seit langem auf polnischem Boden ansässige Familie Glücksberg stammen aus der Mitte des 17. Jh. und betreffen Emanuel Majer Glücksberg, von dessen fünf Söhnen sich drei mit dem Buchhandel befassten. Die herausragendste Persönlichkeit war Majer Natan Glücksberg (1770—1831), genannt auch Michał oder Mikołaj.

In einem Artikel in der Zeitschrift „Kłosy" (Ähren) aus dem Jahre 1868, in dem das bis kurz zuvor harte Los der Schriftsteller beschrieben wurde, hiess es: „Immer war es bei uns um den Buchhandel so bestellt, fast bis zum Jahre 1820, da der Buchhändler und Verleger Natan Glücksberg auftauchte." Natan und sein Bruder Jan waren die ersten Verleger und Buchhändler auf polnischem Boden. Sie regten das Schaffen polnischer Schriftsteller an und finanzierten es sogar. Sie führten als erste Autorenhonorare ein. Bis 1831 erschienen im Verlag von Natan Glücksberg über 220 Titel. Herausgegeben wurden auch Zeitschriften, u.a. die von Adam Tomasz Chłędowski, dem Direktor der Nationalbibliothek, redigierte „Gazeta Literacka" (Literarische Zeitung), die Frauenzeitschrift „Bronisława czyli Pamiętnik Polek" (Bronisława oder Das Tagebuch der Polinnen; ab 1822) und das „Magazyn Powszechny — Dziennik Użytecznych Wiadomości" (Allgemeines Magazin — Tagesblatt für nützliche Nachrichten; ab 1834), illustriert mit eigens dafür aus dem Ausland eingeführten Holzschnitten. Natan Glücksberg war Mitglied einer Freimaurerloge. Er gehörte zur Spitze der fortschrittlichen polnischen Juden, zu den sog. 26 aufgeklärten Vätern der Familie, den Fürsprechern einer Assimilation mit dem „Volk, unter dem sie leben". Von seinen acht Kindern übernahmen vier Söhne den Beruf des Vaters. August Emanuel Glücksberg (1804—1894) gab u.a. die vierbändige „Encyklopedia Powszechna" (Allgemeine Enzyklopädie) und die „Historia Polski" (Die Geschichte Polens) von Michał Baliński und der Bruder Natans, Jan (1784—1859), den ersten Warschauer Stadtführer (1827) heraus. Jan Glücksberg verlegte viele polnische Zeitschriften. Er nahm am Novemberaufstand 1831 teil. Er war Mitglied des Betreuungsrats des Judenspitals und Sekretär der Beratungskammer für Angelegenheiten der Juden in Polen.

Die zweite Verlegerfamilie waren neben den Glücksbergs die Orgelbrands. Die ersten Hinweise auf diese Familie stammen aus dem 18. Jh. und besagen, dass sich der mit Anna Jud verheiratete Chaim Juda Orgelbrand mit dem Buchhandel befasste. 1810 wurde ihr Sohn Samuel geboren. 1837 gründete dieser in der Nowiniarska-Strasse in Warschau eine Buchhandlung und ein Antiquariat und bald auch eine Druckerei. Zunächst gab er Abenteuer- und Liebesromane heraus. Damit erwarb er sich ein Vermögen. Mitte des 19. Jh. beschäftigte er in seinem Betrieb 160 Personen. Seine Druckerei war mit für jene Zeit modernsten Einrichtungen ausgestattet und besass u.a. eine eigene Letterngiesserei, Anlagen für den Stereotypdruck u.dgl. 1858 leitete Samuel Orgelbrand ein für die damaligen Verhältnisse in Polen gigantisches, wahrhaft bahnbrechendes Unternehmen in die Wege — die Herausgabe der „Encyklopedia Powszechna" (Allgemeinen Enzyklopädie). Zu diesem Vorhaben zog er die hervorragendsten polnischen Wissenschaftler und Schriftsteller heran. Nach zehn Jahren führte er trotz ungeheurer Schwierigkeiten, hauptsächlich finanzieller Art (die Zahl der Subskribenten sank von anfänglich 3000 auf 500), mit dem letzten, dem 28. Band, sein Vorhaben zu Ende. Dieses

Werk, übrigens das einzige im Polen des 19. Jh., das als Ganzes herausgegeben werden konnte, kostete den Verleger etwa 120 000 Rubel. Davon waren 42 000 Rubel Honorare, aus denen viele polnische Gelehrte und Schriftsteller ihren Unterhalt bestreiten konnten. Bis 1912 erschienen noch drei gekürzte und verbesserte Ausgaben dieses Werkes, das landläufig als Enzyklopädie Orgelbrands bezeichnet wird. Samuel Orgelbrand gab etwa 600 Titel heraus, darunter ungefähr 100 in hebräischer Sprache, u.a. die Mischna und die Gemara sowie das monumentale 20bändige Werk „Babylonischer Talmud". Nach dem Tode Samuels übernahmen seine Söhne Hipolit und Mieczysław das Unternehmen. Unter ihrer Leitung entwickelte es sich sehr gut und hatte bereits etwa 600 Beschäftigte.

Zur selben Zeit wie Samuel Orgelbrand in Warschau wirkte in Wilna sein Bruder Maurycy, ebenso wie Samuel Absolvent der Warschauer Rabbinerschule. Das Verdienst Maurycys war u.a. die Herausgabe des grossen polnischen Wörterbuchs, das 108 000 Stichwörter enthielt. Während des Januaraufstands 1863 wurde seine Frau Eleonora, geb. Starkman, verhaftet und nach Sibirien verbannt. Um sie begleiten zu können, ging Orgelbrand freiwillig in die Verbannung. Nach seiner Rückkehr 1873 gründete er in Warschau eine grosse Verlagsgesellschaft, der sich so bekannte Firmen wie Gebethner & Wolff sowie Michał Glücksberg anschlossen.

Im 19. Jh. wirkten neben diesen beiden, zweifellos hervorragendsten Familien in der Geschichte des polnischen Buchdrucks, Verlagswesens und Buchhandels viele andere Verleger, so die Merzbachs, die Natansons, Salomon Lewental, Gabriel Centnerschwer und Józef Unger.

Über die Merzbachs ist bekannt, dass Henryk Merzbach mit Familie im 18. Jh. in Posen lebte. Seine Söhne waren bekannte Buchhändler. Ludwik (1820—1890) blieb in Posen, während Samuel Henryk (gest. 1874) und Zygmunt (1801—1852) nach Warschau zogen, wo sie in der Miodowa-Strasse eine Verlagsbuchhandlung mit Lesesaal und Leihbibliothek gründeten. Diese Buchhandlung war eine Art Salon. Dort trafen sich Schriftsteller, Dichter und Bibliophilen. Samuel wirkte in der polnischen patriotischen Bewegung mit. In seiner Buchhandlung konnte man auch verbotene Publikationen erwerben. Auf eigene Kosten verlegte er polnische und fremdsprachige Bücher, darunter z.B. Romane von Walter Scott. 1833 gab er drei illustrierte Gedichtbände von Adam Mickiewicz und 1857/58 dessen „Ausgewählte Schriften" in acht Bänden heraus, bis heute die einzige illustrierte Ausgabe von Schriften dieses grossen Dichters. Die in den Jahren 1831—1874 systematisch veröffentlichten Kataloge Merzbachs legen Zeugnis ab von seiner äusserst wichtigen, vielseitigen Tätigkeit auf dem Gebiet des Verlagswesens und des Buchhandels. Samuels Neffe Henryk, ein Sohn Zygmunt Merzbachs, Dichter, Schriftsteller und Publizist, leitete eine Zeitlang die Firma seines Onkels, bevor er 1862 zusammen mit Ludwik Polak in der Krakowskie-Przedmieście-Strasse eine eigene Buch- und Notenhandlung gründete. Dort trafen sich Schriftsteller, Musiker und Politiker. 1863 wurde die Buchhandlung wegen der Veröffentlichung eines Pamphlets gegen den Zaren geschlossen. Da Henryk Merzbach Verhaftung drohte, begab er sich nach Dresden und dann nach Brüssel, wo er seine patriotische und editorisch-buchhändlerische Tätigkeit fortsetzte. Er wurde als einer der führenden Vertreter der polnischen Emigration angesehen. Er war auch der Hofbuchhändler des Königs Leopold II. In Belgien gab er u.a. „Ostatnie lata życia J. Lelewela" (Die letzten Lebensjahre J. Lelewels; 1889) heraus.

Henryk Natanson (1820—1895), ein Warschauer Bankier und zugleich Buchhändler und Verleger, entstammte einer alten plutokratischen jüdischen Familie. Er war einer der sieben Söhne von Wolf Zelig Natanson. Nachdem er die Warschauer Rabbinerschule und Praktika in Buchhandlungen von F.A. Brockhaus in Leipzig und J. Zawadzki in Wilna absolviert hatte, gründete er 1846 in der Krakowskie-Przedmieście-Strasse in Warschau eine eigene Firma. Neben dem Verkauf von Büchern aus dem Ausland befasste er sich auch mit der Herausgabe von Büchern. Auf eigene Kosten gab er etwa 170 Werke der polnischen und fremdsprachigen Literatur heraus, u.a. die erste, dreibändige Auswahl von Werken J.I. Kraszewskis mit Illustrationen von Henryk Pilatti. Seine Editionen zeichneten sich durch hohes inhaltliches und graphisches Niveau aus; Druckfehler kamen selten vor. Einmal schrieb er: „Meine Ausgabe der ‚Maria' von Malczewski war fehlerlos. Einen Golddukaten wollte ich für einen Fehler geben, doch niemand hat einen gefunden!" Auch für Luxusausgaben, die oft Verluste brachten, war ihm das Geld nicht zu schade, und Autoren gegenüber war er freigebig. Da ihn die Leitung seiner eigenen Unternehmen — Bankhaus, Versicherungsgesellschaft, Bergbaugesellschaft, Papierfabrik „Mirków" — sowie anderer, deren Teilhaber er war, sehr in Anspruch nahm, löste er 1868 die Buchhandlung auf und verkaufte ihre Bestände zum halben Preis. Der gesellschaftlich sehr aktive Natanson stand u.a. dem Ausschuss für Unentgeltliche Lesesäle des Warschauer Wohltätigkeitsvereins vor, war Mitglied des Baukomitees und dann Vorsteher der Grossen Synagoge in der Tłomackie-Strasse.

Sein Sohn (oder sein von ihm erzogener Neffe?) Bronisław (1865—1906), Jurist, Öffentlichkeitsarbeiter und Verleger, wollte einen „Umschwung in den versumpften, spekulierenden Verhältnissen im Verlagswesen heraufbeschwören". Da er wegen seiner „Illoyalität" keine Konzession für die Leitung eines Verlags bekommen konnte, gründete er mit Jan Fischer eine Gesellschaft und wurde zu einem der verdienstvollsten polnischen Verleger. Er wurde dadurch berühmt, dass er den Autoren zehnmal so hohe Honorare zahlte wie üblich, u.a. Władysław Reymont, der auf seine Bestellung hin „Die Bauern" zu schreiben begann, Stefan Żeromski für „Die Heimatlosen", Eliza Orzeszkowa und vielen anderen. Zum 100. Geburtstag von Adam Mickiewicz gab er ein Gedenkbuch heraus. Er veröffentlichte auch viele Arbeiten über Philosophie, Geschichte, Naturwissenschaften und Gesellschaftswissenschaften sowie Werke von H.G. Wells heraus, die damals viel Aufsehen erregten. 1900 schloss Natanson wegen seines schlechten Gesundheitszustands sowohl den Verlag als auch die Buchhandlung. Viele Jahre lang unterstützte er finanziell die unentgeltlichen Lesesäle, deren Bestände mit der Zeit u.a. die Sammlungen der Öffentlichen Bibliothek in der Koszykowa-Strasse in Warschau bereicherten.

Interessant war die Karriere des Verlegers Józef Unger (1817—1874). Seine Eltern waren keineswegs wohlhabend, sorgten jedoch für die Ausbildung ihres Sohnes. Er besuchte die Piaristen- und die Rabbinerschule in Warschau. Den Druckerberuf erlernte er in einer von A. Gałęzowski geleiteten Druckerei, die Professoren der Warschauer Universität gegründet hatten. Seine eigene Druckerei war ein Gelegenheitskauf. Es war eine kleine, heruntergekommene Druckerei, in der er eine Zeitlang ganz allein arbeitete. Dank seinem Talent und seiner gewaltigen Energie gedieh das Unternehmen prächtig, um schliesslich eines der grössten im ganzen Lande zu werden. Seine typographische Anstalt verfügte über eine eigene Letterngiesserei, eine Holzschnittwerkstatt und eine Buchbinderei. Bei Unger wurden Zeitungen und Zeitschriften gedruckt, u.a. „Dziennik Warszawski" (Warschauer Zeitung), „Izraelita", „Szkice i Obrazki" (Skizzen und Bilder), „Di Illustrirte Woch", die Unger als Herausgeber firmierte, und „Wędrowiec" (Wanderer). Sein Verdienst war auch die Entwicklung der Holzschnittechnik bei der Buchillustration. Erwähnenswert ist, dass mit Ungers Verlag solche hervorragende Künstler zusammenarbeiteten wie J. Kossak, H. Pilatti und F. Kostrzewski. Unger gab auch weit über 100 Buchtitel heraus, u.a. Werke von J.I. Kraszewski, Deotyma und H. Rzewuski sowie Bücher religiösen Inhalts, Lehrbücher und Noten. Grosser Beliebtheit erfreute sich der ab 1846 erscheinende „Populärwissenschaftliche Warschauer Kalender". Unger war ein aktiver Mensch. Er war Vorstandsmitglied des Vereins Warschauer Drucker, leitete eine Galerie zeitgenössischer polnischer Maler und sammelte Gemälde jüdischer Maler, u.a. Edmund Perl und Stanisław Heiman. Nach dem Tode Józef Ungers übernahm sein Adoptivsohn Gracjan das Unternehmen.

Ein bekannter Warschauer Drucker und Buchhändler war Salomon (später Franciszek Salezy) Lewental (1841—1902), ein Sohn des Lehrers, Philosophen und Schriftstellers Dawid Lewental. Er absolvierte die Warschauer Rabbinerschule und begann seine Verlegerkarriere als Praktikant bei seinem künftigen Schwiegervater Jan Glücksberg. Nach dessen Tod übernahm er das Unternehmen, das er mit der Zeit beträchtlich ausbaute. Zu seinen Publikationen, die sich der grössten Beliebtheit erfreuten, gehörte der „Volkskalender", der in der für die damalige Zeit hohen Auflage von 15 000 Exemplaren erschien. Besonders verdient machte sich Lewental um die Herausgabe polnischer Zeitschriften. Bei ihm erschienen „Kłosy" (Ähren), „Tygodnik Romansów i Powieści" (Wochenschrift für Liebesgeschichten und Romane) und „Świt" (Morgendämmerung), und 1887 erwarb er den halben Geschäftsanteil der grössten Warschauer Tageszeitung, des „Kurier Warszawski". 1873 begann er mit der Herausgabe der grossen Reihe „Bibliothek der treffendsten Werke der europäischen Literatur", in der u.a. Werke von T.T. Jeż, J. Korzeniowski, J.I. Kraszewski, E. Orzeszkowa, M. Bałucki und A. Fredro sowie von Byron, Calderon, Goethe, Lermontow, Stendhal, Homer, Sophokles und vielen anderen erschienen. Insgesamt gab Lewental 285 Titel heraus. Er war ein geschätzter Philanthrop. Weit über zehn Jahre war er Mitglied der Judengemeinde. Ausserdem war er einer der Initiatoren des Baus der Synagoge in Tłomackie. In Warschauer Krankenhäusern richtete er Ambulatorien ein, in denen Arme kostenlos behandelt wurden.

Ein anderer bekannter Warschauer Buchhändler war Marian Sztajnsberg (geb. 1887, gest. 1943 im Warschauer Ghetto), zusammen mit Stanisław und Tadeusz Markusfeld Eigentümer der Firma „Buchhandlung Ferdynand Hoesick GmbH." Er machte sich vor allem als Herausgeber juristischer Literatur verdient, u.a. von 81 Bänden (bis 1934) der „Hoesicks Texte der in der Republik Polen geltenden Gesetze". Während der Naziokkupation konnte man Sztajnsberg im Ghetto begegnen, wo er in der Leszno-Strasse Bücher verkaufte.

In Musikerkreisen war dagegen Józef Kaufman bekannt, Eigentümer einer Notenhandlung und einer Leihbibliothek für Notenschriften sowie einer gut versehenen Buchhandlung in Warschau.

Von den vielen im 19. und Anfang des 20. Jh. wirkenden Verlegern, Druckern und Buchhändlern sind zumindest noch einige zu erwähnen, u.a. der Lehrersohn Gabriel Centnerszwer (1841—1917), Absolvent der Warschauer Rabbinerschule. Er führte eine ausgezeichnet ausgestattete Buchhandlung in der Marszałkowska-Strasse. Herman Altenberg (1848—1885) leitete zusammen mit Maurycy Robitschek eine Buch- und Gemäldehandlung. Beide machten sich um die Herausgabe von Reproduktionen der Werke polnischer Maler verdient. Nach der Rückkehr nach Lwow, von wo er stammte, leitete Altenberg dort eine Buchhandlung und Leihbibliothek. Er war auch der Herausgeber der „Bibliothek polnischer Klassiker" und der „Bibliothek der Laientheater". Der Buchhändler und Verleger Teodor Paprocki (1857—1895) leitete zusammen mit Władysław Dłużniewski die Buchhandlung, T. Paprocki & Co. in der Chmielna-Strasse in Warschau. Er gab Werke über Literatur, Philosophie, Geschichte, exakte Wissenschaften und Technik sowie die belletristische Reihe „Bibliothek von Liebesgeschichten und Romanen" heraus.

Einige Worte sind auch dem Krakauer Drucker und Verleger Jakub Mendel Himmelblau und seinen Nachfolgern zu widmen. J.M. Himmelblau gründete seinen Verlag Mitte des 19. Jh. Dort erschien 1863 u.a. das Buch „Wieczory pod lipą" (Abende unter dem Lindenbaum) mit dem Untertitel „Historya Narodu Polskiego" (Geschichte des polnischen Volkes). Himmelblau gab ferner das Lehrbuch „Polnische Literatur in historisch-kritischem Abriss" von Lucjan Tomasz Rycharski heraus. Einer seiner Söhne, Fabian, setzte die verlegerische Tätigkeit seines Vaters fort und gab eine Reihe wertvoller Positionen heraus, u.a. „Rzeczy teatralne" (Über das Theater; 1904) von Stanisław Koźmian, ausgewählte Werke des Dichters Teofil Lenartowicz (1876), eine Studie Lucjan Siemieńskis über Wincenty Pol und zahlreiche Bücher für die Jugend, u.a. „Robinson Crusoe" und Bücher J.F. Coopers.

Eine Tochter J.M. Himmelblaus heiratete Henryk Frist, der anfänglich einen Laden für Schreibwaren und Bilderrahmen leitete. Bald wurde er zum Hauptverkäufer von Ansichtskarten in Krakau und schliesslich zum Eigentümer des „Salons polnischer Maler", in dem er Gemälde der Kossaks, von J. Malczewski, J. Fałat, P. Stachiewicz, T. Axentowicz und vielen anderen verkaufte. Frist erwarb von den Malern das ausschliessliche Recht, ihre Werke reproduzieren zu dürfen. In der Zeit zwischen den beiden Weltkriegen bauten die Brüder Henryks Julian und Józef, beide Doktoren der Rechte, das Unternehmen aus. Sie waren es, die die graphischen Werke „Akropol" gründeten, die sich moderner Drucktechniken wie Offsetdruck, Lithographie u.a. bedienten. Es war die einzige Anstalt in Vorkriegspolen, in der Gemäldereproduktionen von Weltniveau hergestellt wurden.

Dieses Bild der in Krakau tätigen jüdischen Drucker und Verleger wäre unvollständig, würde man Napoleon (Naftali) Telz (1866—1943) ausser acht lassen, einen Drucker und Verleger, der seit 1897 Eigentümer der Krakauer Nationaldruckerei war. Die Nationaldruckerei, in der auch die Krakauer Tagespresse, „Dziennik Poranny" (Morgenzeitung), später „Dziennik Krakowski" (Krakauer Tageblatt) und „Naprzód" (Vorwärts), ein Organ der Polnischen Sozialistischen Partei PPS, sowie zahlreiche Zeitschriften gedruckt wurden, war auf schöngeistige Literatur spezialisiert. Dort wurden Werke von S. Goszczyński, A. Mickiewicz, J. Słowacki, J. Kasprowicz, W. Orkan, L. Rydel, S. Żeromski, K. Tetmajer und vielen anderen herausgegeben. Dort erschienen auch „Der jüdische Krieg" von Flavius, eine Reihe von Werken der gesellschaftspolitischen Literatur, u.a. Arbeiten von Bolesław Limanowski und Stanisław Mendelson, Literatur aus dem Bereich der Kunstgeschichte, z.B. die „Geschichte der Malerei in Polen" von Feliks Kopera, sowie die erste Ausgabe der Fibel von Marian Falski. Bis 1935 brachte die Nationaldruckerei 3118 Titel heraus. Für seine Ausgaben in prächtiger Aufmachung und mit schönen Illustrationen (u.a. von L. Wyczółkowski und W. Konieczny) erhielt Telz sowohl in Polen als auch im Ausland zahlreiche Preise und Medaillen. Er war Vorsitzender des Vereins der Druckereibesitzer in Westgalizien, der Korporation der Industriellen des Graphischen Gewerbes in Krakau und wirkte auch im Vorstand der Organisation der graphischen Verbände in Warschau mit. Während des Zweiten Weltkriegs musste sich Telz als Jude versteckt halten. Er kam im Warschauer Ghetto um. Die Nationaldruckerei ist bis auf den heutigen Tag unter staatlicher Verwaltung tätig.

Die bisher Genannten waren natürlich nicht die einzigen jüdischen Verleger und Buchhändler in Krakau. Dort wirkten u.a. auch die Seidens, die Taffets, die Rauchers, die Wertheims, die Litmans und andere, die einen wertvollen Beitrag zur polnischer Kultur leisteten.

Gesondert sind die jüdischen Verleger und Buchhändler aus der Zeit zwischen den beiden Weltkriegen anzuführen. Sie setzten gewöhnlich die guten Traditionen ihrer Vorgänger fort.

Zu den populärsten Unternehmen in Warschau gehörten der Verlag und die Buchhandlung von Jakub Mortkowicz (1876—1931). Mortkowicz, der 1912 die Buchhandlung Gabriel Centnerszwers übernommen hatte, gründete zusammen mit Teodor Toeplitz die Firma J. Mortkowicz, Verlagsverein in Warschau AG. In seiner ausgezeichnet versehenen Buchhandlung in der Mazowiecka-Strasse 12, die nach dem Vorbild eines Klubs geleitet wurde, traf sich die kulturelle und literarische Elite Warschaus. Dort verkehrten Miriam, Bolesław Leśmian, Janusz Korczak, Stefan Żeromski, Maria Dąbrowska und Maria Kuncewiczowa. Mortkowicz, der seine Erzeugnisse mit einer Ähre und den Buchstaben JM signierte, war auf die Herausgabe von schöngeistiger Literatur spezialisiert. Er war der ausschliessliche Verleger der Bücher von S. Żeromski, vieler Bücher von Maria Dąbrowska, der Poesie der Dichter der Gruppe „Skamander" (die Reihe „Unter dem Zeichen der Dichter"), einer Reihe von

Werken polnischer und ausländischer Schriftsteller sowie von Bildbänden (u.a. der „Geschichte der Kunst in Polen"). Insgesamt gab Mortkowicz bis 1931 etwa 700 Titel heraus. Er war Mitbegründer des Hauses des Polnischen Buchs und der Eisenbahnbuchhandlungen „Ruch" und wirkte im Polnischen Verlegerverein sowie im Buchhändlerverein. Er war mit dem Offizierskreuz des Ordens „Polonia Restituta" ausgezeichnet. Nach seinem Tode leitete seine Frau Janina, geb. Horowitz (1875—1960), den Verlag und die Buchhandlung.

Ein anderer bekannter, wenn auch nicht in derart grossem Massstab tätiger Warschauer Buchhändler und Verleger war Jakub Przeworski (1875—1935). Der bekannte Bibliophile Jan Michalski (1876—1950) erinnerte sich an ihn: „Er heiratete nach jüdischem Brauch sehr früh und mietete für die spärliche Mitgift einen kleinen Laden in der Świętokrzyska-Strasse, der später zahlreichen Sammlern wohlbekannt war..." Er war Antiquar mit guter Praxis, die er bei A.H. Kleinsinger erworben hatte, und hatte ein Gespür für den Wert der Bücher — sogar jener, die lange Zeit auf Lager lagen. Er kaufte sie oft für einen Spottpreis auf und sammelte sie in seinem Antiquariat. Schon vor dem Ersten Weltkrieg schaffte er Warschauer Publikationen über die Grenze nach Lwow, Krakau und Posen sowie auf dem Rückweg verbotene Schriften nach Warschau. 1933 verlegte Przeworski seine Buchhandlung in die Sienkiewicza-Strasse 2 und baute sein Unternehmen aus, indem er eine Verlagstätigkeit aufnahm. Er gab vor allem Übersetzungen, aber auch polnische Literatur heraus. Seinem schwunghaften Handel wurde durch den Tod ein Ende bereitet, doch sein Sohn Marek (1903—1943), Ingenieur, Absolvent der Warschauer Technischen Hochschule, leitete das Unternehmen weiter. Insgesamt erschienen im Verlag Przeworskis bis 1939 mehr als 300 Titel, die meisten in sorgfältiger Ausstattung und ästhetischer graphischer Aufmachung. Aus seinem Verlag stammten u.a. „Die Geschichte der polnischen Kultur" unter der Redaktion A. Brückners, „Mój Żyrardów" (Mein Żyrardów) von Paweł Hulka-Laskowski, Gedichte und Kinderbücher von J. Tuwim, Gedichte von A. Słonimski, K. Wierzyński, M. Hemar und vielen, vielen anderen. Im Dezember 1939 riss der hitlerfaschistische Verwalter Paul Kostrzewa den Besitz der Przeworskis an sich. Marek Przeworski befand sich im Warschauer Ghetto; ihm gelang zwar die Flucht, doch bald darauf wurde er von der Gestapo erschossen.

Im Warschauer Ghetto kam Michał Fruchtman ums Leben. Vor dem Kriege musste er wegen seiner politischen Anschauungen und Kontakte zur Kommunistischen Partei Polens, für die er illegale Broschüren druckte, oft Repressalien seitens der Behörden über sich ergehen lassen. Die Buchhandlung in der Świętokrzyska-Strasse leitete er zusammen mit seinem Sohn. Er begann seine verlegerische Tätigkeit 1927 und gab Bücher fortschrittlicher Schriftsteller heraus, u.a. von W. Rogowicz, H. Krahelska und A. Sokolicz sowie von E.E. Kisch und K. Radek.

Im Warschauer Ghetto kam auch Henryk Lindenfeld um, bis 1912 Teilhaber der Firma von J. Mortkowicz. Lindenfelds Ehrgeiz war die Herausgabe wissenschaftlicher Arbeiten.

Viele dieser Menschen waren echte Büchernarren, Fachleute auf ihrem Gebiet, Liebhaber des gedruckten Wortes. Das Buch war für sie nicht nur Handelsware, sondern auch das Ziel ihres Lebens, eine unablässige Faszination. Erwähnenswert ist, dass der erste und viele Jahre lang einzige Buchhändler in Łódź Jankiel Gutstadt war, der seine Buchhandlung seit 1848 leitete. Auch die Antiquare, verdiente Sammler und Buchhändler im besten Sinne des Wortes, sollen wenigstens erwähnt werden. Zu erinnern ist auch daran, dass zahlreiche jüdische Buchhändler gerade als Antiquare, die mit alten Büchern handelten, ihre verlegerische und buchhändlerische Tätigkeit begannen.

Bis zum Zweiten Weltkrieg war die Świętokrzyska-Strasse in Warschau das Zentrum des jüdischen antiquarischen Buchhandels. Jüdische Antiquariate gab es auch in den Strassen Elektoralna, Krucza, Marszałkowska, Nalewki, Gęsia und anderen. Samstags waren die meisten geschlossen, weil ihre

Eigentümer vorwiegend Chassidim waren. Stammkunden waren dort sachkundige Bibliophilen. Stundenlang wühlten sie in den Haufen oft kunterbunt aufgestapelter Bücher und holten manchmal unschätzbar wertvolle Raritäten hervor, deren grosser Wert nur ihnen bewusst war.

Die namhaftesten Antiquare waren die Vertreter der Familie Zalcstein, deren Stammvater Gecel Zalcstein (1773—1841), Sohn eines vermögenden Nürnberger Kaufmanns, gegen den Willen seines Vaters handelte und nicht dessen Unternehmen übernahm, sondern sich ganz dem Buchhandel widmete. Es begann damit, dass er alte Bücher aufkaufte. Da er es sich nicht leisten konnte, einen eigenen Laden zu eröffnen, stand er mit einem Korb voller Bücher in der Długa- oder der Miodowa-Strasse. Als er schliesslich etwas vermögender geworden war, verlegte er die Handelstätigkeit in seine Wohnung im Stadtteil Mariensztat. Fast ein halbes Jahrhundert lang wurde Gecel von hervorragenden Schriftstellern, von Wissenschaftlern und Studenten aufgesucht. Der jüdische Historiker Henryk Kroszczor schrieb: „Zwei grosse Bibliotheken von hoher wissenschaftlicher Bedeutung und nationalem Wert sind dank der fachmännischen Hilfe Zalcsteins entstanden. Eine davon war die später überaus geschätzte Bibliothek des Majorats der Krasińskis... Um Bestände für diese Bibliothek zusammenzutragen, fuhr Zalcstein von einem Hof zum anderen und kaufte seltene Judaika, Wiegendrucke, herrliche Drucke aus der Zeit der Renaissance und der Reformation auf..."

Ein bedeutender Zweig der verlegerischen Tätigkeit der Juden in Polen war die Herstellung religiöser Bücher. Gebetbücher, Bibel, Talmud, Mischna und theologische Abhandlungen wurden in speziellen Druckereien gedruckt. Dieser Druck war schwierig, der Satz bestand je nach dem Inhalt aus Lettern verschiedener Schriftart und Grösse. Aus kleinen handwerklichen Druckereien gingen originelle, kostbare Ausgaben religiöser Bücher hervor, die sehr begehrt waren.

Ein wichtiges Gebiet des jüdischen Buchdrucks, Verlagswesens und Buchhandels war die jüdische Literatur in Jiddisch. Sie wurde in gut ausgestatteten Pressedruckereien gedruckt und in speziellen jüdischen Buchhandlungen verkauft, von denen es in Warschau z.B. über 20 gab. Mit ihrer Herausgabe befassten sich im Subskriptionssystem gesellschaftliche, politische und kulturelle Organisationen, u.a. die besonders rege Kultur-Liga des „Bund". Manchmal wurde zur Herausgabe der gesammelten Werke eines hervorragenden jüdischen Schriftstellers eine Gesellschaft gegründet, wie es z.B. bei der Herausgabe der Werke von Mendele Moicher Sforim der Fall war. Es war Brauch, dass führende jüdische Warschauer Tageszeitungen ihre ständigen Abonnenten mit Werken von Klassikern der jüdischen Literatur prämierten.

LITERATUR

Bei keinem Volk hat das Wort Literatur so mannigfaltige Bedeutung wie bei den Juden. Das betrifft vor allem die Sprache. Die Juden sprachen und sprechen entweder die hebräische Sprache (Iwrith) oder die jüdische Sprache (Jiddisch) oder aber die Sprache des Landes, in dem sie leben oder lebten.

Zur besonderen Blüte gelangte die jüdische Literatur auf polnischem Boden, von wo aus sie auf andere Länder der jüdischen Diaspora ausstrahlte. Aus Polen, wo die Wiege vieler Strömungen der klassischen jüdischen Literatur stand, gelangte sie in andere Länder der Welt.

Hier sei die weltliche jüdische Literatur dargestellt, gegliedert in Literatur in hebräischer Sprache und Literatur in Jiddisch. Berücksichtigt wird auch der Beitrag der Juden zur polnischen Literatur.

Bis zum Ende des 18. Jh. umfasste das Schrifttum in hebräischer Sprache vor allem die talmudische

Literatur, bei der Osteuropa den führenden Platz in der Welt einnahm. In Berührung mit der Kultur des Abendlandes begann sich vom Ende des 18. Jh. an die neuhebräische Literatur zu entwickeln. Dabei lassen sich zwei Epochen unterscheiden: die Aufklärung, die Haskala, und die Wiedergeburt, die Sifrut hat'chija. Die zeitliche Grenze zwischen diesen beiden Epochen ist selbstverständlich fliessend, denn ein Interesse für die profane Kultur und gewisse, der Haskala eigene Strömungen liessen sich bereits in der Blütezeit der rabbinischen Literatur beobachten. Die im Kreise des Berliner Philosophen Moses Mendelssohn entstandene Haskala gelangte Anfang des 19. Jh. dank einigen polnischen Gelehrten und Schriftstellern nach Polen, insbesondere nach Galizien, Wolhynien und in den Raum Wilna. Besondere Aufmerksamkeit verdienen innerhalb dieser Strömung solche hebräischen Schriftsteller wie Mendel Lewin Satanower (1749—1823), Josef Perl (1770—1840), Nachman Krochmal (1785—1840), Salomon Jehuda Rapaport (1790—1878), Icchak Erter (1794—1851), Autor von farbigen satirischen Erzählungen aus dem Leben der Juden in Galizien, Meir Halevi Letteris, ein Schüler Krochmals, Dichter und Übersetzer, u.a. von Werken Schillers, Byrons und Racines, und Samuel Leib Goldenberg aus Tarnopol, der Begründer der Zeitschrift „Kerem Chemed", die 1833—1843 erschien.

Ähnlich wie im österreichischen Teilungsgebiet entwickelten sich auch im russisch besetzten Teil Polens die hebräische Literatur und die mit ihr einhergehende Aufklärungsbewegung, die vor allem eine Aufklärung der Volksmassen anstrebte. Eine hervorragende Rolle spielte in dieser Bewegung Isaak Ber Lewinsohn (1788—1860). Er schrieb philosophische Traktate, Gedichte und Satiren und setzte sich auch erfolgreich mit den gegen die Juden und ihren Glauben gerichteten Insinuationen auseinander (er bewies u.a. die Sinnlosigkeit der Gerüchte über Ritualmorde). In diese frühe Haskala-Periode entfiel die Tätigkeit von Mordechai Aron Ginzburg (1796—1847), einem Verbreiter des Wissens und Verfasser von Arbeiten, u.a. über die Entdeckung Amerikas und die Geschichte Russlands, sowie von Reisebeschreibungen, Märchen und literarischen Briefen. Als führender Vertreter der Aufklärung wird Abraham Ber Lebensohn (1794—1879) angesehen, Lektor für die hebräische und die aramäische Sprache in der Wilnaer Rabbinerschule. Er schrieb Bibeltraktate, wurde jedoch vor allem durch seine gegen die orthodoxen Fanatiker gerichteten Dramen berühmt.

Unter der jüngeren Generation von Vertretern der jüdischen Aufklärung sind zu nennen: Josua Heschel Schorr (1812—1892), genannt „galizischer Voltaire", Fabiusz Mieses (1834—1893), Autor von Übersetzungen aus der lateinischen Literatur (Sire Romi) und Nathan Samuely (1846—1921), Dichter und Verfasser von Erzählungen aus dem Leben der galizischen Juden. In jener Zeit war auch eine Gruppe von Menschen tätig, die sich der Popularisierung der Wissenschaft widmeten; die führende Persönlichkeit dieser Gruppe war Chaim Selig Słonimski (1810—1904), Verfasser von Abhandlungen, u.a. „Mosde chochma" (Grundzüge der Wissenschaft), „Kochba deschabit" (Komet), „Toledot haschamaim" (Die Geschichte des Himmels).

Aus Wilna stammten viele hebräische Schriftsteller, u.a. Micha Josef Lebensohn (1828—1852), Verfasser von biblischen Poemen, deren Helden König Salomo, Samson und der sterbende Moses waren. Das Leben des Königs David beschrieb der hervorragende Dichter Jehuda Löb Gordon (1830—1892). Stark beeinflusst wurde sein Schaffen durch Abraham Mapu (1808—1866), einen hebräischen Schriftsteller aus Kaunas. Grosse Bedeutung für die Entwicklung der hebräischen Literatur hatte die vom Schriftsteller und Publizisten Perez Smolenskin (1842—1885) gegründete Monatsschrift „Haschachar" (Die Morgenröte; 1868—1885), die als Zentralorgan der hebräischen Literatur angesehen wurde. Sie brachte u.a. Werke des Wegbereiters der hebräischen Novelle Mordechaj Dawid Brandstädter (1844—1926), Verfasser von witzigen Humoresken über kleinstädtische Milieus. Einer der Mitarbeiter von „Haschachar" war J.L. Gordon. Eine weitere hebräische

Zeitschrift war „Haboker or" (Morgenlicht), herausgegeben vom Dichter Abraham Ber Gottlober (1811—1899).

In den letzten Jahren des 19. Jh. sympathisierten einige hebräische Schriftsteller mit den Ideen des Sozialismus. Dazu gehörten Isaak Kaminer (1834—1901), Jehuda Löb Lewin (1845—1926), Ben Noc (eigentlich Bencyjon Nowachowicz; 1856—1931). Ihre Beiträge veröffentlichten sie in der sozialistischen hebräischen Zeitschrift „Haemet" (Wahrheit), die in Wien herausgegeben wurde. Anhänger hatte auch die national-konservative Bewegung, deren Hauptvertreter Jechiel Michał Pines (1844—1913) und Zeew Jaawec (1847—1924), Verfasser u.a. der „Grossen Geschichte der Juden" (bis 1936 erschienen neun Bände), waren.

Um die Jahrhundertwende tauchte die als Wiedergeburt bezeichnete Strömung auf. Mit dieser Strömung waren solche begabten Schriftsteller und Dichter verbunden wie Nachum Sokołów (1860—1936), Historiker, Romancier, Dichter, Literaturkritiker und Übersetzer, der u.a. die Arbeit „Frank und die Frankisten" von A. Kraushar aus dem Polnischen übersetzte, Abraham Schalom (Szloma) Friedberg (1893—1902), einer der Führer der zionistischen Bewegung, und vor allem David Frischmann (1860—1922), Redakteur hebräischer Zeitschriften, Schriftsteller, Publizist, Dichter und Übersetzer, der Meisterwerke von Shakespeare, Goethe, Byron, Ibsen, Nietzsche und Tagore ins Hebräische übertrug. Frischmann stand der Haskala kritisch gegenüber, und man ist der Meinung, dass er es gewesen ist, der die zeitgenössische hebräische Literatur in neue Bahnen gelenkt hat. In hebräischer Sprache verfassten ihre ersten Werke auch die beiden hervorragendsten jüdischen Schriftsteller Isaak Leib Perez und Schalom Jakob Abramowicz, der später als Mendele Moicher Sforim in jiddischer Sprache schrieb.

Anfang des 20. Jh. tauchte eine recht zahlreiche Gruppe von Schriftstellern auf, die in hebräischer Sprache schrieben. Zu den hervorragendsten gehörten Chaim Nachman Bialik (1873—1934), Isaak Katzenelson (1886—1944), Jezaja Berschadski (1870—1908), Hillel Zeitlin (1871—1942), Uri Nissan Gnessin (1880—1913) und Micha Josef Berditschewski (1865—1921). Am schwächsten waren in dieser Gruppe der Roman und die Novelle vertreten, Gattungen, die eher sporadisch betrieben wurden. Lediglich Josef Opatoschu (eigentlich Opatowski; 1887—1954), der hauptsächlich in jüdischer Sprache schrieb, stellte eine Ausnahme dar. Er gab den ausgezeichneten Roman „Be-jaarot Polin" (In polnischen Wäldern) in hebräischer Sprache heraus. Dieser Roman wurde ins Jiddische und Polnische übersetzt. Vor dem Kriege wurde er in Warschau verfilmt. Opatoschu schrieb auch den Roman „1863" mit dem Untertitel „Juden kämpfen um die Unabhängigkeit Polens", der ins Polnische übersetzt wurde.

Einer der hervorragendsten Vertreter der hebräischen Literatur in der Zeit zwischen den beiden Weltkriegen war Matias (Mateusz) Polakiewicz (1893—1937), der unter dem Schriftstellernamen Matatiahu Szohan schrieb. In seiner orientalischen Lyrik, bei der er sich des Reims, des Blankverses oder der Prosa bediente, griff er philosophische und moralische Probleme auf. Er war auch der Wegbereiter des hebräischen Dramenschaffens. Seine in pathetischem, archaisierendem Stil verfassten Dramen wie „Jericho", „Balaam", „Zor we Jeruschalaim" (Tyrus und Jerusalem) und „Elohej Barsel..." (Eiserne Götter...) enthielten trotz der biblischen Thematik viele Anspielungen auf die Gegenwart. Darüber hinaus war Szohan Lektor für neuhebräische Literatur am Institut für Judaistik in Warschau sowie Vorsitzender des Hebräischen Schriftstellerverbandes und des Hebräischen PEN-Clubs in Warschau.

Ausser der schöngeistigen Literatur entstanden viele wissenschaftliche Arbeiten in hebräischer Sprache, so z.B. E.N. Frenks „Haironim we hajehudim be Polin" (Die Städter und die Juden in Polen), „Jehudej Polin bi-jemej milichemet Napoleon" (Polnische Juden zur Zeit der Napoleonischen

Kriege) und das Quellenwerk „Letoldot hajehudim ba-nesichut Warscha" (Zur Geschichte der Juden im Grossherzogtum Warschau). Ein geschätzter Autor von Beiträgen über die polnischen Juden war Majer Bałaban.

Dieses Bild der hebräischen Literatur wäre unvollständig, wenn nicht die hebräischen Übersetzungen aus der polnischen Literatur erwähnt würden. Der erste polnische Dichter, der ins Hebräische übertragen wurde, war Adam Mickiewicz. Bereits 1842 übersetzte der erst zwölfjährige Juda — dann Julian — Klaczko den „Faris" und etwas später „Des Vaters Heimkehr". „Der Faris" wurde noch mehrmals übersetzt, u.a. von M.Z. Lebenson, C.J. Bornstein und J. Lichtenbaum. Einige Gedichte, darunter „Der Switez", übersetzte Aron Zeitlin. 1881 übersetzte Mojżesz Jechiel Ascorielli hervorragend „Die Bücher des polnischen Volkes und der polnischen Pilgerschaft"; das Vorwort schrieb Mickiewicz' Freund Arnaud Lèvy. Der erwähnte Lichtenbaum übersetzte drei Bücher des „Pan Tadeusz". Er übertrug auch Gedichte von J. Słowacki und M. Konopnicka. C.S. Ben Abraham übersetzte „Irydion" von Z. Krasiński, A. Zeitlin den „Fluch" von S. Wyspiański und E.N. Frenk und A. Lewinson die Trilogie von H. Sienkiewicz. Zahlreiche Novellen, u.a. aus der „Anthologie der polnischen Novelle", wurden von Jehuda Warszawiak übersetzt. Dazu gehörten u.a. Erzählungen von E. Orzeszkowa, M. Konopnicka, B. Prus, W. Reymont, H. Sienkiewicz und S. Żeromski. Übersetzt wurden auch „Meine ersten Schlachten" von Józef Piłsudski und „Marschall Józef Piłsudski" von W. Sieroszewski. Mit grossem Interesse wurde die Übertragung der „Bauern" von W. Reymont ins Hebräische begrüsst. Übersetzer des Romans war C.S. Ben Abraham, und herausgegeben wurde er in Tel Aviv im Verlag A.J. Sztybels, eines Juden aus Polen, der mit besonderer Vorliebe Übersetzungen polnischer Literatur ins Hebräische lancierte. Es war sein Verdienst, dass „Quo vadis?" und „Durch Urwald und Wüste" von H. Sienkiewicz auf Hebräisch erschienen. Übersetzer der polnischen Literatur, die im Ausland, vor allem in Palästina und nach dem Krieg in Israel herausgegeben wurde, waren und sind weiterhin aus Polen stammende Juden. Unter den Dichtern, deren Werke ins Hebräische übersetzt worden sind, kann man solche Namen finden wie Jan Kochanowski, Leopold Staff, Bolesław Leśmian, Jarosław Iwaszkiewicz, Julian Tuwim, Kazimierz Wierzyński, Józef Wittlin, Antoni Słonimski und viele andere. Übersetzt worden sind auch mehrere Dramen, u.a. „Koniec Mesjasza" (Das Ende des Messias) von Jerzy Żuławski und „Dzień jego powrotu" (Der Tag seiner Rückkehr) von Zofia Nałkowska. Diese Stücke wurden vom hebräischen Theater „Habima" aufgeführt.

Die Literatur in hebräischer Sprache hatte keine grosse Breitenwirkung. Die Massen des jüdischen Volkes kannten diese Sprache nur schwach, eigentlich nur in dem Masse, wie es für religiöse Zwecke notwendig war. Es war die Sprache der jüdischen intellektuellen Elite. Daher begannen zahlreiche Schriftsteller im letzten Viertel des 19. Jh. in Jiddisch zu schreiben. Ein Beispiel für diesen Wechsel waren die zuvor erwähnten I.L. Perez und S.J. Abramowicz, die eben als jiddisch schreibende Schriftsteller in die Geschichte der Literatur — und dank zahlreicher Übersetzungen nicht nur in die Geschichte der jüdischen Literatur — eingegangen sind. Dank ihnen begann sich das neuzeitliche Jiddisch herauszubilden.

Ende des 19. Jh. begann also die Epoche der Literatur in jüdischer Sprache — die Zeit ihres Aufblühens.

Die jüdischen Schriftsteller nutzten die Chance, die ihnen das Schreiben in einer allgemein verständlichen Sprache bot. Sie kamen ihren Lesern nahe. Sie wurden beliebt, bekannt und berühmt, und viele von ihnen haben es tatsächlich verdient, als gross bezeichnet zu werden. Dank ihnen wurde Polen, das seit Jahrhunderten die Wiege grosser jüdischer geistiger Bewegungen gewesen war, auch zur Wiege der Literatur in jüdischer Sprache. Einige jüdische Schriftsteller, die wie z.B. Schalom

Asch, Abraham Reisen, Josef Opatoschu und andere in die Vereinigten Staaten emigrierten, hörten sogar im Exil nicht auf, Schriftsteller aus dem Kreise des polnischen Judentums zu sein, und zwar sowohl hinsichtlich der Themen als auch des Kolorits ihrer Werke.

Zu den führenden jüdischen Schriftstellern, zu den Klassikern der Literatur, zählen Mendele Moicher Sforim (S.J. Abramowicz; 1836—1917), Isaak Leib Perez (1851—1915), Schalom Alejchem (S.P. Rabinowicz; 1859—1916) und Schalom Asch (1880—1957).

Der hervorragendste von ihnen war zweifellos I.L. Perez. Geboren in Zamość, war er der Nachkomme einer Ende des 16. Jh. von Jan Zamoyski nach Polen gerufenen sephardischen Familie. Er war ein Autodidakt, der sich in Geschichte, Philosophie, Rechtswissenschaften, Soziologie und Naturwissenschaften umfangreiches Wissen angeeignet hatte. Er beherrschte mehrere Sprachen. 1876 erlangte er die Genehmigung, in Zamość eine Rechtsanwaltskanzlei eröffnen zu dürfen. Er war Justitiar auf dem Majoratsgut der Zamoyskis und Rechtsanwalt von Personen, die durch die zaristischen Behörden verfolgt wurden. Das Leben in Zamość übte einen starken Einfluss auf die Persönlichkeit Perez' aus. Empfindsam für die Schönheit der Natur, begeistert von jüdischen und polnischen Legenden und örtlichen Bräuchen, erschüttert vom traurigen Schicksal der Stadtarmut, wurde Perez ein eng mit dem Milieu und dem Heimatort verbundener Schriftsteller. Sein reichhaltiges Schaffen umfasst sowohl Poesie als auch Prosa und Publizistik. Romantische Phantasie vereint sich bei ihm mit nüchterner Beobachtung des Lebens. Zunächst schrieb er in Hebräisch, vorwiegend Gedichte, die gesellschaftlicher Akzente nicht entbehrten, z.B. „Bait schomem" (Das verlassene Haus), „Haecel" (Der Faulenzer), „Hair hakatan" (Das Städtchen) und „Li omrim" (Man sagt mir). Er schrieb auch in Polnisch, als Manuskript ist die Sammlung „Wiersze różnej treści" (Gedichte verschiedenen Inhalts) erhalten.

Das grosse Talent von Perez offenbarte sich in seinen ersten in jiddischer Sprache geschriebenen Werken, u.a. in „Zamoszczer porzondkes" (Zamoszczer Verhältnisse), einer bitteren Satire auf den städtischen Kahal, oder im Poem „Monisch" über die Liebe eines jüdischen Jungen zu einem schönen christlichen Mädchen. Dieses Poem eröffnete die Strömung der romantischen jüdischen Dichtung. Zahlreiche Gedichte von Perez weisen deutlich gesellschaftliche Akzente auf.

1888 siedelte Perez nach Warschau über, von wo aus er oft Reisen in die Kleinstädte des Kreises Tomaszów Mazowiecki unternahm. Ein Ergebnis dieser Reisen war der Zyklus von Erzählungen „Bilder fun a prowinz-rajse" (1891). Die Handlung der meisten Erzählungen, u.a. „Inem postwagen", „Der Meschullach" (Bote), „Schalom bajit" (Idylle), „Emes un scheker" (Wahrheit und Lüge), „Bonze Schwejg", „Di frume katz", spielt in kleinen, armen Städtchen. Bemerkenswert sind an den Erzählungen von Perez die schöne Sprache und der erwärmende, wenn auch sarkastische Humor.

Die neuromantische Richtung in der jüdischen Literatur eröffnete Perez mit zwei belletristischen Zyklen, die die Höchstleistung seines schriftstellerischen Schaffens darstellen — „Chassidisch" (Chassidische Erzählungen) und „Folkstimliche geschichten" (Volkstümliche Erzählungen), erschienen 1889—1904.

Perez war auch ein hervorragender Dramatiker, der unter dem Einfluss von Ibsen und Wyspiański stand. Zu seinen bekanntesten Dramen zählen „Di goldene keit" (Die goldene Kette), „In polisch ojf der keit" (An der Kette im Vorraum der Synagoge), „Bajnacht ojfn altn mark" (Nachts auf dem alten Markt) und die Komödie „Amol is gewen a mejlach" (Es war einmal ein König).

Werke von Perez erschienen in vielen europäischen Sprachen, sogar in Esperanto. In Polen wurden sie von fast allen jüdischen und polnischsprachigen Zeitschriften gedruckt und in zahlreichen Sammelbänden herausgegeben. Die erste Sammlung seiner Novellen in polnischer Sprache erschien 1898 und die nächste 1925. 1958 erschienen in der Reihe „Nationalbibliothek" seine „Ausgewählten

Erzählungen". Perez starb in Warschau und wurde dort begraben. An seinem Begräbnis nahmen über 100 000 Personen teil, darunter hervorragende Vertreter der polnischen Literatur.

Nicht näher vorgestellt wird hier der bereits erwähnte, notabene hervorragende Klassiker der jüdischen Literatur Mendele Moicher Sforim (S.J. Abramowicz), weil sein Schaffen nach der Übersiedlung des Schriftstellers nach Odessa thematisch nur lose mit Polen verbunden war. Er war jedoch in Polen sehr beliebt. Man gab seine Werke heraus, und einige davon wurden ins Polnische übersetzt, u.a. „Masaot Binjamin ha-schlischi", polnisch „Der jüdische Don Quichotte" (übersetzt von K.J. Szaniawski, 1869), und „Di kliatsche" (Gaul, 1886).

Genauso könnte es scheinen, dass auch Schalom Alejchem nicht zum polnischen Kreis der jüdischen Literatur zu zählen ist. Doch dieser grosse Schriftsteller, den man in einem Atemzug mit Gogol, Dickens und Twain nennt, ein Freund Gorkis, ein grosser Humanist und — wie man zu sagen pflegte — der grösste jüdische Humorist und Tragiker zugleich, entwarf in seinem Schaffen ein derart beeindruckendes, von Leid und Hoffnung erfülltes Bild der jüdischen Kleinstadt vom Ende des 19. Jh., dass ihn die polnischen Juden als ihren Schriftsteller betrachten. Mit Polen war er auf vielfache Weise verbunden. Er weilte mehrfach in Warschau, Łódź, Wilna und Baranowitschi, wo er nach schwerer, unheilbarer Krankheit starb, umgeben von der Sympathie der einheimischen Bevölkerung, sowohl der Juden als auch der Polen. Neben Perez gehörte er zu den meistgelesenen jüdischen Schriftstellern. In Polen erlebten alle seine Werke mehrere Ausgaben, und viele wurden ins Polnische übertragen. 1904 wurde sein „Menachem Mendel" in der Übersetzung von Jerzy Or herausgegeben, 1923 „Ksovim fun a komiwojascher" (Die Aufzeichnungen eines Hausierers), die 1958 mit dem Vorwort von Jarosław Iwaszkiewicz neuaufgelegt wurden. Auf Polnisch erschienen ferner „Stempenju", die Sammlung von Humoresken „Der farkischefter schnajder" (Der verzauberte Schneider), „Motel, dem chasens" (Motel, Sohn eines Kantors), „Tewje der Milchmann" und „Marienbad". Schalom Alejchem (dieser Künstlername bedeutet „Friede sei mit euch") ist der Verfasser des Dramas „Zeseht un zischpret" (Verstreut und versprengt). Sein letztes Werk war die autobiographische Erzählung „Funem jarid" (Zurück vom Jahrmarkt — d.h. vom Jahrmarkt des eigenen Lebens), in der sich beissende Ironie mit trauriger Wirklichkeit verflicht.

Aus dem Kreise um Perez stammte Schalom Asch, der gleichsam dessen Stil fortsetzte. Auch er beschrieb, nicht selten mit epischem Schwung, das Leben seiner Landsleute vor dem Hintergrund verschiedener historischer Situationen. Sein vom Glauben an den Menschen durchdrungenes Schaffen, voll Optimismus und tiefer Kenntnis des jüdischen Milieus, strahlt Menschenliebe aus. In seinen letzten Arbeiten, verfasst zur Zeit des Zweiten Weltkriegs, den er in Amerika verbrachte, wo er seit Jahrzehnten lebte, ist eine tiefe, menschliche Verbundenheit mit dem gemarterten Volk zu spüren. Manchmal schrieb er mit krassem Realismus, doch auch an Romantik und Mystizismus fehlte es in seinen Werken nicht. Asch war übrigens bereits ein neuzeitlicher Schriftsteller, auch wenn sich Ideengehalt und Stil seiner Werke aus dem Kreise seiner Vorgänger herleiteten. Sein Schaffen, zunächst in polnischer Sprache, obwohl aus Erzählungen zu biblischen Themen bestehend, war von führenden polnischen Schriftstellern beeinflusst. Persönliche Freundschaft verband ihn mit Stanisław Witkiewicz und Stefan Żeromski, mit Władysław Orkan, Eliza Orzeszkowa und Bolesław Prus hingegen stand er im Briefwechsel.

Sein erstes bedeutendes Buch „Dos schtetl" (Das Städtchen), das 1904 geschrieben wurde, erfreute sich grosser Beliebtheit. In polnischer Sprache erschien es 1910. Genauso gut aufgenommen wurde sein Band von Novellen (1906), den er S. Witkiewicz widmete. 1914 ging er nach den Vereinigten Staaten. Dort schrieb er „Onkel Moses", einen Roman über die jüdischen Emigranten. Seine zahlreichen Romane und Erzählungen, z.B. „Di muter" (Die Mutter), „Motke ganew" (Motke der

Dieb) oder die Trilogie „Farn mabl" (Vor der Sintflut, 1929/30), haben einen fest umrissenen gesellschaftlichen und historischen Hintergrund. Nach dem Zweiten Weltkrieg schrieb er den „Triumphmarsch", eine den ermordeten polnischen Juden gewidmete Elegie (1958 in polnischer Sprache in der Monatsschrift „Odra" veröffentlicht).

Asch war auch Autor mehrerer Dramen. Seine Tragödie „Der got fun nekume" (Der Gott der Rache, 1907) wurde in vielen Sprachen und auf vielen Bühnen der Welt aufgeführt. Zu seinen bekannten Dramen gehören „Sabbatai Zwi" über den falschen Messias und „Der bund fun schwache". Sein Bühnenschaffen trug zur Entwicklung des jüdischen Theaters bei.

Ein Zeitgenosse von Asch war Hirsch David Nomberg (1876—1927). Auch wenn er unter dem starken Einfluss von Perez stand, war nicht nur das frühere, sondern auch das zeitgenössische jüdische Milieu die Welt seiner Helden. Gerade auf den Rat von Perez hin gab er das Schreiben in Hebräisch auf und ging zum Jiddischen über.

Zunächst veröffentlichte er seine Arbeiten in Warschauer, Wilnaer und Krakauer Zeitschriften. Er war Romancier, Novellist, Essayist und Publizist. Seine ersten Werke behandelten kritisch die alte, traditionelle jüdische Welt. Obwohl Nomberg von Fortschritt, Wissenschaft und der jungen Intelligenz fasziniert war, standen ihm arme, vereinsamte und weltverlorene Menschen nahe, und eben sie waren meistens die Helden seiner Romane. Zu seinen bekanntesten Werken gehörten „Fligelman", „A kursistke", „Dos schpil in libe" und „In a pojlischer jeschiwa". Er schrieb ferner Erzählungen aus dem Leben der Kinder. Hoch geschätzt wurden seine Übersetzungen von Werken Shakespeares, Hauptmanns und Tagores ins Jiddische. Seine in verschiedenen, darunter auch in polnischsprachigen Zeitschriften erscheinenden Arbeiten wurden mehrmals als ausgewählte Schriften herausgegeben. Nombergs Drama „Di mischpoche", das den Sittenverfall in einer alten chassidischen Familie zeigt, wurde in vielen jüdischen Theatern aufgeführt, und der Verfasser war in den polnischen literarischen Kreisen hochgeschätzt. Bei seinem Begräbnis war eine Delegation des Polnischen Schriftstellerverbandes mit Leopold Staff, Jan Lechoń und Ferdynand Goetel zugegen.

In der Zeit zwischen den beiden Weltkriegen tauchte in Polen eine neue Generation jüdischer Schriftsteller auf.

Josua Perle (1888—1943) vermittelte in seinem Roman „Jidn fun a ganz jor" ein Bild vom Leben der Juden in Kleinstädten im Laufe von fast einem halben Jahrhundert. Für diesen Roman erhielt er einen vom sozialistischen „Bund" gestifteten Preis und den I.L.-Perez-Preis. Isaak Meir Weissenberg (1881—1938) widmete seine meisten Werke dem einfachen Menschen; sein Bild vom Leben der Juden in Kleinstädten war allerdings weniger idyllisch, ihr lichtloses, elendes Dasein wurde drastischer beschrieben. Szymon Horończyk (1889—1939) schenkte in seinem Roman „In gerojsch fun maschinen" dem Leben der Arbeiter viel Aufmerksamkeit und drang in das Privatleben seiner Helden ein. Das Schaffen Efraim Kaganowskis (1893—1958) war dagegen von Heiterkeit, Klugheit und Humor erfüllt. Nicht ohne Grund wird er mit Maupassant und Tschechow verglichen. Psychologisch tiefschürfend war das Schaffen von Zusman Segałowicz (1884—1949). In seiner Prosa und Dichtung herrschen die ewigen menschlichen Probleme vor — Liebe und Hass, Treue und Verrat. Ein Meister der Novellistik war Israel Josua Singer (1893—1944), Verfasser der seinerzeit bekannten Romane „Josie Kalb", einer Satire auf das Leben der Chassidim, und „Brider Aschkenasi", eines Familienromans aus den Finanzkreisen von Łódź. Beide Romane sind in der Inszenierung von Maurice Szwartz an jüdischen Theatern aufgeführt worden. In den Romanen von Josef Opatoschu nimmt der Anteil der Juden an den Kämpfen um die Unabhängigkeit Polens, ganz besonders ihre Teilnahme am Januaraufstand 1863, viel Platz ein. In der Zeit zwischen den beiden Weltkriegen waren in Polen viele jüdische Schriftsteller tätig. Einige von ihnen emigrierten schon vor dem Zweiten

Weltkrieg, andere wurden während der Kriegswirren in alle Winde verstreut. Die meisten von denen, die den Krieg überlebt haben, leben nach wie vor in der Atmosphäre und im Bannkreis ihrer Jugend, in der Tradition der besten Vorbilder der klassischen jüdischen Literatur. Ein Beispiel dafür ist der in Radzymin bei Warschau geborene Nobelpreisträger Isaac Bashevis Singer.

In Polen war eine grosse Gruppe jüdischer Dichter tätig. Icyk Manger (1901—1969), Schöpfer einer besonderen Gattung der Volksballade, wurde für den hervorragendsten jüdischen Dichter der 20 Jahre zwischen den beiden Weltkriegen gehalten. Von dieser Gruppe seien ferner genannt: Mejłach Rawicz (1893—?), der auch als Prosaist bekannt war, und Kałman Lis, Verfasser des gesellschaftliche Akzente tragenden Poems „Dos lid fun Peter Batrak", hervorragender Gedichte für Kinder und Übersetzungen von Werken Puschkins.

Während die spezifische hebräische und jüdische Literatur auf polnischem Boden im allgemeinen ausserhalb des Kreises der polnischen Nationalkultur stand, leistete eine grosse Zahl von Juden oder Polen jüdischer Abstammung einen unbestrittenen Beitrag zur polnischen Literatur. Zum Kreise der polnischen Literatur gehörte eine beträchtliche Anzahl von völlig polonisierten Juden, die von anderen Juden oft als „Assimilatoren" bezeichnet wurden, die aber aus einem aufrichtigen Impuls heraus, manchmal sogar um den Preis eines Religionswechsels, Eingang in die polnische Gemeinschaft und die polnische Nationalkultur fanden. Einer der ersten war der ausgezeichnete Stilist Julian Klaczko (1825—1906), in seiner Jugend Verfasser von hebräischen Gedichten, dann hervorragender Literaturkritiker und Autor von Arbeiten über Zygmunt Krasiński und Adam Mickiewicz sowie von vielen literarischen Skizzen und Abhandlungen.

Mitte des 19. Jh. entstand in Warschau ein Zirkel der assimilierten jüdischen Jugend. Aus diesem Zirkel gingen u.a. hervor: Aleksander Kraushar (1842—1931), Teilnehmer am Januaraufstand, Historiker und Verfasser der zweibändigen „Geschichte der Juden in Polen", der Monographie „Syn pułkownika Berka" (Sohn des Obersten Berek) und des Quellenwerks „Dyplomatariusz" (Diplomatarium) über die Juden im alten Polen, Michał Mutermilch, Verfasser des „Abrisses der Kunstgeschichte" und einer Arbeit über Wacław Sieroszewski, Alfred Nossig (1864—1942), Dichter und Autor des Librettos zur Oper „Manru" von Ignacy Paderewski sowie der Dramen „Tragedia myśli" (Tragödie der Gedanken), „Król Syjonu" (Der König von Zion) und „Wygnanie Żydów" (Vertreibung der Juden), Michał Bałucki, Autor von bis heute aufgeführten Komödien, u.a. von „Fette Fische", „Radcy pana radcy" (Die Räte des Herrn Rats), „Dom otwarty" (Das offene Haus) und vielen, vielen anderen.

Zur Zeit des Jungen Polen fand Wilhelm Feldman (1868—1919) Anerkennung, ein Freund von Adam Asnyk, Stanisław Przybyszewski und Stanisław Wyspiański. Feldman war ein geschätzter Literaturhistoriker und Verfasser der monumentalen Arbeit „Die zeitgenössische polnische Literatur", die bis zum Ausbruch des Zweiten Weltkrieges acht Auflagen erlebte, sowie von Studien über Żeromski und Wyspiański. Der Übersetzer Antoni Lange (1861—1930) bereicherte die polnische Literatur um Übersetzungen von Meisterwerken der hebräischen, arabischen und persischen Literatur. Von der gleichen Generation seien noch genannt: Zygmunt Bromberg-Bytowski (1866—1923), Leopold Kampf (1880—1912), Arnold Szyfman (1882—1967), Begründer des „Teatr Polski" in Warschau und Verfasser mehrerer Komödien, u.a. von „Pankracy August I." und „Fifi", Andrzej Baumfeld (Schriftstellername Andrzej Boleski), Józef Kwiatek, Sozialist und gesellschaftlicher Aktivist sowie Verfasser literarischer Abhandlungen, u.a. von „Pisma Słowackiego treści ideowo-politycznej" (Schriften Słowackis von ideell-politischem Gehalt), und viele andere, darunter so überdurchschnittlich begabte Schriftsteller und Literaturkritiker wie Juliusz Kleiner und Ostap Ortwin.

Ein schönes Blatt in der polnischen Poesie der Zeit zwischen den beiden Weltkriegen beschrieben

Julian Tuwim, Bolesław Leśmian, Antoni Słonimski, Józef Wittlin, Adam Ważyk, Mieczysław Jastrun, Mieczysław Braun, Włodzimierz Słobodnik, Aleksander Wat, Leopold Lewin, Anatol Stern und viele andere, darunter auch Künstler auf dem Gebiet der heiteren Muse wie Andrzej Włast, Marian Hemar (Hescheles), Artur Tur, Emanuel Szlechter, Jerzy Jurandot und Stefania Grodzieńska.

In die Geschichte der polnischen Prosa sind die Namen Janusz Korczak, Bruno Schulz, Bruno Winawer, Kazimierz Brandys, Stanisław Wygodzki, Bruno Jasieński, Julian Stryjkowski, Adolf Rudnicki, Benedykt Hertz, Michał und Roman Brandstaetter, Tadeusz Peiper, Roman Karst, Irena Krzywicka, Halina Górska, Krystyna Żywulska, Jerzy Lutowski, Leo Belmont (Leopold Blumental) und viele andere eingegangen.

Polnische Juden — das sind sowohl diejenigen, die zum Kreise der polnischen Literatur fanden, als auch jene, die, auf polnischem Boden lebend, in Hebräisch und Jiddisch schrieben. Sie alle haben das aus einem tiefen inneren Bedürfnis und der aufrichtigen Überzeugung heraus getan, dass ihr Schaffen dem Volke dient, mit dem sie seit Jahrhunderten verbunden waren und sind und dem sie das geben möchten, was nach wie vor den Inhalt ihres Lebens ausmacht.

THEATER

Der Theaterhistoriker B. Gorin hat seine zweibändige „Geschichte des jüdischen Theaters" mit dem Untertitel „2000 Jahre Theater bei den Juden" versehen. Der ziemlich reizlos gewordene Streit um diese These ist immer noch nicht erloschen, wenngleich man nicht sagen kann, dass nicht ein Körnchen Wahrheit in dieser These steckt.

Es ist nämlich bewiesen, dass Herodes der Grosse, König von Judäa, nicht nur den Tempel in Jerusalem ausbauen liess, sondern in dieser Stadt auch Theater errichtete, in denen griechische Dramen aufgeführt wurden. Eine eigene Bühnenliteratur hatte Judäa nicht, und die frommen Judäer betrachteten die ihrer Weltanschauung fremden Tempel der Melpomene voller Entsetzen und Entrüstung.

Das Fehlen dramatischer Werke in der alten jüdischen Literatur war in dem im mosaischen Gesetz festgelegten Verbot begründet: „Du sollst dir kein Bildnis noch irgendein Gleichnis machen, weder von dem, was oben im Himmel, noch von dem, was unten auf Erden, noch von dem, was im Wasser unter der Erde ist" (Exodus 20,4). Rigoros ausgelegt betraf dieses Verbot auch die Kunst der schauspielerischen Nachahmung anderer Menschen.

Ende des 5., Anfang des 6. Jh., als das der Kultur des Altertums entstammende Theater völlig verstummt war, entstand in den bereits über weite Teile Europas verstreuten Zentren der jüdischen Diaspora ein Quasi-Theater — das Theater des Purim-Festes, des einzigen Festes, das fröhlich und ohne Fasten begangen wurde.

Die Purim-Spiele — Aufführungen und Vergnügungen anlässlich des Purim-Festes — hielten sich in Polen jahrhundertelang. Ihre dramatische Grundlage bildet die im Buch Esther enthaltene Legende von Ahasver, der König war „von Indien bis Äthiopien, über hundertsiebenundzwanzig Provinzen", von seinem finsteren, bösen Minister Haman, der schönen Hadassa — Esther — und ihrem klugen Verwandten Mardechai. Die unheilvolle Intrige Hamans, der „alle Juden vertilgen wollte", fiel auf ihn selbst zurück. Haman kam an den Galgen, an dem er Mardechai hatte henken wollen.

Ausschnitte aus dieser Erzählung, gekleidet in gereimte, oft frivole Texte, wurden von maskeradenhaft verkleideten jungen Handwerkern oder Schülern der Rabbinerschulen auf dem Platz vor der Synagoge (Schulhof) rezitiert oder gesungen. Diese meistens äusserst primitiven, sentimental-rührenden oder vulgär-derben Texte wurden einst in hebräisch-aramäischer Sprache vorgetragen, später bereits ausschliesslich in der vom Volk benutzten Sprache, also in Jiddisch oder Ladino.

Aus dieser Quelle schöpfte die im Mittelalter entstehende, dem Purim-Fest angepasste Literatur, die oft auch auf andere biblische Erzählungen zurückgriff, z.B. auf die Legenden über den den Ismaeliten verkauften Joseph, über Joseph und Potiphar sowie über David und Goliath. Diese eigentümliche Literatur hielt sich bis zur Mitte des 19. Jh. Auch eine besondere Gattung der halbprofessionellen Schauspielkunst tauchte auf, in der man Elemente des Jahrmarktstheaters erblicken kann. Die Teilnehmer an diesen Aufführungen wurden Purim-Spieler genannt. Epigonen der Purim-Spieler waren die Sänger aus Brody.

Damit ein echtes jüdisches Theater entstehen konnte, war etwas mehr nötig als nur die beim alljährlichen Purim-Fest mit seinem biblischen Themenkreis gebotene Gelegenheit zum Spielen oder die Lieder und Balladen der Sänger aus Brody. Nötig war eine kulturelle Revolution. Unter der jüdischen Bevölkerung musste also nach und nach die Überzeugung heranreifen und sich festigen, dass sich die geistige Welt des Juden nicht in den engen, durch die Regeln und Vorschriften des Talmud abgesteckten Grenzen bewegen dürfe, dass es jenseits dieser Grenzen ein anderes, geistreicheres und interessanteres Leben gebe, frei vom muffigen Geruch der Folianten in der Jeschiwa, näher dem aufrichtigen Drang nach Wissen, dem Interesse an der Welt, nicht so sehr der vergangenen, als vielmehr der derzeitigen Welt. Diese Revolution brachte die jüdische Aufklärung — die Haskala.

Nach dem Vorbild der Schriftsteller der westeuropäischen, hauptsächlich französischen Aufklärung verliehen die Schriftsteller der Haskala ihren Werken, die den Charakter scharfer moralischer oder gesellschaftskritischer Pamphlete trugen, oft die Form von Bühnenstücken. Im alten Polen hatte niemand jahrzehntelang diese Werke aufgeführt, denn es gab kein jüdisches Theater. Manchmal gedruckt, meistens abgeschrieben, gingen sie von Hand zu Hand. Auf diese Weise begegneten die Leser der Komödie „Reb Henoch oder Was tut men dermit" von Isaac Euchel (1756—1854), die im letzten Jahrzehnt des 18. Jh. geschrieben wurde, von Erziehungsfehlern handelte und in der Auffassung des Themas dem zur selben Zeit entstandenen Stück „Leichtsinn und Frömmelei" von Aron Wolfsohn (1754—1835) ähnelte. Euchel und Wolfsohn waren Vertreter der Berliner Haskala, und ihre in Jiddisch geschriebenen Werke wurden zur Anregung und zum Vorbild für die Verfechter der Haskala in Mittel- und Ostpolen.

Von den bedeutungsvollen Stücken, durch die die Haskala-Dramatik auf polnischem Boden eingeleitet wurde, sind zu nennen: „Genarrte Welt", ein Mendel Lewin Satanower (1749—1823) zugeschriebenes Werk, die erste Komödie in jüdischer Sprache, ferner das Drama „Der erste jüdische Rekrut" von Israel Axenfeld (1797—1866) aus Niemirów, über Nachman, der aus Liebe zu Frimeta für die ganze Stadt für 30 Jahre zum Militär ging, und das Stück „Serkele" von Salomo Ettinger (1802—1856) aus Warschau.

Über „Serkele" und Salomo Ettinger schrieb 1888 der hervorragende Vertreter der Haskala Abraham Ber Gottlober (1811—1899): „1837 hielt ich mich mehrmals in Zamość auf. Einmal schien mir, ich sei an der Cholera erkrankt, die damals in Polen wütete. Ich liess Doktor Ettinger rufen. Ettinger kam, untersuchte mich und sagte: Warum denn gleich die Cholera? Sie werden sich wohl fühlen, nachdem ich Ihnen meine ‚Serkele' vorgelesen habe. Er las, und ich genas, als ich der ‚Serkele' lauschte; und ich bekam Lust, jiddisch zu schreiben. 1838 schrieb ich die Komödie ‚Baldachin', die dann irgend jemand in Warschau herausgab, wobei er vergass, den Namen des Verfassers anzugeben." Auf die Bühne gelangte die „Serkele" 1862 auf recht unerwartete Weise — in der Rabbinerschule in Shitomir. Direktor dieser Schule war damals Chaim Selig Słonimski. Seine Frau, die Tochter des hervorragenden Mathematikers Abraham Stern, hatte den Text der „Serkele" aus Warschau mitgebracht und bereitete zusammen mit Schülern die Aufführung vor. Das Stück wurde noch im selben Jahr auch von Schülern der Rabbinerschule in Berdyczów aufgeführt.

In der zweiten Hälfte des 19. Jh. gab es bereits die ersten Dramen in jüdischer Sprache, allerdings stiessen sie auf den strengen Ostrazismus des chassidischen Milieus und auf Abneigung der in Polen noch nicht zahlreichen Kreise der aufgeklärten Juden. Es gab auch ein Publikum, das sich nach einem von allen verstandenen jüdischen Wort sehnte, das von der Bühne fiel und auf possenhaft-komische oder melodramatische Weise über naheliegende Probleme berichtete. Nötig war nur noch das letzte Element eines lebendigen jüdischen Theaters: Berufsschauspieler. Sie tauchten in den siebziger Jahren des 19. Jh. vor dem jüdischen Publikum auf, und der Mann, dem es gelang, die Vereinigung dieser drei Elemente zu einem harmonischen Ganzen einzuleiten, war Abraham Goldfaden (1840—1909), genannt der Vater des jiddischen Theaters.

Wer waren die Menschen, die von Goldfaden und dann von anderen zu Schauspielern berufen wurden?

Sie stammten aus verschiedenen Städten und Kleinstädten des sog. jüdischen Ansiedlungsbereichs des ehemaligen russischen Imperiums, aus Rumänien und dem ehemaligen Galizien. Auf der Suche nach Brot zogen sie in die weite Welt und boten Fertigkeiten an, von denen keine ein Beruf war, der ihnen eine sichere Existenz gewährleisten konnte. Manche von ihnen lernten es, durch Singen in Bierstubengärten oder Schenken Geld zu verdienen. Sie stammten meistens aus Brody, einer einst wohlhabenden Stadt in der ehemaligen Wojewodschaft Tarnopol, in der Juden 70% der Einwohner stellten, und wurden daher Sänger aus Brody genannt. Die Sänger aus Brody führten einen eigenen Stil ein. Ihre Lieder waren meistens gereimte Erzählungen, die in der Art eines Opernduetts gesungen wurden. Diese spontane schauspielerische Betätigung war sehr vonnöten als Unterpfand der entstehenden Theater. Unter den ersten Goldfadenschen Schauspielern gab es auch ehemalige Hochzeitssänger (Badchanim), die sich berufsmässig mit dem Erheitern der zu üppigen Hochzeitsmahlen versammelten Menschen befassten, fortgejagte Handlungsgehilfen, gescheiterte Synagogenkantoren und arbeitslose Lehrer (Melammedim).

Die 1886 in Jassy von Goldfaden gegründete Schauspielertruppe trat mit seinen Stücken in Städten Rumäniens und Südwestrusslands auf. Sie rief überall Begeisterung hervor, die von einem grossen Bedarf an einem jüdischen Volkstheater zeugte, denn ein solches Theater war das Theater Goldfadens. Goldfaden war Direktor, Regisseur und Schauspieler zugleich, vor allem aber Verfasser von Stücken und Komponist von Liedern. Er schrieb und inszenierte 39 Dramen, darunter „Sulamith", „Bar kochba", „Die Rekruten", „Di intrige", „Di bejde Kuni-leml" und „Schmendrik".

Der wachsende Bedarf an Theateraufführungen bewirkte, dass in kurzer Zeit andere Theater entstanden, die sich ebenso grosser Beliebtheit erfreuten. Israel Grodner, der führende Schauspieler der Goldfadenschen Truppe, verliess seine Kollegen und gründete ein eigenes Theater. Er selbst schrieb keine Stücke, fand jedoch in Josef Lateiner (1853—1918) einen ungewöhnlich fruchtbaren Schriftsteller, der im letzten Jahrzehnt des 19. Jh. einer der führenden Animatoren des jüdischen Theaters in Amerika wurde. Er verfasste etwa 80 Stücke, darunter fünf Opern. Ein weiterer Bühnenschriftsteller jener Zeit, der mit Lateiner zusammenarbeitete, war Moses Horowitz. Er zeichnete sich durch die äusserst gekonnte Adaptation von hervorragenden Werken der Theaterliteratur der Welt, von biblischen Erzählungen, für die sich das jüdische Publikum interessierte, und von zeitgenössischen Ereignissen aus. Das Theater von Lateiner und Horowitz war ein lebendiges Theater, das auch aktuelle gesellschaftliche und politische Probleme aufgriff, wonach eine grosse Nachfrage bestand (Der Antisemit oder die Ideologie in Rumänien", „Di schtrik ojfn hals oder blinde gerechtigkeit" u.ä.).

Der erste Versuch, eine jüdische Bühne in Warschau zu gründen, wurde bereits 1837 unternommen. Er scheiterte am Widerstand des Synagogenvorstands, der damals als autoritärer Sachkundiger auf diesem Gebiet galt. Trotzdem wurde bereits ein Jahr später das fünfaktige Drama „Moses" aufgeführt, verfasst „in einer Sprache, die eine Mischung aus Deutsch und Hebräisch darstellte, geschrieben mit hebräischen Buchstaben in einem Dialekt, dessen sich ein grosser Teil der deutschen und polnischen Israeliten bedient" (eine äusserst komplizierte Formel für die Bezeichnung des Jiddischen). Wie ein Korrespondent der in Berlin herausgegebenen „Allgemeinen Preussischen Staatszeitung" berichtete, war ein gewisser Scherdspirer aus Wien Verfasser dieses Dramas, Regisseur des Ganzen und Hauptdarsteller. Das Stück wurde dreimal aufgeführt und vom Publikum mit grossem Beifall aufgenommen. Bezeichnend ist, dass die Notiz über die Aufführung in einer Berliner Zeitung erschien, ganz zu schweigen von der Tatsache, dass das Drama „Moses" zwei Jahre vor der Geburt Abraham Goldfadens und fast 40 Jahre vor der Gründung des ersten Theaters in Jassy durch den „Vater des jiddischen Theaters" auf einer jüdischen Bühne in Warschau zur Aufführung kam.

Die Ermordung des Zaren Alexander II. 1881 in Russland und die dann entfesselte Welle von Pogromen waren der Grund für die Schliessung der jüdischen Theater. Die Theaterschaffenden wanderten in andere Länder aus, vor allem nach Amerika. Nach Amerika emigrierte auch Goldfaden, doch hatte er dort keinen Erfolg. Erfolg hatten dort andere. Lange Jahre hindurch war New York das Hauptzentrum, das jüdische Theaterschaffende anzog. Dort spielten „People's Theatere", „Thalia Theatre" und „Grand-Oriental Theatre", die jahrelang auf ihren Bühnen die Atmosphäre der jüdischen Kleinstädte im östlichen Grenzgebiet der ehemaligen Republik Polen heraufbeschworen und die Dauerhaftigkeit und Unzertrennbarkeit der Verbindungen all jener zum Heimatland bekundeten, die auf der Flucht vor Pogromen oder auf der Suche nach Brot auf amerikanischem Boden ein neues Zuhause gefunden hatten.

Für das Theater schrieb kein geringerer als Schalom Abramowicz, in der Literatur bekannt als Mendele Moicher Sforim (u.a. „Die takse", „Der prisiv"). Es tauchte auch der erste Reformator des jüdischen Theaters, der Dramaturg Jakob Gordin auf, der viele klassische Bühnenwerke von Lessing und Schiller bis hin zu an Goethes „Faust" angelehnte Werke („Gott, Mensch und Teufel") für die jüdische Bühne bearbeitete. Von den zahllosen Werken Gordins seien vor allem „Die Freiheit", „Mirele Efros" und „Der jiddische König Lear" genannt. Eine führende Stellung hatte Schalom Rabinowicz (1859—1916) inne, dessen Schriftstellername Schalom Alejchem wie der brüderliche Gruss „Scholem alejchem" klingt. Seine vor einem halben Jahrhundert beliebten Vaudevilles haben schon stark an Reiz verloren, doch seine Schauspiele „Stempenju", ganz besonders aber „Tewje der Milchmann" in seiner neuen Aufmachung als Musical unter dem Titel „Der Fiedler auf dem Dach" (Anatevka) begeistern bis auf den heutigen Tag, unabhängig davon, wo sie aufgeführt werden.

Fest verwachsen mit der jüdischen Bühne sind die Dramen von Perez Hirschbein, der unter dem Einfluss des Symbolismus „Einsame Welten", „Kworim blumen" (Blumen auf den Gräbern) und „Demerung" schrieb, bevor er zur gesellschaftlichen Thematik überging — „Di newele" (Aas), „Joel", „Der intellegent", „Grine felder", „Schmids techter" und das von tiefem Mystizismus durchdrungene Stück „Di puste kretschme" (Die leere Schenke). In der Konvention des Symbolismus schrieb Isaak Leib Perez (1852—1935) seine dramatischen Werke „Di goldene keit" und „Bajnacht ojfn altn mark".

Viel klarer als Hirschbein stellte David Pinski (1872—1959) die Probleme der Klassenunterschiede innerhalb der jüdischen Bevölkerung dar. Seine naturalistischen Dramen „Di mame", „Jankel der schmid", „Eisik Scheftel", „Di familie Zwi" und „Schtumer Messiach" bewirkten, dass man ihn den jüdischen Bertolt Brecht nannte.

Auf anderen Wegen entwickelte sich das dramatische Talent H. Leiwiks (eigentlich Leiwik Halpern). Dieser gescheiterte Rabbiner, der wegen Atheismus aus der Jeschiwa entfernt und dann wegen Teilnahme an der revolutionären Arbeiterbewegung nach Sibirien verbannt wurde, war der Verfasser von hervorragenden Dramen. Seine besten Werke waren „Der Golem", „Di schmates" (Fetzen) und „Maharam aus Rutenberg".

Der aus Białystok stammende Ossip Dymow (1878—1942) war Publizist, bevor er für das Theater zu schreiben begann. Das Leitmotiv seiner Dramen waren meistens Familienkonflikte, und wenn er die jüdische Thematik aufgriff, dann brachte er seinen leidenschaftlichen Protest gegen Rechtlosigkeit und Unterdrückung zum Ausdruck. Ein solches Drama war „Schema Jisroel" (Höre Israel). Sein Schauspiel „Nju" wurde in vielen Sprachen aufgeführt, ähnlich wie „Bronx Express", dessen Aufführung im Warschauer Theater „Ateneum" im November 1929 von J. Appenszlak in „Nasz Przegląd" und Karol Irzykowski in „Robotnik" rezensiert wurde.

Auch der hervorragendste Epiker der jüdischen Literatur, der in Kutno geborene Schalom Asch (1880—1957), machte keinen Bogen um die Dramatik. Für die jüdische Bevölkerung vieler Städte waren seine Dramen „Mit dem Strom", „Sabbatai Zwi", „Der sindiger", „Motke der Dieb" und „Ammon und Tamar" kulturelle Ereignisse hohen Ranges, und sein „Gott der Rache" wurde von Max Reinhardt in Berlin aufgeführt.

Die hier vorgestellte, selbstverständlich unvollständige Galerie jüdischer Schriftsteller, aus deren Werken das Repertoire der jüdischen Theater bestand, müsste mit Schalom (Szymon) An-Ski (1863—1920, eigentlich Salomon Rapoport) abgeschlossen werden, dem Autor der Hymne der jüdischen Arbeiter „Di schwue" (Der Schwur). Sein Drama „Zwischen zwei Welten", bekannt unter dem Titel „Der Dibbuk", ist gleichsam ein Abschied von der alten Welt der jüdischen Mystik, gekleidet in das Gewand einer chassidischen Legende.

Die Versuche, ein ständiges jüdisches Theater zu gründen, stiessen jahrelang auf den Widerstand des chassidischen Milieus sowie auf Abneigung und Verachtung der zaristischen Beamten gegenüber der jüdischen Kultur.

Mit der Zeit änderte sich die Situation allmählich. Die Behörden wurden toleranter gegenüber der „deutsch-jüdischen" Sprache auf der Bühne. 1885 trat Abraham Goldfaden mit seiner Truppe in Warschau auf. Wie gross der Bedarf an jüdischen Theateraufführungen war, davon zeugt die Tatsache, dass die Goldfadensche „Sulamith" 150 Vorstellungen erlebte.

Ende des 19. Jh. eröffnete Jakob Ber Gimpel ein ständiges jüdisches Theater in Lwow, an dem sich das grosse Talent der Schauspielerin Berta Kalisch entwickelte.

Anfang des 20. Jh. begann das jüdische Theater im russisch besetzten Teil Polens eine rege Tätigkeit zu entfalten. In Warschau tauchten die Truppen von Kamiński, Kampanijc, Fischsohn und Rafael, in Łódź die von Sandberg und Spiwakowski, und in Wilna das Ensemble Genfers auf. Sie gelangten auch in die entlegenste Provinz. Auf ihrem Spielplan standen sowohl original jüdische Stücke als auch übersetzte oder bearbeitete Werke anderer Autoren.

1892 trat in Warschau im Theater „Eldorado" Ester Rachel Kamińska auf, die später das Theater in der Oboźna-Strasse gründete. Als Schauspielerin wurde sie während der Gastspiele dieses Theaters in Petersburg, New York, London und Paris als jüdische Eleonora Duse berühmt. An ihrer Seite reifte das grosse Talent ihrer Tochter Ida Kamińska (1899—1978) heran.

In den jüdischen Theatern in Polen, vor allem in Warschau und Wilna, fanden Erstaufführungen von Dramen und Bühnenadaptationen Schalom Alejchems statt. Das Publikum lernte das riesige, vorher nur in New York bekannte Repertoire Jakob Gordins kennen, und seine „Mirele Efros" mit Wanda Siemaszko in der Titelrolle wurde auch auf polnischen Bühnen gespielt. Warschau wurde zum wichtigsten Zentrum des Theaterlebens der Juden, und Warschauer Schauspieler gastierten in Theatern anderer Städte. „Eldorado", „Bagatela", „Ermitaż", „Centralny", „Nowości" und „Elizeum" — das waren die Namen nur einiger jüdischer Theater in Warschau, der Hauptstadt Polens, die damals etwa 350 000 jüdische Einwohner zählte.

Mit der steigenden Zahl der jüdischen Theater und Schauspieler ging nicht immer ein entsprechendes Repertoire einher. Die jüdischen Theater bekamen keine finanzielle Unterstützung. Auf sich selbst gestellt, mussten sie so manches Mal mit Hilfe eines weniger anspruchsvollen Repertoires ihre Kassen füllen. Gespielt wurden also Vaudevilles mit leichter, oft rührseliger Musik, die sich grosser Beliebtheit erfreuten, und Text und Melodie der Lieder verliessen das Theater zusammen mit dem Publikum und begleiteten es lange noch zu Hause und bei der Arbeit. Gespielt wurden die beim Publikum beliebten sentimentalen Stücke, in deren Handlung sich Liebesmotive mit gesellschaftlichen und moralischen Problemen der Kleinstädte verflochten. Von der Bühne strömte die Wärme bekannter, jedem nahestehender Dinge in den Zuschauerraum und trieb so manchem Tränen aufrichtiger Rührung in die Augen. Intelligenz und Pressekritiker äusserten ihr Missfallen darüber. Sie verkündeten, die jüdische Bevölkerung warte auf ein Theater, in dem die Qualität der aufgeführten Stücke und das schauspielerische Können dem intellektuellen Niveau eines reifen Publikums entsprechen müssten. Das kam aber im jüdischen Theater nur selten vor.

Aus der Perspektive der Jahrzehnte, die seit jener Zeit vergangen sind, betrachten und schätzen wir das jüdische Theater anders ein als die wählerischen Ästheten der zwanziger und dreissiger Jahre unseres Jahrhunderts. Wir neigen das Haupt vor den im Nebel der Vergangenheit zerfliessenden Silhouetten der Schauspieler, oft ungeschickter Meister der Theaterillusion, deren Kreationen die Herzen von Schustern, Bäckergesellen, jungen Handlungsgehilfen und vergeblich ihrer Verlobten harrenden Näherinnen rührten. Jeder, der ihnen selbst mit anspruchslosen Witzen einen Augenblick der Rührung oder der Fröhlichkeit schenkte, jeder, der in ihren grauen, monotonen, vom harten Kampf erfüllten Alltag die Illusion eines besseren Lebens brachte, verdient Hochachtung. Wir glauben, dass bei diesen primitiven Aufführungen eine Vereinigung der Bühne mit dem Zuschauerraum zustandekam — also etwas, wovon die grössten Regisseure der Welt stets träumen.

Es gab auch eine Theatertruppe, deren Inszenierungen oft ausserordentliches Interesse erweckten, und zwar nicht nur in Warschau, sondern in allen Städten, wo sie aufrat. Sie hiess Wilnaer Truppe, obwohl sie während der 27 Jahre ihrer Tätigkeit nur die ersten vier Jahre, als sie noch als Laienspieltruppe wirkte, fest mit Wilna verbunden war. Die 1912 von Jakob Ben Ami gegründete Wilnaer Truppe zog die Aufmerksamkeit durch ihren Stil der Schauspielkunst auf sich. Während sich jedes jüdische Theater seit der Zeit Goldfadens im Prinzip auf ein oder zwei hervorragende Schauspieler stützte, verstand es die Wilnaer Truppe — ohne auf herausstechende Schauspielerpersönlichkeiten zu verzichten —, bei den Akteuren einen solchen Stil des Spielens herauszubilden, bei dem jeder Schauspieler auf der Bühne, jedes Wort und jede Bewegung ein wichtiges, genau ausgearbeitetes Element der ganzen Aufführung waren.

1921 zerfiel die Wilnaer Truppe in zwei Ensembles. Ein Teil fuhr nach Wien und dann nach Rumänien, von wo er 1929 zurückkehrte und erneut Erfolge in Warschau, Wilna, Krakau und Lwow erntete. Genannt sei nur das Drama „Kiddusch ha-schem" von Schalom Asch, das etwa 200 Vorstellungen erlebte.

In Wien bewunderte Robert Musil 1921 das Spiel des Ensembles. Er war besonders von der Interpretation Noe Nachbuschs, in dessen Stimme er ein Echo des synagogalen Gesangs hörte, und von dem vergeistigten schauspielerischen Können Miriam Orleskas fasziniert. Musil war der Ansicht, die Wilnaer Truppe sei neben dem Theater Stanislawskis das beste damalige Theater Europas.

Der zweite Teil der Wilnaer Truppe, der sich „Jüdisches künstlerisches Theater" nannte, liess sich nach Auftritten in Berlin, Amsterdam und Antwerpen in Amerika nieder.

In einer Vorkriegsausgabe des Kleinen Statistischen Jahrbuchs heisst es, dass Mitte der dreissiger Jahre (1936) in Polen 15 jüdische Theater tätig waren. Man darf nicht vergessen, dass die jüdischen Theater keine staatlichen oder städtischen Zuschüsse erhielten und dass sie sich stets in einer schwierigen finanziellen Lage befanden, so dass sie oft für einen Hungerlohn arbeiten mussten. Zu dieser Zahl kamen mehrere Dutzend Laientheater. Sie standen den Berufstheatern im Niveau oft nicht nach. Es genügt, hier an die Wilnaer Truppe, die ihre Hauptmerkmale zur Zeit ihrer Laientätigkeit offenbarte, oder an die Arbeitertruppe „Orfeusz" zu erinnern, die im Theater von Ester Rachel Kamińska in Warschau auftrat.

Der Theaterhunger war ein unablässiges Phänomen. Er wich nicht einmal dem physischen Hunger in den Jahren der Wirtschaftskrise, denn auch damals standen die Zuschauerräume in den Theatern nicht leer. Eine Folge davon war der Repertoirehunger, der übrigens in allen Theatern der Welt in Erscheinung trat, in den jüdischen Theatern jedoch besonderen Charakter trug.

Das jüdische Theater in Polen — und nicht nur in Polen — stellte sich stets die drängende, schwierige Frage, ob es ausschliesslich ein Theater der eigenen, jüdischen Dramatik sein oder sich auch mit der Weltdramatik befassen sollte.

Das jüdische Theater begann mit äusserst beliebten Stücken, die von volkstümlichem Pathos durchdrungen waren und das nationale Selbstbewusstsein stärkten; es versuchte, das Wesen des Judentums im Spiegel der Wirklichkeit zu zeigen und die „Lebenswahrheiten" verschiedener jüdischer Kreise wiederzugeben. Auf diesem Gebiet war das Theater von Ester Rachel Kamińska in der Oboźna-Strasse führend.

Das Theaterpublikum, dessen gesellschaftliches Bewusstsein durch die Revolution von 1905 geweckt worden war, konnte ohne weiteres ein breitgefächertes dramaturgisches Repertoire akzeptieren — von sentimentalen jüdischen Schauspielen in der Art von „Zeseht un zischpret" (Verstreut und versprengt), „Meschijas zajtn" (Die Zeiten des Messias) und „Di mischpoche" (Die Familie) bis hin zum „Hamlet" und zum „Kaufmann von Venedig" von Shakespeare sowie zu Wiener Operetten und Boulevardstücken. Zusammen mit dem allgemein beliebten Repertoire erschienen die Idyllen von Perez Hirschbein, seine elegische Stimmung atmenden Dramen „Rosinkes mit mandlen", „Di puste kretschme", „Grine felder" und „Schmids techter". Bei diesen Inszenierungen fehlte ein in malerischer Hinsicht gutes Bühnenbild, das damals bei Theateraufführungen aus dem Grenzgebiet zwischen Symbolismus und Naturalismus bereits unentbehrlich war. Das war offensichtlich für bewanderte Theaterbesucher, die dem Prinzip huldigten, dass das Theater nicht nur von der Bühne fallende Worte bedeute, sondern auch eines formentsprechenden Rahmens für diese Worte bedürfe.

Das Repertoire der künstlerischen Theater — die Wilnaer Truppe, das Theater Zygmunt Turkows (WIKT), aber auch Revuetheater wie „Azazel", „Sambatian" oder „Ararat" — warf das Problem auf: eigene, jüdische Dramatik oder Weltdramatik? Dieses Dilemma war in den zwanziger und dreissiger Jahren kein Ergebnis der Suche nach dem Kassenerfolg, sondern der sich immer deutlicher abzeichnenden Tendenz, durch einen anderen Stil des schauspielerischen Agierens, musikalische Untermalung und Bühnenbild zu einem eigenen künstlerischen Profil zu finden. Besonders stark nahm die Bedeutung der typisch jüdischen Motive in der Musik zu. Ausdruck einer gelungenen Lösung bei dieser Suche war u.a. die originelle Inszenierung des „Dibbuk" durch Dawid Herman. Man wollte darin ein Lancieren des mystischen Elements erblicken, obwohl Herman sein Bühnenwerk im Grunde genommen im Ton einer naturalistischen Impression gehalten hatte, in der es keine Spur von Mystik gab. Mystische Elemente des „Dibbuk", jenes Standardwerkes des jüdischen Theaters, wurden bei den Inszenierungen anderer Regisseure deutlich hervorgehoben, so etwa bei Abraham Morewski in Wilna, Maurice Schwartz in New York und Wachtangow in Moskau.

Dem von Zygmunt Turkow und seiner Frau Ida Kamińska in Warschau geleiteten Theater gelang es, ein ausgewogenes Verhältnis zwischen jüdischer Thematik und klassischem Repertoire der Welt zu finden. Dieses Ensemble verband grosses schauspielerisches Können mit einem ausgezeichneten Bühnenbild, was solchen Aufführungen wie „Motke der Dieb" von Asch und „Serkele" von Ettinger oder auch „Der Revisor" von Gogol und „Tartuffe" von Molière hohen Wert verlieh.

Das Theater von Zygmunt Turkow brachte einen wichtigen Wesenszug des jüdischen Theaters zutage — die Erkenntnis, dass sich der jüdische Schauspieler in der Komödie am besten fühlte, unabhängig von ihrer jüdischen oder nichtjüdischen Herkunft. Die Komödie war sein Element, in der Komödie war er ein echter Schauspieler.

Es mag paradox klingen, doch der „Tartuffe" von Molière stand den Möglichkeiten und der Ausdruckskraft des jüdischen Schauspielers näher als der Held des Dramas „Der Gott der Rache" von Asch oder „Di puste kretschme" von Hirschbein. Heute ist schwer festzustellen, ob man die Ursachen für diese Erscheinung in den im Unterbewusstsein der Schauspieler und der Zuschauer vorhandenen Reminiszenzen an die längst vergessenen Purim-Spiele — Jahrhunderte hindurch die einzige Gelegenheit zu ungestümer Fröhlichkeit, die Publikum und Animatoren der Belustigung in ihren Sog hineinriss — suchen soll, oder ob das Bedürfnis nach Fröhlichkeit bei den einen wie bei den anderen einfach eine natürliche Folge ihres schweren alltäglichen Lebens war, das ihnen seit Generationen beschieden war. Der bekannte damalige Kritiker J. Brauner drückte es folgendermassen aus: „Jüdische Augen haben zu oft geweint und zu viele Tränen vergossen. Wir sollten reif und klug genug sein, um an tragische Dinge mit der philosophischen Ruhe der griechischen Epikureer heranzugehen. Wir besitzen das, was man angeborenen Sinn für Humor nennen darf. Unsere Tragödien balancieren ähnlich wie unsere Mystik stets am Rande der Groteske... Vom Erhabenen zum Lächerlichen ist es schliesslich nur ein Schritt..."

Das Martyrium während der Naziokkupation war eine Wirklichkeit, die die scheinbare Grundsätzlichkeit derartiger Denkweisen zunichte machte und bewirkte, dass Menschenschicksale in bisher ungeahntem Ausmass zu einer Tragödie erstarrten, auf die nur Stille folgte.

In dieser Stille gab es ein kurzes Interludium. Im Warschauer Ghetto, im grössten, weil nahezu anderthalb Millionen Einwohner zählenden jüdischen Konzentrationslager der Welt, gestatteten es die Hitlerfaschisten, einige Theater zu eröffnen. Zwischen Dezember 1940 und Juli 1942 gab es fünf. Drei davon — „Eldorado", „Nowy Azazel" und „Melody Palace" — brachten Aufführungen in Jiddisch, und zwei — „Femina" und das „Nowy Teatr Kameralny" — in Polnisch heraus. Sie repräsentierten alle Hauptgattungen der Bühnenkunst, von Revue („Femina") und Operette („Eldorado", „Melody Palace") bis hin zum Drama („Nowy Azazel", „Nowy Teatr Kameralny"). Was auf dem Spielplan dieser Theater stand, warf ein Streiflicht auf die fünfzigjährige Tätigkeit des jüdischen Theaters in Polen, von Lateiner, Gordin und Schalom Alejchem bis zu An-Ski und Asch. Es gab sogar den „Tartuffe" von Molière und den — ins Ghetto übertragenen und dem Ghetto angepassten — Humor im Stil der Vorkriegskabarette „Morskie Oko" (Meeresauge) und „Qui pro Quo".

Das theatralische Interludium im Warschauer Ghetto war nur ein weiteres Element der perfiden Taktik, die bereits dem Tode geweihten Opfer irrezuführen, eine Flamme der Hoffnung, die man sie mit eigenen Händen anfachen liess, um sie dann auszulöschen, als man diejenigen, die diese Flamme nährten, in Gaskammern erstickte.

War es nur eine Laune der Ananke des jüdischen Theaters, dass es nach der Katastrophe der Vernichtung wiedererstand und weiter in Polen lebt?

Gewiss nicht aus einer Laune heraus wurde bald nach der Befreiung im Lubliner Perez-Haus der erste jüdische Liederabend veranstaltet, der für eine Gruppe von Juden bestimmt war — für gerettete Häftlinge des Konzentrationslagers Majdanek, für jüdische Partisanen, die aus den Wäldern kamen, und für jüdische Soldaten der I. Armee des polnischen Heeres, die sich nach jüdischer Musik sehnten. Nur noch wenige Leute können sich an Diana Blumenfeld erinnern, deren Lieder — unabhängig von Text und Melodie — damals wie das Gebet „El mole rachmim" klangen, dem man mit verkrampften Herzen lauschte.

Es war auch keine Laune, sondern Ausdruck der wohlverstandenen Sorge um die Befriedigung der geistigen Bedürfnisse der Menschen, die ihre Verstecke verliessen, die aus den verschiedensten Lagern des Dritten Reiches oder aus dem fernen Sibirien, aus Kasachstan, Kirgisien, Usbekistan und anderen Gebieten der Sowjetunion zurückkehrten, wenn das bereits damals wirkende Zentralkomitee der Juden in Polen Kräfte und Mittel fand, um diese Menschen nicht nur materiell zu versorgen, sondern auch an ihre kulturellen Bedürfnisse zu denken.

Also wieder Theater. Zunächst in Łódź und etwas später in Wrocław. In diesen beiden Städten, die die grössten Zentren der jüdischen Bevölkerung waren, hatte das Staatliche Jüdische Theater abwechselnd seinen Sitz. Erst 1955 bekam das Staatliche Jüdische Theater „Ester Rachel Kamińska" seinen ständigen Sitz in Warschau.

Es war nie leicht — und auch heute ist es nicht anders —, eine Formel für das Repertoire dieses Theaters zu finden.

Jüdische Theaterkultur zu verbreiten, war eine verhältnismässig leichte und vollkommen natürliche Aufgabe unter den Bedingungen, da die Massen der jüdischen Bevölkerung ihr ausschliesslicher oder vielleicht nur hauptsächlicher Empfänger waren oder sein konnten. Unter Massen ist hier eine möglichst grosse Gruppe von Menschen zu verstehen, die an der jüdischen Sprache hängen, sich ihrer als tägliches Verständigungsmittel bedienen und die in dieser Sprache entstehende Literatur lesen. Nach der Katastrophe der Vernichtung des polnischen Judentums sind von der einst grossen Gemeinschaft nur noch traurige Überreste geblieben, von denen ein Teil die Muttersprache nicht mehr spricht oder sie überhaupt nicht gekannt hat. Dieser Teil wurde nämlich in einem assimilierten Haus und in der polnischen Schule, in einer Atmosphäre und im Geist der polnischen Kultur erzogen. Diese Menschen kannten weder die schmerzliche Ironie der Erzählungen von Schalom Alejchem noch die epischen Visionen aus den Romanen von Schalom Asch. Vollkommen fremd war ihnen sowohl die leidenschaftliche Gefühlsseligkeit der jüdischen Lyrik als auch die ergreifende Tragik der alten jüdischen Legenden.

Nur das Theater konnte die einen an jene vergangene Welt von Menschen und Dingen erinnern und sie anderen näherbringen. Nur das Theater konnte die Visionen der einst auf polnischem Boden in der Sprache des jüdischen Volkes schaffenden Schriftsteller aufleben lassen und sie der Vergessenheit entreissen.

All das, was im Bereich der geistigen Kultur auf diesem Boden entstanden ist, bildet ohne Rücksicht auf die Sprache, in der es geschaffen worden ist, einen unzertrennlichen Bestandteil der polnischen Kultur und soll als nationaler Kulturschatz pietätsvoll behütet und den nächsten Generationen überliefert werden.

Das jüdische Theater wird also nicht nur von einer aussterbenden Gruppe von Menschen gebraucht, die organisch mit der 1000 Jahre alten, ihren Inhalt im Laufe der Jahrhunderte ändernden jüdischen Kultur verbunden sind, nötig ist es der gesamten Bevölkerung Polens als Altar in einem Tempel der Achtung vor der der gemeinsamen Vergangenheit entspringenden Liturgie des polnisch-jüdischen Zusammenlebens.

Die jüdische Musik in Polen schöpfte aus zwei Quellen: aus der religiösen Kultur und aus der Folklore.

Die Anfänge der jüdischen sakralen Musik reichen bis in biblische Zeiten zurück, und heute lässt sich kaum feststellen, was aus jenen Zeiten erhalten geblieben ist und was sich im Laufe der Jahrhunderte in Stil, Form, Melodik und Kolorit darüber angelagert hat. Die sakrale Musik unterlag verschiedenen Einflüssen, u.a. den jüdischen Liedern West- und Osteuropas sowie der Musik der Völker, unter denen die Juden lebten. Die oft zusammen mit einem kleinen Chor als Begleitung umherziehenden Kantoren trugen alte und neue Melodien von Gebeten und religiösen Liedern von Ort zu Ort. Diese Melodien waren nicht frei von regionalen Einflüssen und Einflüssen der Folklore, und das nicht nur der jüdischen Folklore. In der synagogalen Kultur galten die Improvisationen der Kantoren als etwas Natürliches.

Unter den Kantoren gab es verschieden stark ausgeprägte Persönlichkeiten. Auch ihre musikalische Vorbereitung war unterschiedlich. Manche besassen eine seminaristische, ab und an auch eine musikalische Ausbildung. Die meisten, vor allem in Kleinstädten, hatten bei bekannten Chasanim (Vorbetern, Kantoren) gelernt. Sie alle aber zeichneten sich durch Musikalität, durch schöne, volle Stimmen sowie durch eine weitgehend verinnerlichte, gefühlsbetonte Interpretation aus.

Auf polnischem Boden erfreuten sich manche Kantoren eines geradezu legendären Ruhmes. Sie waren nicht nur bei ihren Glaubensgenossen, sondern auch bei der nichtjüdischen Musikelite beliebt und anerkannt. Ein solcher Kantor war z.B. der erst dreizehnjährige Joel Dawid Jaszuński, genannt Baal Besil (gest. 1850), für dessen Kunst sich Stanisław Moniuszko und andere polnische Musiker aus der Mitte des 19. Jh. begeisterten.

Zur Entfaltung des Synagogalgesangs in Polen trug vor allem der Bau neuer Synagogen im 19. und Anfang des 20. Jh. bei. Je prächtiger ein Gotteshaus, desto stärker bemühte man sich um die Qualität der vokalistischen Umrahmung der Gottesdienste. Dank der Verbesserung der materiellen Lage der jüdischen Bevölkerung und der steigenden Wohlhabenheit der Synagogenvorstände bildete sich auf polnischem Boden eine ganze Schar von Kantoren heraus, deren Niveau dem der hervorragendsten Opernsänger glich. Viele von ihnen machten eine Weltkarriere, und die Vorstände vieler Synagogen in Ländern Westeuropas sowie in Nord- und Südamerika warben um sie.

Eine bedeutende Stellung auf dem Gebiet der sakralen Vokalmusik erlangte die von 1878 bis zu den tragischen Tagen der Nazibesatzung bestehende Grosse Synagoge in Tłomackie in Warschau. An hohen Feiertagen durften ausser den ständig dort betenden Glaübigen, meist Vertretern der fortschrittlichen jüdischen Elite, nur Personen den Gottesdienst besuchen, die eine spezielle Einladung vorweisen konnten. Um solche Einladung bemühten sich so manches Mal hervorragende polnische Musiker, Sänger, Geistliche und Vertreter der Regierung. Bemerkenswert ist, dass die Grosse Synagoge in Tłomackie eine der wenigen Reformsynagogen in Polen war, die neben dem Chor auch die Begleitung durch Orgelmusik zuliessen.

In der Zeit zwischen den beiden Weltkriegen genossen auch Oberkantoren, Kantoren und Chöre anderer Synagogen Weltruhm, so z.B. der Nożyk-Synagoge in Warschau (bis heute in der Twarda-Strasse bestehend) und der schönen Synagoge im Warschauer Stadtteil Praga (während der Nazibesatzung zerstört) sowie in anderen Städten wie Krakau, Łódź, Białystok, Lublin, Lwow und Wilna.

Unter den berühmten polnischen Kantoren gebührt Gerschon Sirota (1877—1943), genannt „König der Kantoren" und „jüdischer Caruso", der erste Platz. Er hielt Gottesdienste in der Synagoge in Tłomackie und bei Nożyk ab, gastierte aber auch in anderen Städten des In- und Auslands. Ziemlich oft trat er in Konzertsälen auf, wobei er ausser religiöser auch weltliche Musik, u.a. Arien aus bekannten Opern, ausführte. Er hinterliess zahlreiche Schallplattenaufnahmen. Er war ein wahrhaft grosser dramatischer Tenor mit kräftiger und zugleich sanfter Stimme, ein Meister der Koloratur. Ausser ungewöhnlichem Talent besass er eine gründliche musikalische Ausbildung, und vielleicht warf man ihm deshalb manchmal eine „Opernmanier" vor. Seine Musikalität, seine herrliche Stimme und sein ungewöhnliches Improvisationstalent galten als wahre Gottesgabe. Vergeblich warben Opernhäuser vieler Länder um diesen hervorragenden Tenor; er blieb der Synagoge treu. Beim Aufstand im Warschauer Ghetto fand er zusammen mit seiner Familie in seiner Wohnung in der Wołyńska-Strasse 6 den Flammentod.

Der zweite hervorragende Oberkantor der Grossen Synagoge war ab 1925 Mosche Kussewitzky (1889—1965). Er wechselte sich beim Singen mit Sirota. ab. Sein Gesang rief Ekstase und Begeisterung hervor. Man riss sich um ihn und lud ihn zu Gastauftritten bei Gottesdiensten im Ausland ein. In Polen und in Amerika wurde sein Gesang auf Schallplatten aufgenommen. Aus den Kriegswirren rettete er sich durch die Flucht in die Sowjetunion, wo er als Tenor mit Opernrepertoire auftrat. Er sang u.a. in der Grusinischen Oper in Tbilissi. Nach dem Krieg liess er sich in den USA nieder.

Es seien noch einige bekannte polnische Kantoren genannt: Eliezer Gerszowicz (1844—1913), Dawid Nowakowski (1848—1923), Jakub Szmul Morogowski (1856—1943), Pinchas Minkowski (1859—1924), Mosze Abraham Bernsztajn (1866—1932), Mordechaj Herszman (1886—1943), Pinchas Szerman (1887—1942), Eliahu Żołądkowski (1888—1942) und Baruch Schorr (1904—1923). Eine Sensation erregten in polnischen Synagogen die Auftritte des genialen Kantors und Komponisten Jossele (Josef) Rosenblatt (1880—1933), eines nichtpolnischen, amerikanischen Juden, der oft Polen besuchte. Seine Schallplattenaufnahmen gehören heute noch zu den Bestsellern.

Selbstverständlich beschränkte sich die synagogale Musik nicht nur auf die Tätigkeit der Kantoren. Die polnischen Synagogen waren wegen ihrer ausgezeichneten Chöre bekannt. Je nachdem wie gross die Synagoge (Tempel, Bethaus) war, zählten die Chöre einige, etwa ein Dutzend oder mehrere Dutzende Personen. Der Chor der Grossen Synagoge in Warschau hatte z.B. über 100 Mitglieder und mehrere Solisten. Die Zahl dieser Chöre ging in die Hunderte. Sie nahmen übrigens auch am weltlichen Musikleben teil. Besonderes Aufsehen erregte z.B. der ausgezeichnete Chor der Grossen Synagoge in Tłomackie, der bis zum Kriegsausbruch im September 1939 von Dawid Ajzensztadt (er kam zusammen mit seiner Tochter Marysia, einer talentierten Sängerin, im Warschauer Ghetto ums Leben) geleitet wurde. Dieser Chor trat oft in Konzertsälen mit einem Repertoire auf, zu dem neben sakraler Musik auch weltliche Werke gehörten — stilisierte jüdische Volkslieder, Ausschnitte aus Opern und Oratorien. Auch vor den Mikrophonen des Polnischen Rundfunks trat der Chor Ajzensztadts auf.

Im Grenzgebiet zum volkstümlichen Schaffen liegt die chassidische Musik. Gepflegt wurde sie an den „Höfen" der führenden chassidischen Persönlichkeiten, zu denen bekannte Rabbiner, die Zaddikim, d.h. Fromme, Gerechte, gehörten. Ihre eigentümlichen religiösen Festlichkeiten waren durch eine Adoration Gottes gekennzeichnet, die mit Gesang, Musik und Tanz verbunden war. Die eigenartige chassidische Ideologie wurde von einem ihrer Anhänger, Nachman Bratzlawer (1772—1811), folgendermassen charakterisiert: „Kommt, ich zeige euch einen neuen Weg zu Gott. Nicht durch das Wort, sondern durch Gesang. Wir werden singen, und der Himmel wird uns verstehen..." Es entstanden also Lieder und Tänze voller Ekstase und Exaltation. Ihre Schöpfer waren meistens fromme Chassidim (in Polen hatten sie ihre „Höfe" z.B. in Góra Kalwaria, Grójec und Warka), Musiker und Sänger aus dem Volke, oft auch die Zaddikim selbst. Es war ein überaus interessantes Schaffen, das bis heute teilweise in Archivsammlungen und auf Schallplatten erhalten ist.

Von der Tradition überliefert, ist das volkstümliche rituelle Schaffen erhalten geblieben. Einst verlieh es den Lebensfesten wie Verlobung, Eheschliessung, Taufe, Konfirmation und Bestattung Glanz.

Reichhaltig war das meist anonyme jüdische volkstümliche Schaffen. Zahlreiche Lieder sind in traditioneller, mündlicher Überlieferung erhalten geblieben. Es erschien eine ganze Reihe von Sammelausgaben dieser Lieder, die im allgemeinen aus Ländern Osteuropas, vorwiegend aus den polnischen Gebieten, stammen. Es sind historische, Liebes-, Familien- und Wiegenlieder sowie Soldatenlieder und Lieder, die während des Zweiten Weltkriegs, in der Partisanenbewegung und in den Ghettos, entstanden sind. Ihre eigentümliche Schönheit und ihr emotioneller Gehalt nahmen nach dem Zweiten Weltkrieg besondere Bedeutung an.

Viele interessante Volkslieder sind der Vergessenheit anheimgefallen. Ende des 19. Jh. begann man daran zu denken, die Denkmäler des jüdischen volkstümlichen Schaffens zu erfassen und zu pflegen. Man begann sie zu sammeln und zu veröffentlichen. Solche Sammelausgaben wurden vor dem Kriege von Marek Ginzburg, Noe Pryłucki, Joel Engel und dem bekannten Warschauer Sammler und Verbreiter der jüdischen Folklore Menachem Kipnis (1878—1942) herausgegeben. Der letztgenannte kannte die Folklore aus eigener Erfahrung. Verwaist, wurde er von seinem ältesten Bruder, Kantor der Synagoge in Wolin, erzogen. Während der Gottesdienste sang er im Chor mit derart hervorragenden Kantoren wie Berl Miler, Jakub Samuel Morogowski, Abraham Ber Birnbaum aus Częstochowa und vielen anderen. Mit einigen von ihnen bereiste er Polen, gab eigene folkloristische Konzerte und sammelte Volkslieder. 16 Jahre lang sang er im Chor der Warschauer Oper und im Chor der Grossen Synagoge in Tłomackie. Sein ganzes Leben lang sammelte er jüdische rituelle und volkstümliche Lieder und unterhielt herzliche Beziehungen zu autodidaktischen jüdischen Sängern. Unter ihnen fand er seine „Nachtigall", seine Frau Zimra Zeligfeld, die bei seinen volkstümlichen Konzerten zur hervorragenden Partnerin wurde. Kipnis war auch Musikkritiker. Er schrieb Beiträge für die Zeitung „Hajnt" und gab in jüdischer Sprache mehrere Bücher über Musik heraus, u.a. „Berühmte jüdische Musiker", „Kantoren und Sänger", „Jüdische Klesmorim in Polen", „Vom primitiven Volkslied zur sinfonischen Musik" und zwei Sammlungen jüdischer Volkslieder.

Die Genese des jüdischen Volksliedes war recht kompliziert. Es verrät Einflüsse der Folklore der Völker, unter denen die Juden lebten, also auch der polnischen Folklore. Das war übrigens ein Wechselverhältnis, da auch die polnische Folklore jüdische Motive aufnahm, so z.B. Motive der Klesmerkapellen, die in polnischen Schenken, bei Hochzeitsfesten und sogar an den Höfen der Schlachta spielten. Viele Lieder stellten Gelegenheitsdichtungen von autodidaktischen Dichtern und Sängern dar. Im 19. Jh. wurde z.B. Welwele Zbarascher, eigentlich Benjamin Zeew Ehrenkranz (1826—1883), berühmt, ein Improvisator, der auf Wunsch der Hörer Gelegenheitsgedichte und Melodien ersann. Ähnlich war das Schaffen von Eljakim Zunser (1836—1913), dessen gesungene Poesie äusserst vielseitig war — sie reichte von tiefem Nachsinnen über das Los des Menschen bis zur Beschreibung des Lebens der armen Leute und ihrer kleinen alltäglichen Freuden, von süssen, rührseligen Melodien bis zu schwungvollen chassidischen Tänzen. Zunser schuf gleichsam eine Synthese der slawischen und der jüdischen Volkstümlichkeit.

Es gab viele solche Volkskünstler. Der letzte von ihnen war Mordechaj Gebirtig (eigentlich Bertig; 1877—1942), ein Krakauer Tischler, ein Dichter, Sänger und Barde, dessen Lieder von bekannten Musikern aufgezeichnet wurden, weil er selbst keine Noten kannte. Seine Lieder wurden zu Schlagern, die von so beliebten jüdischen Schauspielern wie Mali Pikon, Josele Kołodny und seiner Tochter Lola Gebirtig gesungen und auf jüdischen Kleinkunstbühnen wie „Azazel", „Ararat" oder „Sambation" lanciert wurden. 1920 erschien der erste Band seiner Lieder „Folkstimnalech", und

1936, anlässlich seines dreissigjährigen Schaffens, eine Sammlung mit 50 Werken: „Majne lider". Zur Herausgabe dieses Sammelwerks schrieb Menachem Kipnis: „Die jüdische Liebe, die jüdische Familie, Mütter und Kinder, Not und Elend der Juden — all das malt er in warmen, unverfälschten volkstümlichen Farben aus... Ein besonderes Merkmal seiner Lieder ist es, dass sie einem das Herz zusammenkrampfen, aber auch die Seele durch ihre sanfte, jüdische Melancholie und ein freudiges Vibrieren erwärmen. Nicht aus reichen Salons, sondern aus der kahlen, armen Stube eines jüdischen Handwerkers kommen seine Lieder..." Gebirtig setzte sein Schaffen im Krakauer Ghetto fort, doch gab es darin bereits weniger Sentiment und Freude, dafür aber mehr Leid. Dramatisch war sein „Tog fun nekume" (Tag der Rache), verfasst am 5. Januar 1942. Gebirtig wurde am 4. April 1942 bei einer breitangelegten Aktion im Krakauer Ghetto auf dem Weg zu den Waggons für die nach Bełżec abgehenden Juden erschossen. Sein 1938 geschriebenes Lied „S'brent, unser schtetl brent" wurde während der Nazibesatzung zur Hymne der kämpfenden Ghettos und zu einer Aufforderung zum Kampf.

Zu Schöpfern von diesem Schlag gehörte auch Izrael Glatsztejn (1894—1942), dessen herrliche Lieder, u.a. „Klingen gleker", sich grosser Beliebtheit erfreuten. Glatsztejn kam im Warschauer Ghetto ums Leben.

Mitschöpfer der Volksmusik waren jüdische Musikanten, sog. Klesmorim, die seit dem 16. Jh. auf polnischem Boden wirkten. Sie waren Mitglieder von Hof- und Volkskapellen, spielten in Schenken und sowohl bei jüdischen als auch bei polnischen Hochzeiten. Sie waren Autodidakten, sie kannten keine Noten, doch ihr meisterhaftes Spiel erweckte Begeisterung. Es gab auch Klesmorim, die zur Sensation in Palästen und auf grossen Estradenbühnen wurden. Dazu gehörte Josef Michael Gusikow (1806—1837), Virtuose auf einem Vorläufer des heutigen Xylophons. Für das Spiel Gusikows begeisterten sich die hervorragendsten Musiker seiner Zeit, u.a. Karol Lipiński, Fryderyk Chopin, Felix Mendelssohn-Bartholdy, Ferdinand David und Franz Liszt, sowie George Sand und Lamartine. Gusikow hielt sich für einen polnischen Juden, auch wenn er aus Schklow in Belorussland stammte. Er spielte eigene Phantasien zu polnischen Themen — Mazurkas, Polonaisen, polnische, belorussische und jüdische Volksweisen. Sein Spiel führte ihn von Jahrmärkten und Warschauer Hinterhöfen auf die grossen Estraden Europas einschliesslich der Pariser Oper. Die zeitgenössische polnische, deutsche und französische Presse schrieb viel über ihn. Heute ist sein Name in allen Musikenzyklopädien zu finden. Der faszinierende Klang seines merkwürdigen Instruments bewirkte, dass es unter der Bezeichnung Xylophon im Sinfonieorchester eingeführt wurde.

Gusikow war keine Ausnahme, ebensowenig wie Jankiel aus dem „Pan Tadeusz", eine Gestalt, deren Urbild Mordko (Mordechaj) Fajerman (1810—1880) war, Cembalist, unübertrefflicher Interpret von Mazurkas und Polonaisen, eine einst in Warschau sehr bekannte Person.

Oftmals nahmen sich hervorragende Berufsmusiker das Spiel mancher Klesmorim zum Vorbild. Talent und Meisterschaft dieser Musikanten aus dem Volke waren eine Art Phänomen; daher wurden sie gern von Magnaten in ihre Hoforchester aufgenommen, wo sie konzertierten oder bei Festen und zum Tanz spielten. Józef Elsner, polnischer Komponist vom Beginn des 19. Jh. und Direktor der Warschauer Oper, schrieb 1805 in einer Korrespondenz für die „Allgemeine Musikalische Zeitung" in Leipzig, dass die jüdischen Musikanten die Polonaise so vortrefflich im polnischen Geist spielten, dass sich niemand mit ihnen messen könnte. Der böhmische Komponist František (Franz) Benda, der in einer jüdischen Kapelle spielte, erinnerte sich an den blinden Juden Lebel, der „seine wilden Tänze mit ungewöhnlichem Schwung, in hinreissend schönem Ton und bezaubernder, bravouröser Technik spielte". Benda behauptete — ähnlich wie viele andere Geiger, u.a. der berühmte Leopold Auer —, dass er in seiner Jugend von den Klesmorim gelernt habe, den Bogen richtig zu halten.

Zentren der jüdischen Musikkultur in Polen waren die Chöre. Einer davon war der ausgezeichnete Chor der Grossen Synagoge in Tłomackie, der von Dawid Ajzensztadt (1890—1942), einem herausragenden Musiker, Komponisten, Arrangeur, Dirigenten, Pädagogen, Verfasser einer bekannten jüdischen Musikenzyklopädie, Sohn eines Schohet (Beschneiders) aus Nasielsk, geleitet wurde. Die ersten Schritte tat er im Chor des hervorragenden Kantors Eliezer Boruchowicz aus Nowy Dwór, dann sang er an der Seite berühmter Rigaer, Wilnaer, Rostower und Berliner und ab 1921 auch Warschauer Kantoren. Der Chor der Grossen Synagoge war unter seiner Leitung nicht nur eine Zierde jedes Gottesdienstes, sondern auch vieler weltlicher Konzerte. Als 1935 in der Warschauer Oper die Erstaufführung der Oper „Dibbuk" des italienischen Komponisten Lodovico Rocca (übrigens ein gebürtiger Jude) stattfinden sollte, traf der Autor in der polnischen Hauptstadt ein und begab sich am Sonnabend zur Grossen Synagoge, um den Kantor und den Chor zu hören. Der italienische Komponist war derart von Ajzensztadts Chor fasziniert, dass er von der Direktion der Oper verlangte, dass dieser Chor im Prolog und Epilog seiner Oper sänge, was dann auch geschah. Ajzensztadt war ferner ein talentierter Komponist. Er vertonte das Drama „Der Golem" von Leiwik, das 1928 im „Teatr Polski" in Warschau aufgeführt wurde. Eine Zeitlang leitete Ajzensztadt auch den Grosser-Chor des sozialistischen „Bund". Im Warschauer Ghetto war er einer der Dirigenten des Jüdischen Sinfonieorchesters. Er kam zusammen mit seiner 21jährigen Tochter Marysia, einer Sängerin mit schöner Stimme und ungewöhnlicher Musikalität, der „Nachtigall des Ghettos", im Warschauer Ghetto ums Leben.

In der Zeit zwischen den beiden Weltkriegen gab es in Polen sehr viele ausgezeichnete jüdische Chöre. Fast jede Stadt hatte ihren Chor. Herausstechend war der Chor „Hasomir" in Łódź, der von Gerszon Lewin gegründet und jahrelang von Icchak Zaks geleitet wurde. Dieses ehrgeizige Ensemble führte sogar aus eigener Kraft Verdis „La Traviata" auf. Historiker der jüdischen Kultur in Polen behaupten zu Recht, dass das allgemeine Singen ein natürliches Bedürfnis in der „goldenen Kette" der jüdischen Musikkultur war.

Die jüdische Bevölkerung nahm aktiv an vielen Formen des Musiklebens teil. Opernhäuser und Konzertsäle wurden in Massen von Juden besucht. Doch die jüdische Bevölkerung beteiligte sich auch an Veranstaltungen, die von örtlichen jüdischen Musikgesellschaften organisiert wurden. Die Jüdische Musikgesellschaft in Warschau besass z.B. eine Zeitlang ein eigenes Sinfonieorchester. Es gab Konzerte, u.a. im Theater „Nowości", an denen bekannte Dirigenten (z.B. Kurt Pohlen aus Wien) und Solisten (z.B. der blinde Jude Imre Ungar aus Budapest, Preisträger eines Chopin-Wettbewerbs) teilnahmen. In den dreissiger Jahren des 20. Jh. war das Jüdische Musikinstitut tätig. Es gab jüdische Musikschulen und -kurse sowie sowohl aus Laien als auch aus Berufsmusikern bestehende Kammerensembles und Orchester. Jedes jüdische Theater war zugleich ein Musiktheater, das aus dem Originalschaffen jüdischer Komponisten schöpfte, u.a. von Icchak Szlosberg. Dawid Bajgelman, Józef Kamiński, Izrael Szejewicz und Henoch Kon.

Ein gesondertes Blatt der Geschichte stellt der Beitrag der Juden zur polnischen Musik dar. In Sinfonieorchestern spielten viele Juden. In der Warschauer Philharmonie spielten z.B. Paweł Kochański und sein Bruder Eli, hervorragender Cellist und Dozent am Warschauer Konservatorium, Adam Furmański, Trompeter und später auch Dirigent, Grzegorz Piatigorski, berühmter Cellist, und Ludwik Urstein, der ständige Begleiter, genannt „König der Begleiter". Grzegorz Fitelberg war Konzertmeister der zweiten Geige, bevor er Direktor der Philharmonie und erster Dirigent wurde. Cello spielten Daniel Czerniawski und Izydor Lewak. Nach dem Ersten Weltkrieg wurde Paweł Kochańskis Platz von Mieczysław Fliederbaum eingenommen, der auch im hervorragenden Warschauer Quartett spielte. Neben ihm spielten u.a. Ludwik Holcman, Stanisław Dobrzyniec, Henryk Fiszman und Szymon Englender die erste Geige. Den Platz Fitelbergs übernahm Jakub Surowicz. Neben ihm spielten Józef Waghalter, Mieczysław Sztyglic und Jakub Szulc, Vertreter einer bekannten Warschauer Musikerfamilie, Bruder des bekannten Dirigenten Bronisław, die zweite Geige. Das Fagott blies Leon Szulc. Die Bratsche strich u.a. Paweł Ginzburg, Vater von vier Söhnen, von denen drei ebenfalls in der Philharmonie spielten. Altgeige spielten Henryk Szpilman aus einer bekannten Musikerfamilie und der während der Okkupation ermordete Czesław Bem. Stützen der Kontrabassgruppe waren Józef Łabuszyński und Maksymilian Halpern. Hervorragender Schlagzeuger und einer der besten Spieler dieses Instruments in Polen war ein Vertreter der bereits erwähnten Familie Szulc, Roman, den Serge Kussewitzky bald für das berühmte, von ihm geleitete Bostoner Sinfonieorchester gewann. Viele dieser Musiker kamen im Warschauer Ghetto ums Leben, manchen — so Szymon Englender — gelang die rettende Flucht in die Sowjetunion.

In die Geschichte der polnischen Musik, vor allem der Dirigentur, ist der hervorragende, weltberühmte Dirigent Grzegorz Fitelberg eingegangen. Die Verdienste Fitelbergs um die Verbreitung der polnischen Musik in der Welt sind enorm. Nicht ohne Grund wurde er „Botschafter der polnischen Musik" genannt. Bei jedem Auslandsauftritt führte er wenigstens ein polnisches Werk auf. Besonders verdient machte er sich um das Lancieren der Musik des „Jungen Polen", dessen Mitglied er war, und vor allem der damals wenig bekannten Komponisten Karol Szymanowski und Mieczysław Karłowicz. Fitelberg führte Karłowicz' unvollendetes, durch seinen tragischen Tod in der Tatra unterbrochenes Werk „Episode auf einem Maskenball" zu Ende, instrumentierte es und brachte es zum ersten Mal mit Orchester zur Aufführung. Die Musik Karol Szymanowskis wurde dadurch weltbekannt, weil solche hervorragenden Virtuosen und herzlichen Freunde des Komponisten wie Artur Rubinstein und Paweł Kochański sie in ihr Repertoire aufnahmen. Szymanowskis Werke wie auch Werke anderer polnischer Komponisten wurden ständig auf den Estraden der Welt von den Geigern Bronisław Huberman, Roman Totenberg, Henryk Szeryng, Ida Haendel und Bronisław Gimpel sowie den Pianisten Ignacy Friedman, Maurycy Rosenthal, Bolesław Kon und vielen anderen ausgeführt. Die bedeutende Cembalistin Wanda Landowska wurde als hervorragende Interpretin alter Musik weltberühmt. Pianisten der älteren Generation, u.a. Leopold Godowski, Stefan Askenaze und Mieczysław Horszowski, die in der Welt Karriere machten, vergassen nie die Musik des Landes, aus dem sie stammten. Die zeitgenössische Generation polnischer Pianisten, u.a. Władysław Szpilman, Ryszard Bakst und Tadeusz Kerner, setzt ihre Tradition würdig fort.

Bedeutend war auch der Beitrag jüdischer Komponisten und Komponisten jüdischer Herkunft zur polnischen Musik. Auch wenn ihr Schaffen, ähnlich wie viele Werke von Komponisten der Vergangenheit, der Vergessenheit anheimgefallen ist, haben sie in ihrer Epoche eine grosse Rolle gespielt.

Stets lebendig ist das Werk von Henryk Wieniawski (1835—1880), einem hervorragenden Violinvirtuosen und Komponisten. Er war ein Sohn des Lubliner Arztes Tobiasz Pietruszka, der zum Katholizismus übertrat und den Vornamen Tadeusz und den Namen Wieniawski — nach der Lubliner Vorstadt Wieniawa, in der er wohnte — annahm. Die Werke Henryk Wieniawskis gehören bis heute zum Repertoire der hervorragendsten Virtuosen und erfreuen sich grosser Beliebtheit. Der Bruder Henryks, Józef, war weniger bekannt als Komponist, dafür aber berühmt als Pianist.

In der zweiten Hälfte des 19. Jh. erfreute sich Adam Mincheimer (Münchheimer; 1830—1904), Komponist, Dirigent und nach dem Tode Moniuszkos Direktor der Warschauer Oper, grosser Beliebtheit in Warschau. Er komponierte vier Opern, u.a. „Otto der Bogenschütze" nach einem Libretto von Jan Chęciński und „Mazepa" nach dem gleichnamigen Drama von J. Słowacki. Ausser in Warschau wurden seine Opern in Posen, Lwow und Turin aufgeführt. Zusammen mit Moniuszko schrieb er das Ballett „Satanstücke". Darüber hinaus war er der Komponist von Orchesterwerken, Suiten, Phantasien sowie Liedern für Solostimme und Chor. Er war Mitbegründer der Warschauer Musikgesellschaft. Er war mit Moniuszko befreundet. Als der Komponist der „Halka" starb, war es Mincheimer, der sich vor allem mit der Vorbereitung und Durchführung der Bestattung beschäftigte und das Orchester leitete, das einen von ihm komponierten Trauermarsch spielte. Er veranstaltete auch mehrere Konzerte, deren Ertrag für die Familie des verstorbenen Komponisten bestimmt war. Nach dem Tode Moniuszkos führte er auch die „Halka" erneut auf und bereitete eine neue Erstaufführung des „Gespensterschlosses" vor. Er befasste sich ferner mit der Ordnung des Privatarchivs Moniuszkos, das später der Warschauer Musikgesellschaft überwiesen wurde.

Ein bekannter Komponist und Organisator des Musiklebens war zu jener Zeit auch Louis Grossmann (1835—1915), u.a. Komponist der Opern „Der Fischer von Palermo", die in Warschau und Paris aufgeführt wurde, und „Der Geist des Woywoden", deren Aufführungen in Warschau, Lwow, Petersburg, Wien und Berlin ein voller Erfolg waren. Grossmann schrieb auch eine Reihe von Orchesterwerken, Klavierstücken und Liedern. In die Geschichte des Warschauer Kulturlebens ist der Grossmannsche Salon eingegangen, weil dort für in Warschau weilende Berühmtheiten der Musikwelt Empfänge gegeben wurden, deren Attraktion die Auftritte der berühmten Künstler waren. Dort verkehrten hervorragende Schauspieler, Musiker, Maler und Schriftsteller — u.a. Bolesław Prus und Henryk Sienkiewicz — sowie Vertreter der Aristokratie und des reichen Bürgertums. Grossmanns Gäste waren Helena Modrzejewska, Peter Tschaikowsky, Anton Rubinstein, Pablo de Sarasate und viele andere berühmte Persönlichkeiten der Epoche. L. Grossmann leitete zusammen mit Juliusz Herman ein Klaviergeschäft und zum Teil auch eine Klavierfabrik unter dem Firmennamen „Herman & Grossmann". Beim Geschäft gab es einen Konzertsaal, in dem Musikveranstaltungen sowie stark besuchte Vorlesungen und Vorträge zu musikalischen Themen stattfanden. Eine Zeitlang war Grossmann auch Direktor der Warschauer Oper. Ferner war er Mitbegründer der Warschauer Musikgesellschaft, deren Vorsitzender Stanisław Moniuszko war.

Grosser Beliebtheit erfreute sich im 19. Jh. Gustav Adolph Sonnenfeld (1837—1914), der als Musiker „von Wiener Format" angesehen und „polnischer Offenbach" genannt wurde. Er leitete in Warschau, u.a. in der „Dolina Szwajcarska", Tanz- und Unterhaltungsorchester. Er komponierte — manchmal unter dem Pseudonym Gustaw Adolfson — Tänze und Phantasien. Er war der Komponist von sieben Operetten, u.a. von „Reporterkönig" und „Die Meisterstochter". Gemeinsam mit Feliks Szober, mit dem er zusammenarbeitete, komponierte er das bezaubernde Vaudeville „Eine Reise durch Warschau", das 1924 von Leon Schiller aufgeführt wurde. Sonnenfeld schrieb mehrere Opern und die Balletts „Melusine" und „Pan Twardowski". Das letztgenannte Ballett hatte durchschlagenden Erfolg. Es stand jahrelang auf dem Spielplan und erlebte allein in der Warschauer Oper 560 Vorstellungen. Dieser hervorragende Erfolg wurde vom gleichnamigen, 1921 komponierten Werk L. Różyckis überschattet. Als Sonnenfeld starb, schrieb die Warschauer Presse: „Mit dem Tod Adolph Sonnenfelds ist gleichsam ein Stückchen Warschau des 19. Jh. verschwunden." Ferner hiess es: „Er starb im Elend..."

Ein anderer Künstler der leichten Muse war Leopold Lewandowski (1831—1896), Violinist, Komponist und Dirigent, der hervorragendste Tanzmusikschöpfer im Polen des 19. Jh., „polnischer Strauss" genannt. Er war der Komponist von über 300 Werken. Besonders beliebt waren seine temperamentvollen Mazurkas, feurigen Obereks, wehmütigen Kujawiaks und eleganten Polonaisen. Eine polnische Note trugen auch seine zahlreichen Kotillionwalzer, Galopps, Kontertänze u.dgl. Er komponierte auch ernstere Werke — Melodien für Theaterstücke, Balletts usw., Orchesterwerke, Lieder für Solostimme und Chor. Unter den letztgenannten erfreute sich die Mazurka „He, wer lebt" für Männerchor der grössten Beliebtheit.

Ein bekannter Pianist und Komponist der Jahrhundertwende war Moritz Moszkowski (1854—1925), Schöpfer sog. Salonmusik, u.a. Komponist von bis heute gespielten „Spanischen Tänzen".

Auch das 20. Jh. hat einige bedeutende Komponisten zu verzeichnen. Dazu gehören der erste polnische Dodekaphonist Józef Koffler (1896—1944), Karol Rathaus (1891—1954), u.a. Komponist der Balletts „Der letzte Pierrot" und „Der verliebte Löwe" sowie der Oper „Das fremde Land", Simon Laks (geb. 1901), der in Paris wirkt, und der aus Łódź stammende und ebenfalls in Paris tätige Alexandre Tansman (geb. 1898), einer der hervorragendsten zeitgenössischen Komponisten, Schöpfer von sinfonischen Werken, Oratorien und Opern.

Vom Beitrag zur polnischen Musik und zur polnischen Musikkultur zeugen nicht nur die schöpferisch tätigen Musiker, sondern auch Musikwissenschaftler und Musikkritiker. Auf diesem Gebiet haben sich die Musikwissenschaftler Józef W. Reiss, Zofia Lissa und Alicja Simon sowie die Musikkritiker Maksymilian Centnerszwer, Leopold Binental, Cezary Jellenta (Napoleon Hirszband), Menachem Kipnis und andere einen Namen gemacht. Gesondert zu erwähnen ist Mateusz Gliński (Hercenstein; 1892—1976), Komponist, Dirigent, Schriftsteller und Musikkritiker, Begründer und Redakteur der einflussreichen Monatsschrift „Muzyka", die von 1924 bis zum Kriegsausbruch erschien. Gliński war Initiator vieler Musikveranstaltungen. In den letzten Jahren vor seinem Tode erregte er durch die „Entdeckung" der angeblichen Korrespondenz Chopins mit Delfina Potocka Aufsehen. Auf seine Anregung hin wurde in der Internationalen Gesellschaft für Zeitgenössische Musik die polnische Sektion gebildet, deren stellvertretender Vorsitzender er 1924—1935 war. Ebenfalls auf seine Initiative hin wurde der Polnische Musikkritikerverband gegründet, dessen Vorsitzender er von 1926 bis zum Kriegsausbruch war. Als der Zweite Weltkrieg ausbrach, musste er Polen wegen seiner „nichtarischen" Herkunft verlassen. Seit 1957 lebte er in den Vereinigten Staaten, wo er die Fryderyk Chopin-Gesellschaft und die Internationale Chopin-Stiftung gründete und bis zu seinem Tode leitete.

Auch hervorragende Schirmherren der Musik dürfen nicht unerwähnt bleiben. Schon im 19. Jh. waren dies hervorragende Vertreter der Jüdischen Plutokratie wie die Kronenbergs, die Toeplitz', Jan Bogumił Bloch und viele andere, vor allem aber Aleksander Reichman, der den Bau der 1901 eröffneten Warschauer Philharmonie initiierte, organisierte und durchführte. Einige Jahre lang war er deren Direktor. Er war auch Begründer, Verleger und Redakteur der Zeitschrift „Echo Muzyczne, Teatralne i Artystyczne" (Musik-, Theater- und Kunstecho).

Juden wirkten nicht nur auf dem Gebiet der grossen Musik, sie hatten auch einen beträchtlichen Anteil an dem, was man heute als „Unterhaltungsindustrie" bezeichnet. Dabei ist zu betonen, dass Juliusz Feigenbaum, der Gründer der Schallplattenfabrik „Syrena-Record", der Wegbereiter der phonographischen Industrie in Polen war.

Für die äusserst vielfältige „Unterhaltungsindustrie", darunter auch für die zahlreichen Kleinkunsttheater und Unterhaltungslokale, komponierte man Unterhaltungsmusik. Auf diesem Gebiet stösst man fast ausschliesslich auf jüdische Komponisten und Textdichter. Juden waren zumindest jene, deren Namen bis heute bekannt sind. Unter ihnen gibt es Vorläufer des Jazz in Polen und Komponisten von Tanzmusik und Schlagern, die seinerzeit Mode waren. Es waren Künstler, die sich durch ungewöhnlichen Einfallsreichtum und erstaunliche Schaffensfreude auszeichneten. Die meisten Schöpfer der Unterhaltungsmusik waren zugleich Dirigenten ihrer Orchester. Zu den beliebtesten, auch durch zahlreiche Schallplattenaufnahmen bekannten gehörten die Orchester von Henryk Gold, Artur Gold und Jerzy Petersburski, Zygmunt Karasiński und Szymon Kataszek, Fred Melodysta, Zygmunt Białostocki und Ada Rosner. Es waren die Orchester, die in der Unterhaltungsmusik Polens den Ton angaben, und die Komponisten, die sie leiteten, waren Vorläufer neuer Richtungen und Strömungen auf dem Gebiet des Schlagers.

Henryk Gold wurde 1902 in einer Musikerfamilie geboren. Seine Mutter stammte aus der Klesmerfamilie Melodysta, und sein Vater Michał spielte die erste Flöte in der Warschauer Oper (er starb während einer „Carmen"-Aufführung, als Henryk zwei Jahre alt war). Henryk Gold lernte beim bekannten Geiger Stanisław Barcewicz, und als er 17 Jahre alt war, spielte er bereits Geige im Orchester der Warschauer Philharmonie. Dann gründete er ein eigenes Orchester, mit dem er in den damals meistbesuchten Lokalen der Hauptstadt — „Adria", „Ziemiańska" u.dgl. — auftrat. Er spielte auch vor den Mikrophonen des Polnischen Rundfunks. Als der Zweite Weltkrieg ausbrach, gelang es ihm, in die Sowjetunion auszureisen, wo er Jerzy Petersburski begegnete. Zusammen mit Petersburski gründete er ein Jazz-Sinfonie-Orchester, das sich grosser Beliebtheit erfreute. Bei einem ihrer Konzerte in Moskau waren 35 000 Zuhörer zugegen.

Jerzy Petersburski (1897—1979), Musiker mit gründlicher Ausbildung, Absolvent der Konservatorien in Warschau und Wien, war ein äusserst ungewöhnliches Talent. Er schrieb zahllose Werke, Lieder und Schlager. Sein berühmter „Tango Milonga" wurde unter dem Titel „O Donna Clara" zum Weltschlager. In den Vereinigten Staaten wurde er u.a. vom berühmten Al Jolson gesungen. Petersburskis Lied „Nie ja, nie ty..." sang Edith Piaf unter dem französischen Titel „Amour disait folie".

Fred Melodysta war ein ausgezeichneter Cellist und Jazz-Musiker, ein Bahnbrecher des Jazz in Polen. Er stammte aus einer alten Musikerfamilie. Auch er war Komponist zahlreicher Schlager, vor allem aber war er ein hervorragender Arrangeur.

Ein grossartiges Talent auf dem Gebiet der Unterhaltungsmusik war auch Zygmunt Białostocki, dessen Schlager, von der berühmten „Rebeka" angefangen, ganz Polen sang. An melodischer Invention übertraf ihn vielleicht Henryk Wars (Warszawski), der die Musik zu vielen polnischen Filmen komponierte. Nach dem Krieg wohnte Wars in Amerika, wo er, wie er selbst berichtete, lange Zeit in Not lebte. Das Glück war ihm hold, als er die Musik zu einem Film komponierte, dessen Held ein Delphin war. Diese Musik wurde zum Schlager. Sie wurde auf Schallplatten aufgenommen, und das Lied des Delphins Flipper sangen solche Stars wie Bing Crosby und Doris Day.

Der Ruhm dieser Musiker war flüchtig, dennoch leisteten sie einen wichtigen Beitrag zur Geschichte der polnischen Musik, deren Ausstrahlung, wenn auch oft von kurzer Dauer, nicht ohne Bedeutung für jene Epoche war. Die grossen Meister und weltberühmten Persönlichkeiten der ernsten Musik sind dagegen für immer in die Geschichte der polnischen Musik eingegangen.

MALEREI

Die Anwesenheit polnischer Juden in der Malerei ist erst verhältnismässig spät, erst in der zweiten Hälfte des 19. Jh., belegt. Die Gründe für dieses späte Auftauchen waren vielfältig. Das mehrfach im Pentateuch wiederholte Verbot (2,20,4; 3,26,1; 5,5,8) untersagte es den Juden, figürliche Werke zu schaffen. „Du sollst dir kein Bildnis noch irgendein Gleichnis machen, weder von dem, was oben im Himmel, noch von dem, was unten auf Erden, noch von dem, was im Wasser unter der Erde ist"; hatte der Gott Israels auf dem Berg Horeb zu Moses gesagt. Die dieses Gesetz befolgenden Juden übertraten das Verbot äusserst selten, und das einzige Gebiet, auf dem die jüdischen bildenden Künstler ihre Vorstellungskraft und ihre Begabung zum Ausdruck bringen konnten, waren pflanzliche Dekorativkunst sowie in Holz, Metall, Stickereien und als steinerne Flachreliefs ausgeführte Symbole. Die einzigen Ausnahmen waren Löwen und Rehe, die auf alten Kultgegenständen zu finden sind.

Die jüdische Aufklärung, die Haskala, bahnte sich mühsam den Weg durch eine Mauer von Aberglauben, Vorurteilen und Misstrauen gegenüber der Welt, die ausserhalb der abgekapselten jüdischen religiösen Gemeinschaft bestand. Aber auch die Welt ausserhalb dieser Gemeinschaft war voll althergebrachter Vorurteile, Voreingenommenheit und oft auch voller Verachtung für die Juden, für diese sonderbare, geschlossene Gemeinschaft, die eine unverständliche Sprache sprach, sich komisch, fremdländisch kleidete und „geheimnisvolle" Bräuche pflegte, für diese Gemeinschaft, die in der Nähe lebte und dennoch fremd und fern war. Die unsichtbare Mauer, die die jüdischen Ghettos tatsächlich umgab, war auf beiden Seiten gut bewacht.

Mit den ersten jüdischen Malern in der polnischen Kunst ist ein bezeichnendes Phänomen verbunden — die Tatsache, dass ihre Bilder polnische Legenden und die nationale Vergangenheit Polens oder tragische Ereignisse aus dem Kampf des vom Zarismus unterjochten Volkes zum Thema hatten. Es war eine überaus polnische, patriotische Malerei.

Der Nestor der polnischen Maler jüdischer Herkunft, der Warschauer Aleksander Lesser (1814—1884), bereitete sich in Warschau, Dresden und München auf seinen Beruf vor. Er malte Geschichtsbilder, u.a. „Wincenty Kadłubek, an seiner Chronik schreibend", „Skarbek Habdank", „Boleslaus als Jüngling" und „Die Verteidigung von Trembowla". Den grössten Ruhm trug ihm das Gemälde „Die Bestattung von fünf Opfern des Jahres 1861" ein, das an eine Manifestation der Annäherung von Polen und Juden erinnerte, an der Erzbischof Antoni Fijałkowski, Rabbiner Ber Meisels, der Prediger Markus Jastrow und der hervorragende jüdische Aktivist Izaak Kramsztyk teilgenommen hatten. Für seine Porträts polnischer Könige wurde Lesser zum Mitglied der Akademie der Fertigkeiten in Krakau ernannt.

Das Schicksal der Aufständischen von 1863 veranschaulichte Aleksander Sochaczewski (1843—1923) in seinen Gemälden. Er wurde in Iłów bei Łowicz geboren und studierte an der Warschauer Rabbinerschule. Im Alter von 19 Jahren nahm er sein Studium an der Warschauer Schule der Schönen Künste auf. Dieses Studium konnte er jedoch nicht beenden, denn wegen seiner Teilnahme an den polnischen Nationalmanifestationen 1861 wurde er nach Sibirien verbannt, wo er über 20 Jahre als Sträfling verbrachte. Nach seiner Rückkehr aus der Verbannung liess er sich in Wien nieder. Dort entstanden seine zahlreichen Gemälde, die Sträflinge in Sibirien darstellten. 1913, zum 50. Jahrestag des Januaraufstands, stellte er in Lwow 126 Gemälde aus, auf denen er die Qualen und Leiden der sich nach ihrer Heimat sehnenden Verbannten zum Ausdruck gebracht hatte. Diese Gemälde schenkte er der gastfreundlichen Stadt, die die Ausstellung veranstaltet hatte.

Weniger dramatisch waren die künstlerischen Lebensläufe der Maler Jan Rosen (1854—1936) sowie Józef (1839—1909) und Szymon Buchbinder (1853—1908). Jan Rosen wurde als Schlachtenmaler bekannt, sein bestes Gemälde ist die „Truppenschau auf dem Saski-Platz". Józef Buchbinder studierte zuerst an der Warschauer Schule der Schönen Künste, dann in Dresden, München, Düsseldorf und Paris. Er vollendete seine Ausbildung an der Accademia di San Luca in Rom, wo er fünf Jahre lang arbeitete. Er malte Porträts und biblische Szenen. Nach seiner Rückkehr in die Heimat war Józef Buchbinder künstlerischer Leiter der Wochenschrift „Tygodnik Ilustrowany".

Sein 14 Jahre jüngerer Bruder Szymon war in den Jahren 1879—1883 Schüler Jan Matejkos; nach Maurycy Gottlieb war er der zweite jüdische Student an der Krakauer Schule der Schönen Künste. Er malte historische Szenen und Porträts im Stil der niederländischen Malerei des 17. Jh. Zu seinen besten Werken zählen „Sigismund III. in der Goldschmiedewerkstatt", „Der Hofnarr", „Junger Jude im Tallit" und „Kartenspieler".

Diese kurze Schilderung der Silhouetten einiger Künstler, der ersten polnischen Maler aus dem jüdischen Milieu, bedarf der Ergänzung durch eine Überlegung allgemeinerer Art.

Ihr Talent, gefördert durch die Losungen der jüdischen Aufklärung, ermöglichte es ihnen, den Bannkreis der ihnen bis dahin verschlossenen Kunstgebiete zu durchbrechen. Die jüdische Thematik tauchte in ihrem Schaffen im Grunde genommen nicht auf, weil sie damals kein Interesse erweckte. Sammler, denen die jüdische Thematik naturgemäss nahestehen musste, tauchten in Polen erst spät auf. Es war kein Paradox, dass es Józef Buchbinder viel leichter fiel, einer Warschauer Kirche ein Gemälde mit der Darstellung einer biblischen Szene zu verkaufen, als seinem Bruder Szymon, einen Käufer für das Bild „Junger Jude im Tallit" zu finden.

Eine Malerei, in der parallel zu Elementen des polnischen Patriotismus vergeistigte Visionen von Szenen aus dem Neuen Testament sowie Bildnisse aus der Literatur bekannter Juden auftraten, repräsentierte Maurycy (Mojżesz Dawid) Gottlieb (1856—1879).

Nach seinem Tode — er starb im Alter von nur 23 Jahren — nannte ihn Jan Matejko einen „Maler der grossen Hoffnung". Das von Gottlieb hinterlassene Werk beeindruckt durch seine thematische Spannweite und tiefes Empfinden.

Maurycy Gottlieb war Sohn eines wohlhabenden Erdölunternehmers aus Drogobytsch. Die Familie Gottlieb war bereits stark assimiliert. Das bezeugt die Tatsache, dass Maurycy von seinem Vater auf eine vom Konvent der Basilianer-Pater geleitete Schule geschickt wurde. Sein Biograph, Mojżesz Waldman, schrieb gestützt auf eigene Aufzeichnungen des künftigen Meisters, er habe sich für kein Fach ausser Geschichte interessiert und daher in der letzten Bank gesessen. Er blieb vollkommen gleichgültig gegenüber dem Hohn und Spott seiner Schulkameraden, weil er wusste, dass er nicht nur in der Klasse, sondern auch am ganzen Gymnasium der beste Zeichner war. Als Maurycy 13 Jahre alt war, überzeugte Zeichenlehrer Sikora seinen Vater, dass er den derart talentierten Jungen vom Gymnasium nehmen und alles mögliche tun müsse, damit er sich der Malerei widmen könne. So kam Maurycy in die Zeichenschule von Michał Godlewski in Lwow.

1872 beendete der sechzehnjährige Gottlieb seine Ausbildung bei Godlewski und ging an die Akademie der Schönen Künste in Wien, wo er ein Studium der Historienmalerei, die damals in Mode war, aufnahm. Dem Briefwechsel mit seiner Schwester Anna kann man entnehmen, dass sich in ihm immer mehr das Gefühl der Zugehörigkeit zum polnischen Volk festigte, untermauert durch das Studium der polnischen Geschichte und die immer bessere Kenntnis des Polnischen. Er schrieb seiner Schwester aus Wien: „Deine Liebe zum Vaterland gefällt mir sehr und bereitet mir grosse Freude. Lieb es weiter, damit Du nicht wie eine Sklavin lebst, sondern wie eine Polin, die ihr Vaterland und die Freiheit liebt..."

Im ersten Studienjahr in Wien sah er das Gemälde „Rejtan" von Jan Matejko, das dort im Belvedere ausgestellt war. Er kehrte oft zu diesem Bild zurück und betrachtete es stundenlang. An diesem Beispiel begriff er den Sinn der Historienmalerei. Damals verblassten der Reiz der Wiener Akademie und die Glorie eines Adepten der „Meisterschule" — Gottlieb wünschte, er könne bei Matejko arbeiten. 1875 war er bereits Student des 2. Kurses der Krakauer Schule der Schönen Künste. Im Atelier Matejkos entstanden seine ersten Geschichtsbilder, u.a. „Der Schwur Kościuszko in Krakau", „Livländische Ritter bitten Sigismund August um Schutz vor Kaiser Ferdinand", „Albrecht von Brandenburg empfängt von Sigismund dem Alten die Investitur", und eine Reihe von ausgezeichneten Porträts, u.a. das „Selbstbildnis in der Adelstracht".

In Krakau blieb Gottlieb nicht lange. Bei seinen Biographen heisst es, ein Professor sowie Studiengenossen hätten ihn durch antisemitisches Verhalten zum Verlassen der Schule gezwungen, obwohl sich Matejko wie ein Vater für ihn eingesetzt hätte. Gottlieb verliess Krakau und kehrte nach Wien zurück. In seinen Briefen betonte er jedoch stets seine Verehrung für Matejko als Mensch und als Maler.

Das Bewusstsein des moralischen Unrechts, das ihm in Krakau widerfahren war, sass tief. Vielleicht liess ihn eben diese Episode seines Lebens an die jüdische Thematik denken, die in seinem Schaffen fehlte.

In München, wohin er von Wien aus übersiedelte, entstanden seine ausgezeichneten Gemälde „Shylock und Jessica", „Selbstbildnis" (Ahasver), „Jude in arabischer Tracht", „Alte mit Haube" u.a. Zu jener Zeit entwickelte sich und erstarkte seine künstlerische Persönlichkeit.

Eine Reise nach Rom sowie Begegnungen mit Matejko und Siemiradzki regten Gottlieb dazu an, in seinen Gemälden die Idee der Versöhnung zwischen Polen und Juden aufzugreifen und ihren Ursprung in einer neuen, breiteren, weil ökumenischen Dimension zu zeigen. Damals entstanden die Gemälde „Christus in Kapernaum" und „Christus im Tempel" sowie die von dramatischer Ausdruckskraft durchdrungenen Werke „Haupt Christi" und „Ecce homo". Zeitgenössische Kritiker schrieben: „Gottliebs Christus ist eine völlig neue Figur, entstanden nicht aus Gläubigkeit, sondern aus Liebe, es ist weder Gott noch gewöhnlicher Mensch, es ist ein biblischer Prophet, ein Hebräer, der zu Hebräern spricht und von ihnen verstanden wird."

Im Oeuvre Maurycy Gottliebs gibt es ein Gemälde von besonderer Aussage, die „Betenden Juden". Es ist das höchste aller Feste, erfüllt von Gebet und Fasten. In einer alten Synagoge beten Juden. Ihre andächtigen Gesichter drücken religiöse Entrückung, das Versinken in die Tiefe der eigenen Seele aus, die ein stummes Gebet zu Gott entsendet. Im Vordergrund ist ein patriarchalischer Greis zu sehen, daneben ein junger Mann mit den Zügen Maurycys, versunken in traurige Gedanken. Der Greis hält auf den Knien die Tora, auf deren Mantel der junge Meister, gleichsam seinen frühen Tod ahnend, eine Aufschrift in hebräischer Sprache angebracht hat: „Opfer für die Erlösung der Seele von Maurycy Gottlieb seligen Angedenkens."

Die zweite Generation der jüdischen Maler in Polen nach Lesser, den Buchbinders und Maurycy Gottlieb fand in ihrem Schaffen leichter und schneller den Weg zu jüdischen Motiven und Themen. Die Gruppe dieser Maler war bereits recht zahlreich. Nachfolgend ein paar Worte über einige von ihnen:

Samuel Hirszenberg (1865—1908), geboren in Łódź, studierte Malerei in Krakau und München. Bereits im Alter von 22 Jahren schuf er sein erstes bedeutendes Gemälde, gehalten in einer melancholischen Stimmung, die für viele seiner späteren Arbeiten charakteristisch war. Von seinen bekannten Gemälden sind zu nennen: „Der Ewige Jude", „Uriel Acosta", „Spinoza als Jüngling" und „Fest im Ghetto". Grossen Eindruck machte auf vielen Ausstellungen sein Monumentalgemälde „Sie wandern" mit der Darstellung der Juden, die an einem frostigen Wintertag vor dem Pogrom aus der Stadt fliehen, an ihrer Spitze ein Rabbiner, der die Tora in den Armen hält. Hirszenberg war einer der ersten Meister in der palästinensischen Kunstgewerbeschule Bezalel. Er starb ein Jahr nach seiner Ankunft in Palästina.

Lesser Ury (1861—1931) wurde in Międzychód bei Posen geboren. Er studierte in Düsseldorf, Brüssel und Paris. Seine ersten Gemälde, hauptsächlich Genreszenen, waren im akademischen Stil gehalten. Unter dem Einfluss der französischen Impressionisten fand er seinen eigenen Stil. Er malte Landschaften und Szenen aus dem Leben der Grossstadt. Dieser Gattung der Malerei blieb er bis zum Ende treu. Nur selten griff er biblische Themen auf. Dazu kam er erst als reifer Künstler. Grosse Ausdruckskraft kennzeichnet seine Gemälde „Freundschaft zwischen David und Jonathan", „Eleasar und Rebekka am Brunnen" sowie das Triptychon „Der Mensch", „Adam und Eva" und „Jeremias". Gipfelleistungen seiner künstlerischen Äusserung zu biblischen Themen waren „Moses, die Tafeln mit den Geboten zerbrechend" und das monumentale Gemälde „Die Zerstörung Jerusalems".

Maurycy Trębacz (1861—1941), ein Warschauer, studierte in Warschau, Krakau und München.

Er malte zahlreiche Genrebilder über den Alltag der jüdischen Bevölkerung. Er starb als 80jähriger Greis, von den Nazis im Ghetto von Łódź ermordet. Szenen aus dem Leben der Juden malten auch Jakob Weinles (1869—?), ein hervorragender Porträtist, und Leopold Pilichowski (1869—1933), Schöpfer der Gemälde „Vermählung" und „Höre Israel". Leon Bakst (1869—1924) aus Grodno begann zwar mit grossformatigen Gemälden, doch Weltruhm erlangte er als Schöpfer von Theaterdekorationen und -kostümen, u.a. zu den Balletts „Scheherezade", „Feuervogel" und „Petruschka", bei denen er die reiche Tradition des Orients mit den Traditionen des Abendlandes zu verbinden wusste. Artur Markowicz (1872—1934) aus Krakau, Wilhelm Wachtel (1875—1942) aus Lwow und Zygmunt Landau (1900—?) aus Łódź griffen gern die jüdische Thematik auf.

Aus der zweiten Generation der polnischen Maler jüdischer Herkunft ist auch Leopold Gottlieb (1883—1934), ein jüngerer Bruder von Maurycy, zu nennen. Er studierte unter der Leitung von Jacek Malczewski an der Krakauer Akademie der Schönen Künste, dann in München und schliesslich in Paris. Während des Ersten Weltkrieges diente er als Freiwilliger in den Legionen Piłsudskis. Aus dieser Zeit stammen etwa 200 Aquarelle, auf denen Gottlieb viele interessante Legionäre porträtierte. Diese Aquarelle überwies er später dem Museum der Kunstgewerbeschule Bezalel in Jerusalem, an der er kurz vor seinem Tode unterrichtete.

Die Grenze zwischen der Generation der Künstler, die im letzten Jahrzehnt des 19. Jh. geboren wurden, und der Generation ihrer im 20. Jh. geborenen Nachfolger ist fliessend. Sowohl die einen als auch die anderen lebten und schufen zu einer Zeit, da das Wort „Jude" Deportation und Tod bedeutete. Doch bevor es dazu kam, lebten und schufen sie in einer Zeit des Umschwungs und des Abgehens von der romantischen und postromantischen Geschichtsphilosophie.

An der Jahrhundertwende tauchten in Paris, das zu einer Hauptstadt der Kunst geworden war, Ankömmlinge aus anderen Ländern auf, die in der „Pariser Schule" ein Milieu und eine Atmosphäre vorfanden, die ihnen in ihrer Suche weiterhalfen. Unter ihnen gab es auch Juden aus Polen. Zu den bekanntesten gehörten Louis Marcoussis (Ludwik Markus) und Henryk Berlewi.

Louis Marcoussis (1883—1941), geboren in Warschau, studierte bei Józef Mehoffer an der Krakauer Akademie der Schönen Künste, bevor er nach Paris ging. Zunächst mit den Impressionisten verbunden, erblickte er dann im Kubismus das geeignetste Ausdrucksmittel. Einen bedeutsamen Ausdruck fand dieser neue Stil in seinem „Eiffelturm". In der Zeit zwischen den beiden Weltkriegen wurde Marcoussis in der ganzen Welt berühmt.

Henryk Berlewi (1894—1967), ein Warschauer, studierte Malerei an der Warschauer Schule der Schönen Künste und dann in Antwerpen. Bereits 1913 stellte er seine ersten Arbeiten in der „Zachęta" in Warschau aus. Er befasste sich mit der jüdischen Thematik. Nach dem Ersten Weltkrieg widmete er sich der sog. Mechanoplastik. 1923 wurde er Mitglied der avantgardistischen Gruppe „Blok". Ab 1928 lebte er in Paris. Er hatte mehrere Ausstellungen in Polen und darüber hinaus in Paris, London und New York.

Besonders wechselvoll war der Lebensweg von Jecheskiel Dawid Kirschenbaum (1900—1954) aus Staszów. Als er zwölf Jahre alt war, malte er Schilder in seinem Heimatstädtchen. Dann fuhr er nach Deutschland, wo er sich seinen Lebensunterhalt als Karikaturist verdiente. Nach den Ereignissen von 1933 in Deutschland fuhr er nach Paris, wo er die Aufmerksamkeit von Georges Rouault erregte. Er arbeitete u.a. an biblischen Themen, und seine Propheten erinnerten an die Heiligen El Grecos. Die Devise für das Schaffen Kirschenbaums war die These, die abstrakte Kunst sei die Poesie der Malerei. Während des Krieges wurde seine Frau von den Hitlerfaschisten deportiert und in einem Todeslager in Polen ermordet. Dank seinem ungewöhnlich plastischen Gedächtnis konnte er nach dem Kriege die Landschaft der Region, in der er aufgewachsen war, sowie Menschen und Szenen aus seiner Kindheit wiedergeben. Seine Gemälde aus jener Zeit atmen tiefe Wehmut und Sehnsucht nach der jüdischen Welt, die organisch mit dem Landschaftsbild der polnischen Kleinstädte verbunden und nun unwiederbringlich verloren war.

Im unabhängigen Polen waren grosse Gruppen jüdischer bildender Künstler in Warschau, Łódź, Krakau, Wilna und Lwow tätig.

Bereits 1918 entstand in Łódź eine Gruppe von bildenden Künstlern und Schriftstellern, die den Namen „Jung Jiddisch" annahm. Sie gaben eine eigene Zeitschrift heraus. Zu dieser Gruppe gehörten u.a. Jankiel (Jakob) Adler (1895—1949), Henoch Barciński (1896—1939), Izaak Brauner (1887—1944), Pola Lindenfeld (1900—?) und Ida Brauner (1891—1948). Inspirator der Gruppe war der Dichter und Graphiker Moses Brodersohn (1890—1956). Eine hervorragende Persönlichkeit dieser Gruppe war Jankiel Adler. Er stammte aus Tuszyn bei Łódź. Als Junge ging er zu einem Goldschmied in die Lehre. Als er 17 Jahre alt war, erhielt er in Serbien den Posten eines Briefmarkengraveurs. Erst dann ging er an eine Kunstgewerbeschule in Deutschland. 1918—1920 wohnte er in Łódź, wo er in der Gruppe „Jung Jiddisch" mitwirkte. In der Zeitschrift der Gruppe veröffentlichte er sein Gedicht „Ich singe mein Gebet" und einige Zeichnungen. Während seines erneuten Aufenthalts in Deutschland freundete er sich mit Klee an. 1933 stellte er seine Arbeiten in New York aus. Während des Zweiten Weltkriegs war er Soldat der polnischen Streitkräfte im Westen. Seine ersten Arbeiten entstanden in Deutschland und verrieten das Bestreben, einen eigenständigen jüdischen Stil in der Kunst zu schaffen. Die monumentalen Gestalten, die er dann malte, sollten Archetypen der polnischen Juden sein.

In Warschau war die Jüdische Gesellschaft zur Verbreitung der Schönen Künste tätig. Sie befasste sich u.a. mit der Veranstaltung von Ausstellungen. 1921 wurde eine grosse Ausstellung eröffnet, an der u.a. Henryk Berlewi, Abraham Guterman (1899—1941), Władysław Weintraub (1891—1942), Izrael Tykociński (1855—1939), Leopold Gottlieb, Samuel Cygler (1898—1943) und Stanisława Centnerszwer (1889—1943) teilnahmen.

Eine bedeutende Rolle im künstlerischen Leben spielte Bruno Schulz. Er wurde 1892 in Drogobytsch geboren. Er studierte in Wien und Lwow. Von 1924 bis Juni 1941 wohnte er in Drogobytsch, wo er als Zeichenlehrer am dortigen Gymnasium tätig war. Dort wurde er 1942 auch ermordet. Schulz ist vor allem als Schriftsteller, als Autor von „Die Zimtläden" (1934) und „Das Sanatorium zur Todesanzeige" (1937) bekannt und geschätzt. Seine Bücher illustrierte er selbst. Er war ein hervorragender Zeichner. Die Thematik seiner Zeichnungen wie auch seiner Erzählungen war in der Konvention des Traumes und der Deformation gehalten.

Unabhängig von den genannten Gruppierungen, die formell verschiedene Kunstrichtungen repräsentierten, nahmen jüdische bildende Künstler am künstlerischen Leben ganz Polens teil und wirkten sowohl in Warschau als auch in anderen grösseren Städten. So gehörten Jan Gotard und Eliasz Kanarek z.B. zur im Kreise von Prof. Tadeusz Pruszkowski entstandenen „Lukasgilde", und in der Warschauer Schule schufen die Brüder Efraim und Menasze Seidenbeutel.

Im zweibändigen Pinkas von Józef Sandel sind Biogramme der von den Hitlerfaschisten ermordeten jüdischen bildenden Künstler zusammengefasst. Das Verzeichnis umfasst Dutzende von Künstlern; für viele von ihnen begann erst die künstlerische Reife, andere hatten sie schon erreicht. Es ist unmöglich, in diesem kurzen Überblick auch nur ein paar Worte über jeden von ihnen zu sagen. Angesichts der Grausamkeit des Todes, der sie alle gleichermassen dahingerafft hat, fehlt dem Verfasser hingegen der Mut, nur Auserwählte zu nennen.

Die ersten jüdischen Zeitschriften in Polen waren „Zir neeman" (Der treue Bote, 1814), herausgegeben von Josef Perl, und „Olath Schabbat" (Samstag, 1817—1824), ein Organ der galizischen Maskilim (Anhänger der Haskala), das von Josef Byk herausgegeben wurde. 1820 gründete der Schriftsteller Szymon Kohen (Schalom Cohen) die Zeitschrift „Bikkure Haittim" (Erstlinge der Zeiten), die viele Jahre lang erschien. 1824 erschien in Lwow einmalig die Jahresschrift „Hazefira" (Morgendämmerung, Morgenröte). Zum Zentrum der jüdischen Presse in Polen wurde jedoch Warschau.

Der erste Versuch, in Warschau eine Zeitung zu gründen, war die 1813 herausgegebene Zeitschrift „Rikzug der Franzojsn", die aus dem Polnischen ins Jiddische übersetzt wurde und Berichte von den Napoleonischen Kriegen enthielt. Im selben Jahr wandte sich eine Gruppe Wilnaer Juden an Zar Alexander I. und bat ihn, eine Zeitung herausgeben zu dürfen. Das Vorhaben scheiterte jedoch, weil die zaristischen Behörden die Bedingung stellten, dass die Zeitung keine „unanständigen" Dinge veröffentlichen werde (es handelte sich selbstverständlich darum, dass sie regierungstreu sein sollte).

Das Bestreben, jüdische Zeitungen in polnischer Sprache herauszugeben, zeichnete sich Anfang des 19. Jh. ab und war mit dem Kampf der Juden um die Gleichberechtigung sowie mit der ökonomischen und politischen Stellung der Juden verbunden, die im Lande eine beträchtliche Rolle zu spielen begannen. Besonders spürbar empfand die verhältnismässig zahlreiche jüdische Bevölkerung Warschaus (11 911 jüdische Einw. im Jahre 1805) das Fehlen einer eigenen Presse. Das begriff vor allem die jüdische Intelligenz, obwohl sie, insbesondere die assimilierten Kreise, im Alltag die polnische Sprache gebrauchte und die polnische Presse las, u.a. Presseerzeugnisse, die von jüdischen Druckern und Verlegern herausgegeben wurden, so von Natan Glücksberg die „Gazeta Literacka" (Literarische Zeitung) und die Frauenzeitschrift „Bronisława czyli Pamiętnik Polek" (Bronisława oder Das Tagebuch der Polinnen). Jakub Szacki behauptet, dass der 1823 meistgelesene „Kurier Warszawski" gerade dank seinen jüdischen Lesern die für damalige Verhältnisse beträchtliche Auflage von 700 Exemplaren erreichte.

Die Initiative, eine Zeitschrift für die Juden herauszugeben, ergriff der in Warschau bekannte Verfechter der Haskala Antoni Eisenbaum (1791—1852), Absolvent eines Warschauer Gymnasiums, Direktor der Rabbinerschule, Verfasser von Beiträgen, in denen er die Juden verteidigte und die in polnischen Zeitschriften erschienen. Eisenbaum wurde von Regierungskreisen unterstützt, und eben auf diese Unterstützung rechnete er, als er den Vorschlag unterbreitete, eine Zeitung für Juden zu gründen. Die von Eisenbaum gegründete und redigierte Wochenschrift erschien unter dem zweisprachigen Titel „Dostrzegacz Nadwiślański — Der Beobachter an der Weichsel" und war dazu bestimmt, „unter der Bevölkerung mosaischen Glaubens Bildung zu verbreiten". Die Wochenschrift wurde *Pagina fracta* in zwei Sprachen — in Polnisch und Jiddisch — gedruckt. Die jüdische Sprache des „Beobachters" wurde oft deswegen kritisiert, weil es eigentlich mit hebräischen Lettern gedrucktes Deutsch sei. Diese Kritik war nur zum Teil berechtigt, denn die Herausbildung der jüdischen Sprache, des Jiddischen, fiel in die zweite Hälfte des 19. Jh. Es erschienen 44 Nummern dieser Zeitschrift: 5 im Jahre 1823 und 39 im Jahre 1824. Die Ursache dieses kurzen Bestehens der immerhin sehr interessanten Wochenschrift lag in der unzureichenden Anzahl von Abonnenten. Es war eine bahnbrechende Zeitschrift. Sie ist als die erste Zeitschrift in polnischer und jüdischer Sprache, die von einem Juden redigiert und für Juden bestimmt war, in die Geschichte der polnischen Presse eingegangen. Trotz seiner Unzulänglichkeiten bannte „Der Beobachter an der Weichsel" der jüdischen Presse in Polen den Weg und bildet heute eine reiche Quelle des Wissens über viele Aspekte des Lebens der Juden in Polen und in der Welt.

Einige Jahre später, 1830/31, also zur Zeit des Novemberaufstands, begann „Izraelita Polski" (Polnischer Israelit), eine Zeitschrift mit assimilatorischen und patriotischen Tendenzen, zu erscheinen. Es wurden jedoch nur 16 Nummern herausgegeben, die in der staatlichen Druckerei in Warschau gedruckt wurden. Während des Zweiten Weltkriegs sind leider sämtliche Exemplare dieser wichtigen und wegen ihres Engagements beim Kampf um die Unabhängigkeit Polens interessanten Zeitschrift verloren gegangen. Alle Nummern besass u.a. die Bibliothek des Przeździecki-Majorats, die von den Hitlerfaschisten vollständig zerstört wurde.

Nach der Niederschlagung des Novemberaufstands gelang es jahrelang nicht, eine jüdische Zeitschrift zu gründen. Die — übrigens nicht nur in Warschau — wiederholt unternommenen Versuche brachten nicht die erwarteten Ergebnisse. Ein solcher Versuch war z.B. das im Dezember 1857 von Hilary (Hilel) Nussbaum, Chaim Selig Słonimski, Jakub Rotwand und Jakub Elsenberg an den Kurator des wissenschaftlichen Bezirks Warschau, Muchanow, gerichtete Gesuch, die Wochenschrift „Izraelita" herausgeben zu dürfen, die „im Geiste der Religion und der Moral redigiert und Zeit und Ort angepasst" sein sollte. Das Argument, eine solche Zeitschrift sei notwendig, und das beigefügte detaillierte Konzept überzeugten weder den für Bildungsfragen der Juden zuständigen Beamten Leopold Sumiński noch den Zensor, den getauften Juden Krystian Czerkies, die ihre Ablehnung damit begründeten, dass eine solche Zeitschrift schädlich sei, weil sie die Separation der Juden von anderen Einwohnern fördern würde.

Auf Initiative einer Gruppe jüdischer Intellektueller, die sich für die Assimilation der Juden einsetzten (u.a. Henryk Toeplitz, Stanisław Kronenberg, die Brüder Natanson und die Fajans) und mit der polnischen Unabhängigkeitsbewegung verbunden waren, sowie dank der leidenschaftlichen Unterstützung des hervorragenden polnischen Patrioten Rabbiner Ber Meisels wurde Mitte 1861 schliesslich in Warschau die Wochenschrift „Jutrzenka — Tygodnik dla Izraelitów Polskich" (Morgenröte — Wochenschrift für polnische Israeliten) gegründet. Ihr Redakteur war Daniel Neufeld (1814—1874), von Beruf Lehrer, Autor der judaistischen Stichwörter für die Grosse Enzyklopädie Orgelbrands.

Die erste Nummer der „Jutrzenka" erschien am 5. Juli 1861 und die letzte am 23. Oktober 1863; insgesamt wurden 121 Nummern herausgegeben. Als Redakteur Daniel Neufeld, der in den Januaraufstand von 1863 „verwickelt" war, verhaftet und ins Innere Russlands verbannt wurde, hörte die Wochenschrift auf zu erscheinen. In den Akten der zaristischen Untersuchungspolizei wurde Neufeld als Redakteur „der revolutionären jüdischen Zeitung ‚Jutrzenka'" bezeichnet. Die revolutionären Tendenzen waren übrigens wegen der ständigen Bedrohung durch die zaristische Zensur und Sicherheitspolizei sehr sorgfältig getarnt gewesen. Die „Jutrzenka", mit der Aleksander Kraushar, Jakub Adolf Cohn und andere, darunter auch Nichtjuden, zusammenarbeiteten, war hervorragend redigiert, zeichnete sich durch reichen vielseitigen Inhalt aus und brachte den tiefen, aufrichtigen Patriotismus der polnischen Juden zum Ausdruck.

Die drei Jahre später gegründete Wochenschrift „Izraelita", der es beschieden war, nahezu ein halbes Jahrhundert lang zu erscheinen, setzte die Tradition der „Jutrzenka", der ersten bedeutenden jüdischen Zeitschrift, fort. Den Ansporn zur Gründung des „Izraelita" gab die Notwendigkeit, „einer verleumderischen antisemitischen Kampagne der Zeitschrift ‚Rola' entgegenzuwirken". Das Vorhaben wurde vom jüdischen Bürgertum und von der jüdischen Bourgeoisie unterstützt, die das Bedürfnis verspürten, eine eigene Zeitschrift zu besitzen. Zum Chefredakteur wurde Samuel Cwi Peltyn (1831—1896) berufen, der eine Zeitlang die Buchhandlung Merzbachs verwaltet hatte und von Beruf Hebräischlehrer war.

Die erste Nummer des „Izraelita" erschien am 8. April 1866. Die Zeitschrift wurde 46 Jahre lang, bis 1912, herausgegeben. Nach dem Tode Peltyns wurde sie von Nachum Sokołów und dann von Izrael Leon Grosglik, Jakub Adolf Cohn, Henryk Lichtenbaum und Józef Wassercug (Wasowski) redigiert. Der hervorragende Historiker Majer Bałaban schrieb: „Die sechsundvierzig Bände des ‚Izraelita' — das ist ein grosses Stück unserer politischen Geschichte, das ist ein Bild vom Kampf unserer Väter um Menschen- und Bürgerrechte, die man uns gerade zu dieser Zeit genommen hat, indem man die Gleichberechtigung, die den Juden in Polen (1861/62) von Wielkopolski zuerkannt worden war, Stück für Stück aufhob, um sie ihnen dann 1905 wieder zurückzugeben und sie am politischen Leben Polens teilnehmen zu lassen... Im allgemeinen müsste jeder Kulturhistoriker und auch jeder Politiker dieses gewaltige Werk genau studieren, um aus dieser (vielleicht nicht immer reinen) Quelle das Wissen um die Geschichte der Juden in Kongresspolen zur Zeit der Wende vom Liberalismus zur Reaktion, von Assimilation zum Zionismus zu schöpfen." Bałaban schrieb, dass Wassercug-Wasowski „diese Zeitschrift sowohl in ideeller als auch in materieller Hinsicht aufs Kreuz gelegt" habe, was dann von seinem Nachfolger Stanisław Mendelson wieder gutgemacht worden sei. Unbestritten ist die Tatsche, dass die Jahrgänge des „Izraelita" die Geschichte der Juden in Warschau und im Königreich widerspiegeln. Die Zeitschrift war eine wichtige publizistische Tribüne, die erste dieser Art in Polen, von der aus sich die aktivsten Vertreter der jüdischen Bevölkerung zu vielen, und zwar zu den heikelsten Themen äusserten. Der „Izraelita" hat sich um die polnisch-jüdische Annäherung sehr verdient gemacht. Für die polnische Bevölkerung war er eine Informationsquelle, aus der man Wissen um das Leben der Juden, um ihre Kultur, ihre Religion und ihr Brauchtum schöpfen konnte. Allein die Tatsche, dass der „Izraelita" dank seiner Sprache, in der er sich an den Leser wandte, ein halbes Jahrhundert lang das einzige allgemein zugängliche Presseorgan des polnischen Judentums war, macht aus dieser Zeitschrift eine wichtige, in ihrer Art wohl einzige historische Quelle.

1862, also zu der Zeit, da die „Jutrzenka" noch erschien, gründete der bekannte Wissenschaftler Chaim Selig Słonimski (1810—1909), der 1838 von Białystok nach Warschau gekommen war, die Wochenschrift „Hazefira" (Morgendämmerung, Morgenröte) in hebräischer Sprache. Słonimski genoss sowohl bei der polnischen Intelligenz als auch bei den Behörden hohes Ansehen. Er war im religiösen Geist erzogen, beherrschte ausgezeichnet die polnische, die russische und die deutsche Sprache, war ein hervorragender Mathematiker, Physiker und Astronom sowie Verfasser von wissenschaftlichen Arbeiten in hebräischer Sprache wie „Mosde chochma" (Grundlagen des Wissens), „Kochba deschabit" (Komet), „Toledot haschamaim" (Geschichte des Himmels) und vielen anderen. Er war auch Urheber zahlreicher Erfindnungen, u.a. vervollkommnete er die von seinem Schwiegervater, Abraham Stern, erfundene Rechenmaschine und fand ein Verfahren zur Übertragung von vier Telegrammen auf einer Leitung.

Den Charakter von „Hazefira" umriss Słonimski in der ersten Nummer. Er unterstrich, das Hauptanliegen bestehe darin, „die jüdische Jugend auf die Bahn des Wissens zu bringen und allen, die dieses Wissens bedürfen, den Weg zu erhellen". Es war eigentlich die erste, wenn auch in hebräischer Sprache erscheinende populärwissenschaftliche Zeitschrift auf polnischem Boden. Bis 1931 erschien „Hazefira" täglich. Ausser der grossen Bedeutung, die diese Zeitschrift für die Verbreitung von Wissen und Bildung hatte, spielte sie auch eine hervorragende Rolle bei der Hebung des editorischen Niveaus anderer hebräischer Zeitschriften, darunter auch solcher, die dann die „Hazefira" übertrafen. Bis zum Ausbruch des Zweiten Weltkrieges erschienen Dutzende solche Zeitschriften.

Die erste Zeitschrift in jüdischer Sprache auf polnischem Boden war die von Hilel Gladsztirn gegründete Wochenschrift „Warschauer Jüdische Zeitung" (1867/68). Es erschienen lediglich 50 Nummern dieser Zeitschrift. Ihre Auflösung erfolgte wegen Geldmangel. Als erste Zeitschrift in Jiddisch auf polnischem Boden spielte sie eine grosse Rolle. Ferner beruhte die Bedeutung der Wochenschrift Gladsztirns darauf, dass sie trotz ihrer geringen Auflage — die Zahl der Leser war bestimmt mehrfach höher — das Lesen in Jiddisch zur Gewohnheit werden liess und sogar einen Stil der modernen jüdischen Publizistik schuf.

Das Ende des 19. Jh. und der Anfang der 20. Jh. waren für die jüdische Presse in Polen von umwälzender Bedeutung. Die Entwicklung der verschiedenartigsten Formen des gesellschaftlichen Lebens der Juden, das Entstehen neuer ideeller Strömungen und die damit zusammenhängende Herausbildung von politischen Gruppierungen und Parteien, der immer grössere Anteil von Vertretern des Judentums in den Organen der Selbstverwaltung und des Parlaments, der Kampf um die „Seele" der Bevölkerung — all das stellte die aktivsten Kreise und Personen vor das Problem, die Massen anzusprechen. Zur selben Zeit entwickelten sich Übertragungstechnik, Druckereiwesen, Presseapparat und moderne Formen der publizistischen Aktivität. Darüber hinaus riefen die historischen Ereignisse um die Jahrhundertwende einen immer grösseren Bedarf an gründlicher sachlicher Information, am Wort von Publizisten und ideologischen Anführern hervor. Unter den Bedingungen des zaristischen Regimes fiel es den Juden aber nicht leicht, neue Zeitschriften zu gründen. Einfacher war es, für die polnische Presse zu schreiben.

Jüdische Schriftsteller und Publizisten setzten sich jedoch über diese Schwierigkeiten hinweg und begannen sog. Sammelbücher herauszugeben, die verkappte Zeitschriften darstellten, auch wenn sie nicht periodisch, sondern gelegentlich erschienen. Durch besondere Aktivität auf diesem Gebiet zeichnete sich I.L. Perez aus, der anlässlich von Festtagen die sog. Perez-Bletelech (Perez-Blätter) oder Jom-tow-bletelech (Festtagsblätter) herausgab. 1862—1915 erschienen über 840 Schriften, darunter 300 auf Initiative von Perez. Für diese Schriften schrieben so hervorragende Schriftsteller wie S. Asch, D. Pinski, E. Kaganowski, A. Reisen, J. Mastbojm und viele andere.

Ende des 19. Jh., am 1. Januar 1899, begann Chona Rawnicki, in Kraków eine Zweiwochenschrift für jüdische Angelegenheiten — „Der Jud" — herauszugeben, die bald eine Wochenschrift wurde. „Der Jud", der nach einiger Zeit nach Warschau verlegt wurde, erschien bis 1903.

Kurz danach gründete Mordechaj Spektor, einer der aktivsten Journalisten in der Geschichte der jüdischen Presse, zusammen mit Dawid Hurwitz die Wochenschrift „Jüdische Volks-Zeitung". Aktiver wurde auch der sozialistische „Bund", der in den letzten Jahren des 19. Jh. die Zeitschriften „Jiddischer Arbajter", „Arbajter-Schtime" und einige Zeitungen von kurzer Dauer herausgab. Zu den wichtigsten Presseerzeugnissen gehörten „Der Wecker", der bereits zu Beginn des 20. Jh. (1905) in Wilna erschien, „Die Schtime fun Bund" (1909—1910) in Warschau und die Wochenschrift „Lebensfragen" (1916—1920), die anfänglich von Włodzimierz Medem redigiert wurde.

Die erste Zeitung des jüdischen Bürgertums war „Der Weg", der 1905—1907 erschien. Kurze Zeit erschienen „Der Telegraf" (1905/06, 164 Nummern) und die Wochenschrift „Frajtag". Der Vorläufer einer modernen, grossen Tageszeitung war das von Saul Hochberg herausgegebene Blatt „Unser Leben" (1907—1912), das von den hervorragenden Journalisten und Organisatoren der jüdischen Presse M. Spektor und Cwi Pryłucki redigiert wurde. Zwei grosse jüdische Zeitungen, denen es beschieden war, bis in die letzten Septembertagen 1939 zu erscheinen, waren das 1908 gegründete „Hajnt" (Heute) und der 1910 gegründete „Moment".

Bis zum Ausbruch des Ersten Weltkrieges erschienen auch ziemlich viele Zeitschriften in Jiddisch, u.a. literarisch-kulturelle Schriften wie „Romanzeitung" (1907/08), „Teater-Welt" (1908), „Der Schtral", (1910/11), „Di Idisze Woch" (1912/13) und die zionistische „Dos Jiddische Folk" (1913—1917) sowie viele andere, darunter Witzblätter, religiöse und Fachzeitschriften, z.B. „Der Hojs-Doktor" (1912—1914).

Geringere Bedeutung hatten zu jener Zeit jüdische Zeitungen und Zeitschriften in polnischer Sprache, weil die polnische Presse ihr potentieller Konkurrent war. Einige Zeitungen wie z.B. die von Rudolf Okręt herausgegebene „Gazeta Handlowa" (Handelsblatt, 1864—1905), die dann durch die von Stanisław Kempner redigierte „Nowa Gazeta" (Neue Zeitung, 1906—1918, die eine Zeitlang „Ludzkość — Menschheit — hiess) ersetzt wurde, vertraten derart extreme assimilatorische Tendenzen, dass man sie kaum als jüdisch bezeichnen konnte. Eine durchaus jüdische Zeitung war dagegen die „Dziennik polityczny, społeczny i literacki — Przegląd Codzienny" (Politische, soziale und literarische Zeitung — Tagesschau, 1913/14), die von Stanisław Mendelson redigiert wurde.

Wie bereits erwähnt, hatten die jüdischen Periodika in polnischer Sprache einen geringeren Ausstrahlungsbereich, weil die jüdische Intelligenz polnische Zeitschriften las, die übrigens oft von Juden — den Orgelbrands, den Glücksbergs, von Unger oder Lewental — herausgegeben wurden. Trotzdem erschienen solche Zeitschriften wie „Głos Żydowski" (Jüdische Stimme, 1906) und „Życie Żydowskie" (Jüdisches Leben, 1917/18). Beide waren zionistisch geprägt und hatten Mitarbeiter, die in der Zeit zwischen den beiden Weltkriegen eine wichtige Rolle in der jüdischen Presse spielten, so Icchak Grünbaum, Nachum Sokołów, Samuel Hirszhorn, Jakub Appenszlak, Natan Szwalbe, Jehoszua Gotlieb, Hirsch David Nomberg, Saul Wagman, Noe Pryłucki und viele andere. Stefan Lubliner und Jan Ruff gaben die Zeitschrift „Pismo Młodzieży Polskiej Pochodzenia Żydowskiego — Żagiew" (Zeitschrift der polnischen Jugend jüdischer Herkunft — Fackel, 1916—1920) heraus, die sich auf die Verbreitung patriotischer Traditionen unter den polnischen Juden und die Idee einer vollständigen Polonisierung der jüdischen Jugend mosaischen Glaubens stützte. Hinzuweisen ist auch auf die von Dawid Kandel herausgegebene „Kwartalnik pöświęcony badaniu przeszłości Żydów w Polsce" (Quartalsschrift für Forschungen zur Vergangenheit der Juden in Polen, 1912/13), in der auch Polen ihre Beiträge veröffentlichten.

Durch die Wiedererlangung der Unabhängigkeit Polens im Herbst 1918 wurde eine unerhörte verlegerische Initiative nicht nur der polnischen Presse, sondern auch der von Juden in jüdischer, hebräischer und polnischer Sprache herausgegebenen Presse freigesetzt. Dabei ist daran zu erinnern, dass es nach der Volkszählung von 1921 in Polen über 2,8 Mill. Bürger mosaischen Glaubens gab, was etwa 10,4% der gesamten Bevölkerung des Landes ausmachte. Entscheidend für die Entwicklung der jüdischen Presse in Polen war der hohe Prozentsatz der jüdischen Bevölkerung, die meistens in den Städten, vor allem in Warschau, wohnte, wo es 1921 310 000 Juden gab, d.h. 33,1% der Bevölkerung Warschaus und 11% der jüdischen Bevölkerung ganz Polens, darunter die politisch, gesellschaftlich, wirtschaftlich und kulturell aktivsten Elemente. Gerade diese jüdischen Kreise fingen gleich nach dem Krieg mit viel Elan an, Zeitungen und Zeitschriften zu gründen oder die bestehenden auf neue Wege zu lenken.

Die jüdische Warschauer Presse, die als gesamtpolnisch angesehen wurde, verfügte über die tüchtigsten journalistischen und organisatorischen Mitarbeiter, über eine moderne polygraphische Technik und entsprechende finanzielle Mittel. Sie strahlte weit über die Grenzen Polens hinaus und gelangte zu zahlreichen jüdischen Zentren in der Welt.

Der Ausbruch des Ersten Weltkriegs 1914 beeinträchtigte die Tätigkeit der jüdischen Presse. Zeitschriften und Zeitungen erschienen nicht mehr. Den Krieg überdauerten nur zwei grosse Warschauer Tageszeitungen, die bereits erwähnten „Hajnt" und „Der Moment".

Die erste Nummer des „Hajnt" erschien am 22. Januar 1908. Diese Zeitung, die von Samuel Jakub Jackan unter Mitwirkung des hervorragenden Journalisten Noach Hinkelsztajn und dessen Bruder Nechemia, eines bekannten Warschauer Kaufmanns, gegründet wurde, erfreute sich bald grosser Beliebtheit. Dazu trugen u.a. das Hervorheben des Sensationellen und die Vielfältigkeit der attraktiven Publizistik bei. Nachdem der Zeitung eine gute materielle Basis gesichert war, begann man mit der Veröffentlichung bedeutungsvoller politischer, ökonomischer und sozialer Beiträge. Im unabhängigen Polen wurde „Hajnt" zu einer seriösen Zeitschrift, die die Interessen des jüdischen Mittelstands vertrat. In politischer Hinsicht stand die Zeitung auf dem Standpunkt der Loyalität gegenüber dem Staat und des Liberalismus. Historiker schreiben, dass sie sich, „eine progressive, demokratische Stellung einnehmend... an eine klar umrissene zionistisch-demokratische und nationale Linie hielt". Die Zeitung wurde vom hervorragenden Vertreter des Zionismus Icchak Grünbaum geleitet, was ihren Charakter eindeutig prägte. Sie führte viele attraktive Rubriken. Viel Platz war den Fragen von Industrie, Handel und Kultur gewidmet. Gedruckt wurden Romane, meistens sensationellen Inhalts. Jede Woche gab es eine Witzspalte, und eine Zeitlang erschien auch eine illustrierte Beilage. Es gab viele Anzeigen, und zwar nicht nur von jüdischen Firmen. Bei wichtigen Ereignissen wurden nachmittags Sonderbeilagen herausgegeben, und die Provinzausgaben erschienen in entsprechender Abwandlung. Im Verlag des „Hajnt", der zur Genossenschaft „Alt-Naj" (Alt-Neu) gehörte, wurden etwa 20 Periodika herausgegeben, u.a. ab 1924 die Wochenschrift „Handelszeitung", die unter dem geänderten Namen „Handelswelt" bis zum Ausbruch des Zweiten Weltkrieges erschien. Eine Zeitlang wurden auch Tageszeitungen in polnischer Sprache herausgegeben: „Nowe Słowo" (Neues Wort, 1924, 1931/32) und „Nowy Czas" (Neue Zeit, 1929). Zu den führenden Publizisten des „Hajnt" gehörten Abraham Goldberg, Aaron Einhorn, Dawid Ben-Gurion, Włodzimierz Żabotyński, Bernard Singer (Regnis), Abraham Ozjasz Thon, Josef Leszczyński, Fiszel Rottenstreich und viele andere.

Mosze Grossman, der sich beim Beschuss von Warschau am 22. September 1939 mit einer fast ganz von ihm selbst verfassten, nur noch zweiseitigen Nummer des „Hajnt" zum Rathaus durchschlug, um den Stempel der Zensur zu erlangen, schrieb, die Zeitung sei „zusammen mit ihren Lesern umgekommen... eigentlich noch vor ihnen..." Die Rotationsmaschinen und die anderen Anlagen der Druckerei wurden von den Hitlerfaschisten nach Deutschland verschleppt.

„Der Moment" wurde von vielen als zweitwichtigste jüdische Zeitung angesehen. Vom „Hajnt" unterschied sich diese Zeitung nicht nur durch das politische Profil — sie wurde von Volkisten, d.h. Anhängern der Volkspartei, redigiert und herausgegeben —, sondern auch durch die Art und Weise, wie sie redigiert wurde, und durch ein Übermass an sensationellen Nachrichten. Im „Moment" fehlte es aber auch nicht an ernsthaften Beiträgen. Die Zeitung erfreute sich bei den Juden grosser Beliebtheit, und ihre Auflage betrug über 100 000 Exemplare. Sie brachte sehr viele Anzeigen, darunter auch von polnischen Firmen. Eigentümer des „Moment", dessen erste Nummer am 5. November 1910 erschien, waren Chaim Prużański, Eliazar Zylberberg, Magnus Kryński (Eigentümer und Direktor eines bekannten Warschauer Gymnasiums) und Cwi Pryłucki, der neben dem hervorragenden Schriftsteller Hillel Zeitlin und dem ausgezeichneten Publizisten Mosze Justman (er unterzeichnete seine Beiträge auch mit B. Juszzon oder Iczełe) der eigentliche *Spiritus rector* der Zeitung war. Zu den ständigen Mitarbeitern gehörten Izrael Zagorodzki, Noe Pryłucki, Mark Turkow, Salomon Biber, Ben-Zion Chilinowicz und viele andere. Ab 1924 wurde vom „Moment"-Verlag das Abendblatt „Warszawer Radio" unter der Redaktion von Salomon Jankowski herausgegeben. Für diese Zeitung schuf Jankowski den Stil kurzer Sensationsmeldungen und bündiger Artikel in leichtverständlicher Sprache. Die letzte Nummer des „Moment" erschien am 23. September 1939. Das Gebäude der Redaktion wurde bombardiert und brannte ab, die unversehrt gebliebenen Rotationsmaschinen wurden von den Deutschen demontiert und verschleppt.

Geringeren, doch immerhin erheblichen Einfluss und ziemlich grosse Popularität in religiösen Kreisen hatte die orthodoxe Presse. 1919 wurde auf Initiative der um den berühmten Rabbiner von

Góra Kalwaria gescharten Gruppe und der politischen Organisation „Agudas" die Wochenschrift „Der Jud" gegründet, die ab Dezember 1920 als Tageszeitung in Warschau erschien. 1929 änderte die Zeitung ihren Namen in „Dos Jiddische Togblat", das offiziell als Zentralorgan der Partei „Agudas Jisroel" bezeichnet wurde. Kennzeichnend für diese Zeitung, die sich als „Bollwerk des Judentums" betrachtete, war die Loyalität gegenüber dem Staat. Am Vorabend des Zweiten Weltkriegs rief Hilel Zajdman, der führende Publizist dieser Zeitung, zum gemeinsamen Kampf mit dem polnischen Volk um „Eure und unsere Freiheit" und zur aktiven Teilnahme an der historischen Auseinandersetzung mit dem barbarischen Hitlerfaschismus auf. Die letzte Nummer erschien am 31. August 1939.

Gesamtpolnische Reichweite hatte auch der an keine Partei gebundene, am 25. August 1926 gegründete „Warszawer Express", der knapp ein Jahr später in „Unzer Express" umbenannt wurde und in einer Auflage von etwa 60 000 Exemplaren erschien. Diese Zeitung zeichnete sich durch eine lebendige, leichtverständliche Sprache aus und verschmähte weder Sensationen noch Pikanterien. Sie brachte aber auch ziemlich viele Beiträge zu politischen, gesellschaftlichen, wirtschaftlichen und internationalen Themen, die jedoch in leichtverständlicher, bündiger Form verfasst waren. Sehr beliebt war bei den Lesern die Rubrik „Politische Plaudereien" von Samuel Golde. Der „Express" erschien bis zum 11. September 1939.

Zahlreich waren auch die Presseerzeugnisse der jüdischen Arbeiterparteien, Gewerkschaften und linksgerichteten Jugendorganisationen. Der 1964 verstorbene Izrael Szajn nennt in seiner Bibliographie der jüdischen Presse mehrere Hundert Titel. Hier seien nur die beiden wichtigsten Tageszeitungen erwähnt: die „Folkscajtung", das Organ des „Bund", und der „Frajnd".

Nachdem Polen 1918 die Unabhängigkeit wiedererlangt hatte, begann der „Bund" die Wochenschrift und dann die Tageszeitung „Lebensfragen" herauszugeben, die 1920 von den Behörden geschlossen wurde. Einige Jahre lang gab der „Bund" zahlreiche Zeitschriften und kurzlebige Tageszeitungen heraus, bis er schliesslich die offizielle Genehmigung zur Gründung des Organs dieser Partei, der Wochenschrift „Folkscajtung", erhielt, die am 1. September 1922 in eine Tageszeitung, in das Organ des ZK des „Bund", umgestaltet wurde. Die Zeitung wurde von führenden Vertretern dieser Organisation gemeinsam redigiert, u.a. von Włodzimierz Medem, Henryk Erlich, Maurycy Orzech, Zofia Dubnow-Erlich (M. Mstisławski), Josef Chmurner (J. Leszczyński) und Józef Jaszuński. Häufige Repressalien bewirkten, dass die Zeitung mehrmals geschlossen wurde. Bei den neuen Konzessionen wurde der Name der Zeitung durch das Wort „Unzer" oder „Naje" geändert. Vom Verlag dieser Tageszeitung wurde eine Reihe von Zeitschriften herausgegeben, u.a. „Forojs" (Voraus, 1937—1939) und „Bicherwelt" (1922—1929). Die letzte Nummer der „Folkscajtung" erschien am 26. September 1939.

Da die Kommunistische Partei Polens in der Konspiration wirkte, konnte sie keine legalen Zeitschriften und schon gar keine Zeitungen herausgeben. Gruppen jüdischer Kommunisten und ihre Anhänger bemühten sich jedoch um die Herausgabe einer die Volksfront repräsentierenden Tageszeitung, an der sie ihren Anteil haben sollten. Eine solche Zeitung war der „Frajnd", der vom 20. April 1934 bis zum 28. März 1935 in Warschau erschien. Das Blatt wurde vom verdienten Verleger Borys Kleckin firmiert. Dem Redaktionskollegium gehörten u.a. Alter Kacyzne, Symcha Lew, Kadia Mołodowska, Bernard Mark, Dawid Sfard und Zeni Elbirt an. Zahlreiche Beschlagnahmen und Aufdeckung des Wesens dieser Zeitung durch die Zensur setzten ihrem elfmonatigen Bestehen ein Ende.

Grosser Beliebtheit erfreuten sich die Zeitschriften, u.a. die reiches Bildmaterial bringende „Ilustrirte Woch" (1923—1928), „Unser Welt" (1926), die Monatsschrift „Unser Buch" (1925/26), die Monatsschrift „Globus" (1932/33), die Wochenschrift „Literatur" (1935), die fortschrittliche

Zeitschrift „Schriftn" (1936—1938) und zahlreiche Periodika über Theater, Kunst, Erziehung, Schule, Religion und Medizin sowie Zeitschriften für Kinder und Jugendliche, für die Familie und sogar für Heiratsanzeigen. Recht gross war die Zahl der in verschiedenen Zeiträumen erscheinenden Witzblätter, unter denen „Der Blofer" (1926—1930), der nicht vor beissender, aktueller Satire auf das politische, gesellschaftliche und sittliche Leben zurückscheute, besondere Aufmerksamkeit verdient.

Im Hinblick auf die soziale Struktur der Judenschaft hatten Presseerzeugnisse zu Fragen des Handels, der Industrie, des Handwerks und des Genossenschaftswesens grosse Bedeutung. Seltener waren landwirtschaftliche Zeitschriften wie das 1937 herausgegebene Organ der Jüdischen Agrargesellschaft „Land un Leben". Es erschienen auch wissenschaftliche Zeitschriften wie „Historische Schriftn" (1929—1933), „Junger Historiker", der mit der Zeit in „Bleter far Geszichte" umbenannt und von Rafał Mahler, Emanuel Ringelblum und Jakub Berman redigiert wurde, „Jedijes" (Nachrichten), „Jiddische Filologie", „Natur un Kultur", „Der Doktor" und viele andere.

In den letzten Jahren vor dem Zweiten Weltkrieg erschienen insgesamt schätzungsweise über 200 Titel, darunter 30 Tageszeitungen in einer Auflage von 790 000 Exemplaren, davon 600 000 in Jiddisch, 10 000 in Hebräisch und 180 000 in Polnisch. Das waren nahezu 7% der in Polen erscheinenden Presseerzeugnisse.

Die Zeitschriften in hebräischer Sprache hatten begrenzte Breitenwirkung und verhältnismässig wenige Leser. Ihr Ziel bestand vor allem in der Pflege der Bibelsprache, jedoch nicht der toten, sondern der sich entwickelnden, um mit der zeitgenössischen Zivilisation und Technik zusammenhängende Neuschöpfungen bereicherten Sprache.

Die Wiedererlangung der Unabhängigkeit Polens rief das Bedürfnis hervor, eine repräsentative Tageszeitung in polnischer Sprache zu gründen. Wichtig war das sowohl im Hinblick auf die jüdischen Leser, die sich im Alltag der polnischen Sprache bedienten, als auch auf die Notwendigkeit einer gewissen Einflussnahme auf offizielle Kreise und auf die polnische Bevölkerung. Eine der ersten derartigen Tageszeitungen war die in Krakau gegründete „Nowy Dziennik" (Neue Tageszeitung), die bis zum Ausbruch des Zweiten Weltkrieges erschien, zuletzt unter der Redaktion von M. Kaufer. 1919 entstand der vielgelesene, in einer Auflage von 35 000 Exemplaren erscheinende Lwower „Chwila" (Augenblick), dessen letzter Redakteur Henryk Hescheles war.

Die wichtigste Rolle spielte jedoch die hauptstädtische Presse. Am 10. Januar 1919 erschien die erste Nummer von „Kurier Nowy" (Neuer Kurier), der am 23. Januar 1920 wegen drastischer Berichte über antisemitische Ausschreitungen geschlossen wurde. Nach einer Woche begannen dieselben Leute mit der Herausgabe einer neuen Zeitung, des „Nasz Kurier" (Unser Kurier), unter der Redaktion von Szaja Lebenbaum. Als Organ der polnischen Judenschaft liess sich diese Zeitung sehr interessant an, allein schon wegen so hervorragender Publizisten wie Jakub Appenszlak, Jeremiasz Frenkiel, Samuel Hirszhorn, Apolinary Hartglas, Mieczysław Centnerszwer, Stefan Karlin, Ignacy Schiper, Jakub Szacki, Daniel Rozencwajg und Saul Wagman. Der hervorragend redigierte „Kurier" hatte kein leichtes Leben. Der freie Platz in den Spalten zeugte von den Eingriffen der Zensur, denen er stets ausgesetzt war. Am 10. Februar 1923 hörte die Zeitung auf zu erscheinen, und an ihrer Stelle tauchte nach ein paar Wochen „Nasz Przegląd" (Unsere Rundschau) auf, herausgegeben vom selben Team der Redakteure und Publizisten. Die Gründung dieser bürgerlichen, zionistisch gefärbten Tageszeitung war nicht nur im gesellschaftlichen und kulturellen Leben der Juden in Polen, sondern auch in der Geschichte der polnischen Presse ein wichtiges Ereignis. Hervorragend, lebhaft und mit hoher Kultur von J. Appenszlak, N. Szwalbe, S. Wagman und D. Rozencwajg redigiert, wurde die Zeitung wegen ihrer Sprache auch von der polnischen Bevölkerung gelesen und als repräsentatives jüdisches Organ oft auch von der polnischen Presse zitiert. Die Zeitung gewann rasch einen breiten Leserkreis und erreichte eine Auflage von etwa 50 000 Exemplaren. Die geschätzte, ausgezeichnet redigierte Zeitung brachte umfangreiches Nachrichtenmaterial, vielfältige Artikel — von heiteren Feuilletons und Reportagen bis hin zu ernsten politischen und wirtschaftlichen Aufsätzen — und vor allem einen reichhaltigen kulturellen Teil. Sie enthielt zahlreiche Rubriken und ständige Beilagen, so z.B. die von Janusz Korczak redigierte „Mały Przegląd" (Kleine Rundschau) für Jugendliche, „Nasz Przegląd Sportowy" (Unsere Sportrundschau), „Nasz Przegląd Rozrywkowy" (Unsere Unterhaltungsrundschau) mit Bridge, Schach, Scharaden, Kreuzworträtseln und Humor sowie „Nasz Przegląd Ilustrowany" (Unsere illustrierte Rundschau). Die letzte Nummer der Zeitung — 262/8962 — erschien am 20. September 1939. In den Jahren 1929—1932 wurde im Verlag von „Nasz Przegląd" die Abendzeitung „Nasz Głos Wieczorny" (Unsere Abendstimme) herausgegeben, die jedoch nicht mit der polnischen Abendpresse konkurrieren konnte. „Nasz Przegląd" schlug dagegen die Konkurrenz einiger anderer Tageszeitungen in polnischer Sprache, so von „Dziennik Warszawski" (Warschauer Tageblatt, 1927) und „Nowe Słowo" (Neues Wort, 1924, 1931/32).

Grosse Beliebtheit und eine Auflage von 50 000 Exemplaren erreichte das am 18. März 1931 von E. Śpiewak gegründete, von R. London redigierte und bis Kriegsausbruch erscheinende Tageblatt „5 Rano" (Um 5 Uhr früh), das vor allem Sensationen brachte — Kriminalfälle, Gerichtsreportagen und anspruchslose Romane. Jüdischen Angelegenheiten widmete die Zeitung nur wenig Raum. Ähnlichen Charakter trug eine von Samuel Jakub Jackan gegründete Zeitung. Jackan hegte die fixe Idee von einer Zeitung, die diskret ein einträchtiges, gutes Zusammenleben von Juden und Polen lancieren sollte. Auf diese Weise entstand 1929 die Zeitung „Ostatnie Wiadomości" (Letzte Nachrichten), die von anspruchsvolleren Lesern — vielleicht nicht zu Unrecht — eher zur Boulevardpresse gezählt wurde. Trotzdem erreichte sie die für jene Zeit riesige Auflage von 150 000 Exemplaren.

Vor einer schwierigeren Aufgabe standen die jüdischen Periodika in polnischer Sprache, die nur mit Mühe der Konkurrenz der polnischen Zeitschriften standhielten, die im allgemeinen gern von den Juden gelesen wurden. Eine Reihe jüdischer Zeitschriften in polnischer Sprache erschien jedoch. Zu den beachtenswertesten derartigen Schriften gehörte die „Tygodnik społeczno-polityczny i literacki — Opinia" (Sozialpolitische und literarische Wochenschrift — Meinung), die Tendenzen und Denkweise der jüdischen intellektuellen Elite vertrat. Die erste Nummer erschien am 5. Februar 1933. Trotz der damals herrschenden Krise begann die Zeitschrift ihre Karriere auf einer soliden materiellen Grundlage. Sie hatte einen reichen Schirmherrn und Verleger, die Genossenschaft „Alt-Naj", die u.a. die Tageszeitung „Hajnt" herausgab. Der verantwortliche Redakteur war Mosze Indelman, und dem Redaktionskollegium gehörten u.a. Mosze Kleinbaum, Roman Brandstaetter und Abraham Insler an. Trotz des anspruchsvollen Niveaus und ihres eher elitären Charakters erreichte die Zeitschrift die hohe Auflage von 25 000 Exemplaren. Die letzte Nummer der „Opinia" (71/198) erschien am 20. Dezember 1936. Über den Grund für die Schliessung der Wochenschrift schrieb einer ihrer Mitarbeiter, Chaim Finkelsztajn: „Auch über der ‚Opinia' zogen sich finstere Wolken zusammen, doch nicht wegen finanzieller Schwierigkeiten... Die Behörden schlossen die ‚Opinia' wegen der Veröffentlichung einer historischen Abhandlung von Professor Józef Klauzner zum Thema Jesu. Als man Schritte unternahm, um die Wochenschrift wieder herausgeben zu dürfen, kam die Antwort, das sei unmöglich, weil Kardinal Kakowski sein Missfallen über die Publikation Prof. Klauzners in der ‚Opinia' geäussert habe, die auf sein ausdrückliches Verlangen hin geschlossen worden sei."

Andere jüdische Zeitschriften in polnischer Sprache hielten sich nicht lange, so z.B. „Echo Żydowskie" (Jüdisches Echo, 1932—1934), „Lektura" (1934), „Nasz Tygodnik" (Unsere Wochenschrift, 1936), „Przekrój Tygodnia" (Querschnitt der Woche, 1935/36), „Ster" (Steuer, 1937/38),

„Inwalida żydowski" (Jüdischer Invalide, Krakau 1922—1932), „Przegląd Społeczny" (Gesellschaftliche Rundschau, Lwow 1927—1939), die Jugendschrift „Nasza Jutrzenka" (Unsere Morgenröte, 1921—1939) und „Rolnik Żydowski" (Jüdischer Landwirt, 1933—1939). Eine sehr interessante Zeitschrift war die Wochenschrift für Frauen „Ewa" (1928—1933), die von Paulina Appenszlak geleitet wurde. Diese unter dem Motto „alles über die Frau und nur über die Frau" redigierte Zeitschrift erfreute sich grosser Beliebtheit. Sie war auf einer Presseausstellung 1928 in Köln vertreten.

Auch der Geschichte, der Wissenschaft, der Kunst und dem gesellschaftlichen Leben der Juden waren einige Periodika gewidmet. An erster Stelle ist hier die von Zygmunt Ellenberg redigierte „Miesięcznik Żydowski" (Jüdische Monatsschrift, 1930—1935) zu nennen. Kurze Zeit erschien „Nowe Życie" (Neues Leben, 1924), das von Rafał Szereszowski herausgegeben und von Prof. Majer Bałaban redigiert wurde; seine Fortsetzung war die Monatsschrift „Naród" (Nation, 1928—1930). Bis zum Ausbruch des Zweiten Weltkrieges bestand die 1937 gegründete „Głos Gminy Żydowskiej" (Stimme der jüdischen Gemeinde).

Insgesamt erschienen in den Jahren 1918—1939 zu verschiedener Zeit etwa 300 Titel in polnischer Sprache, darunter 19 Tageszeitungen, 153 gesellschaftliche, politische, literarisch-kulturelle und Fachzeitschriften, 99 Jugendschriften und ungefähr ebenso viele nichtperiodische Publikationen über jüdische Einrichtungen und gesellschaftliche Organisationen. In Polen wirkte ferner die Żydowska Agencja Telegraficzna ŻAT, bekannt auch unter dem Namen Jiddische Telegrafen Agentur ITA oder englisch Jewish Telegrafic Agency JTA. Gründer und Chefredakteur dieser Agentur war der bekannte Journalist und Publizist Mendel Mozes. Die Agentur (1920 bis zum 4. September 1939) gab das „Biuletyn ŻAT" in polnischer, jiddischer und englischer Sprache heraus, das reichhaltiges, die Juden betreffendes Informationsmaterial lieferte, das Lücken im aus anderen Quellen und Agenturen stammenden Presseservice schloss. ŻAT hatte Korrespondenten in vielen Städten Polens sowie im Ausland. Die Dienste der Agentur nahmen sowohl die jüdische als auch die polnische Presse und durch Austausch mit der Polnischen Telegrafenagentur PAT auch zahlreiche ausländische Agenturen in Anspruch. Geringeren Wirkungsbereich hatte die in den Jahren 1936—1939 tätige Żydowska Agencja Gospodarcza ŻAGos — jüdischer Name Jiddische Wirtschaftliche Agentur IWAg —, die ebenfalls ihr Bulletin herausgab.

Der Kriegsausbruch 1939 setzte der jüdischen Presse in Polen ein Ende. Dieses Vakuum füllte die jüdische Okkupationspresse mit dem legal in Krakau herausgegebenen und das gesamte Generalgouvernement erfassenden „Gazeta Żydowska" (Jüdisches Tageblatt, 1940—1942) und der „Ghetto-Zeitung" in Łódź, von der 1941 18 Nummern erschienen. Repräsentativ für das Schicksal der in den Ghettos eingeschlossenen Juden waren jedoch die konspirativen Zeitschriften, von denen in den Jahren 1940—1943 etwa 70 erschienen.

SCHULWESEN

Die Juden bezeichneten sich von alters her als Volk des Buches — Am Hasefer. Das taten sie nicht nur, weil sie die auf Rollen aufgezeichnete Tora — das Buch, von dem sie glaubten, dass es die von Gott stammenden Grundregeln und Gebote ihrer Religion enthalte — besassen, sondern auch, weil sie lesen und schreiben konnten. Schon frühzeitig brachte man den Jungen das Lesen bei und hielt sie zum Auswendiglernen des Pentateuch und anderer Teile der jüdischen Heiligen Schrift an. So entstand und festigte sich im Laufe der Jahrhunderte eines der ältesten Systeme des allgemeinen obligatorischen

Schulwesens in der Welt, das das Prinzip der Einheitlichkeit von Bildung und religiöser Erziehung verwirklichte.

Die Ausbildung erfolgte in zwei Stufen, doch schon die Schüler der Grundstufe (Chederschulen) beherrschten in hinreichendem Masse die Kunst, Gebete zu lesen, die Heilige Schrift ins Jiddische zu übertragen und in jüdischer Sprache zu schreiben.

Dieses System hielt sich jahrhundertelang in unveränderter Form und war bis zu den letzten Tagen der Zweiten Republik für die orthodoxe jüdische Bevölkerung verbindlich. Es bestand also länger als die Bildungssysteme einiger anderer Völker und stellte gewissermassen ein europäisches Relikt der allgemeinen, ausschliesslich religiösen Bildung und Erziehung der Jugend dar.

Das jahrhundertealte Monopol der religiösen Schule ergab sich aus der Überzeugung der Anführer — heute würde man sagen Ideologen — der jüdischen Gemeinden, dass sich das in der Diaspora lebende Judentum nur dann halten könne, wenn es sich der profanen Gedankenwelt völlig verschliesse und allen vor Jahrhunderten festgelegten, oft lebensfremden, formalisierten, also nur oberflächlichen religiösen Verhaltensregeln unbedingt treu bleibe.

Von den letzten Jahrzehnten des 18. Jh. an bestand ein wichtiges, wenn nicht gar das wichtigste Ziel aller belebenden Strömungen und ideellen Richtungen innerhalb des jüdischen Milieus darin, das Monopol des religiösen Schulwesens zu brechen oder zumindest einzuschränken. Dieser Gedanke war richtungweisend für Moses Mendelssohn und die ganze Schar der unter seinem Einfluss herangereiften Reformatoren, die die Ideen der jüdischen Aufklärung, der Haskala, von Berlin in die dunklen jüdischen Gassen der Städte und Kleinstädte in der von den drei Eroberermächten zerrissenen Republik Polen trugen.

Leitgedanke der Haskala war das Streben nach Gleichberechtigung der Juden als Bürger. Ein Mittel, das diese Gleichberechtigung gewährleisten sollte, war die Emanzipation aus dem kulturellen Ghetto durch eine Schule, an der in der Sprache des Landes unterrichtet wurde, in dem die Juden lebten, eine Schule, die sie zu gesellschaftlich und beruflich nützlichen Bürgern machen konnte, also eine weltliche Schule für Juden.

Der Kampf um die weltliche jüdische Schule verlief in den einzelnen Teilungsgebieten Polens unterschiedlich.

Wie gross das Interesse der jüdischen Jugend im preussischen Teilungsgebiet an der Ausbildung in einer weltlichen Oberschule war, bezeugen nachstehende Angaben. Der Anteil jüdischer Jugendlicher, die in einer auf die Grundschule aufbauenden Schule lernten, gestaltete sich 1901 in den preussisch besetzten Provinzen folgendermassen: in Schlesien 65,1%, in Pommern 60,2% und im Raum Posen 50,1; der Anteil der christlichen Jugend, die zur selben Zeit Schulen derselben Stufe besuchte, betrug dagegen 4,3%, 7,6% bzw. 4,7%.

Im österreichischen Teilungsgebiet, d.h. in Galizien, stiessen die Bestrebungen, das Monopol des religiösen Schulwesens bei der Erziehung der jüdischen Jugend zu brechen, auf weitaus grössere Schwierigkeiten als im preussisch besetzten Teil und waren erst Jahrzehnte später von Erfolg gekrönt. Sogar die Patente des aufgeklärten österreichischen Monarchen, Kaiser Josephs II., vermochten dieses Monopol nicht zu brechen, obwohl sie strenge Sanktionen für Widerspenstige vorsahen und obwohl der leidenschaftliche Verfechter staatlicher jüdischer Schulen, Herz Homberg, ein Schüler und Freund von Mendelssohn, gewaltige Anstrengungen unternahm, um die Ideen des Kaisers in die Tat umzusetzen. Die Massen der jüdischen Bevölkerung Galiziens, die Ende des 18., Anfang des 19. Jh. in grösster Not lebten, verstanden die tolerante Politik Josephs II. nicht; sie kannten nur seine Steuereinnehmer, die rücksichtslos die Abgaben für den Staat eintrieben. Sie konnten sich auch nicht vom Einfluss der Zaddikim befreien, die unumschränkte Gewalt über ihre Seelen hatten und blinden

Gehorsam von ihnen erzwangen. Darüber hinaus war die seelenlose galizische Bürokratie nicht imstande, der verächtlich von ihr behandelten jüdischen Bevölkerung gegenüber eine elastischere Politik zu verfolgen. Der Plan, den Juden ein weltliches Bildungswesen aufzuzwingen, ohne das Verlangen in ihnen zu wecken, den verschlossenen Kreis ihrer vorurteilsvollen Isolation zu verlassen, scheiterte bereits 1806.

Die Schulen für jüdische Bauern, deren Schutzherr und Fürsprecher Herz Homberg gewesen war, wurden geschlossen, und man erlaubte es den jüdischen Gemeinden, statt dessen Kahal-Schulen zu gründen.

Die ersten Schulen dieser Art wurden 1813 in Tarnopol und 1818 in Brody eröffnet. Die Schule in Tarnopol hatte vier Klassen, die Unterrichtssprache war Deutsch. Der Kahal in Brody gründete eine Handelsschule mit breit angelegtem Lehrplan, der ausser den Hauptfächern auch Unterricht in Französisch, Italienisch, Zeichnen und Warenkunde umfasste. In den ersten drei Jahrzehnten des 19. Jh. waren das die einzigen weltlichen jüdischen Schulen in Galizien. Später entstanden weltliche Kahal-Schulen in Krakau, Lwow und anderen Städten.

Die Lage änderte sich allmählich, bis sie in der zweiten Hälfte des vorigen Jahrhunderts vollkommen anders aussah. Während es 1830 z.B. in allen galizischen Grundschulen nur 408 jüdische Kinder gegeben hatte, waren es im Jahre 1900 bereits über 110 000. 1867 lernten an galizischen Gymnasien insgesamt 556 jüdische Schüler, 1910 hingegen 6600, d.h. 20% aller Gymnasiasten.

Im russischen Teilungsgebiet bahnte sich das weltliche jüdische Schulwesen nur mühsam den Weg. 1820 gelang es Jakub Tugendhold, im Auftrag der Regierungskommission für Glaubensbekenntnisse und Öffentliche Bildung in Warschau drei Grundschulen für jüdische Kinder zu gründen. Sie befanden sich in der Marszałkowska-, der Leszno- und der Bugaj-Strasse. Ein Vierteljahrhundert später wurde eine Privatschule für jüdische Mädchen verstaatlicht. In den ersten Jahrzehnten des 19. Jh. lernten in diesen Schulen insgesamt etwa 300 Kinder, während ihre Zahl gegen Ende des Jahrhunderts auf 1000 anwuchs. Angesichts der stark zunehmenden Zahl der jüdischen Einwohner Warschaus war das ein völlig unbedeutender Zuwachs. Die Ursachen für diese Abneigung gegenüber den staatlichen jüdischen Schulen waren ähnlich wie jene, die die Durchführung der Volksbildungsedikte Josephs II. in Galizien vereitelt hatten. Eine „von oben" angeordnete weltliche Schule erweckte bei den gesellschaftlich unaufgeweckten, seit Jahrhunderten im verschlossenen Kreis der mittelalterlichen religiösen Dogmatik befangenen Massen kein Vertrauen. Die Last des Unterhaltens dieser Schulen wurde dagegen dem jüdischen Steuerzahler aufgebürdet, obwohl er sie nicht als jüdische Schulen anerkannte. Die Abneigung gegenüber diesen Schulen verstärkte sich besonders in den Jahren 1823—1845, als der Hebräischunterricht aus dem Lehrplan gestrichen und durch praxisbezogenen Geometrieunterricht ersetzt wurde.

In den jüdischen Grundschulen gab es die Fächer Religion, Polnisch, Deutsch, Russisch, Arithmetik, Geometrie, Schönschreiben, technisches Zeichnen und Singen.

Erst 1859 wurden Grundschulen für jüdische Kinder in Piotrków, Włocławek, Płońsk und Góra Kalwaria eröffnet. Andere Städte wie Łowicz, Kutno, Gostynin, Skierniewice, Nieszawa, Chełm, Zamość, Radom, Siedlce und Kielce besassen keine eigenen weltlichen Schulen, obwohl der Anteil der jüdischen Bevölkerung dort sehr hoch lag. Die meisten staatlichen jüdischen Schulen gab es im Gouvernement Piotrków, 1898 wurden sie von insgesamt 1851 Kindern besucht. In einer zweiklassigen Schule in Płock lernten 1900 127 Jungen und in einer gleichen Schule 80 Mädchen.

Wie bescheiden diese Zahlen waren, bezeugt die Tatsache, dass zur selben Zeit in Warschau etwa 12 000 Schüler in 200 Chederschulen für Jungen und etwa 1200 Schülerinnen in 19 Chederschulen für Mädchen lernten. Vergleicht man diese Angaben mit den Zahlen aus dem preussischen Teilungsgebiet, dann stellt sich heraus, dass die Chederschulen dort infolge der Emanzipationsbestrebungen der Juden die Grundlage für ihr Weiterbestehen verloren hatten. Die Distanz zwischen diesen beiden Teilen des ehemaligen Polens war also gross. Sie war ein weiterer Beweis dafür, dass Niveau und Charakter der Kultur der jüdischen Bevölkerung — unter Berücksichtigung aller spezifischen Elemente ihrer Besonderheit — in hohem Masse von vielen Faktoren abhingen, zu denen auch die traditionellen politischen und gesellschaftlichen Restriktionen der zaristischen Behörden gegenüber den Juden zu zählen sind.

Das Bild des jüdischen Schulwesens im geteilten Polen wäre unvollständig, liesse man die Rabbinerschulen unberücksichtigt. Es gab zwei solche Schulen — in Warschau und in Wilna. Hier sei nur eine, die Warschauer Rabbinerschule, näher besprochen.

Die einzige in den Jahren 1826—1863 bestehende jüdische Oberschule Kongresspolens nannte sich zwar Rabbinerschule, war aber nach Ansicht des Warschauer Milieus der orthodoxen Juden eine weltliche Schule, die heftig von ihnen bekämpft wurde. Ausser theologischen Fächern (Bibel, Talmud, Mischna nach Maimonides, Schulchan aruch von Josef Karo, Morallehre in Anlehung an die Bibel und den Talmud, Homiletik) umfasste der Lehrplan Grammatik der hebräischen und der polnischen Sprache, Weltgeschichte und Geschichte Polens, Erdkunde, Mathematik und Naturkunde sowie Französisch, Deutsch und Russisch. Der Unterricht in den allgemeinbildenden Fächern erfolgte in Polnisch. Die Ausbildung dauerte fünf Jahre.

Die Auswahl der Unterrichtsfächer verweist darauf, dass das Ziel der Schule darin bestand, Rabbiner, Prediger und Lehrer für jüdische Grundschulen heranzubilden. Von den 1200 Schülern, die die Schule während der 37 Jahre ihres Bestehens besuchten, übten nur wenige Absolventen den Lehrerberuf aus, und nur einer wurde Rabbiner. Es war Izaak Cylkow, der anschliessend an der philosophischen Fakultät der Berliner Universität und am dortigen jüdischen theologischen Seminar studierte. Er war dann Prediger in der Grossen Warschauer Synagoge und wurde als Übersetzer der Bücher des Alten Testaments ins Polnische bekannt.

In den russischen — also staatlichen — Gymnasien war der Prozentsatz an Juden genau festgelegt. In privaten Gymnasien, wo es diese Einschränkung im Prinzip nicht gab, lernten Jugendliche aus wohlhabenderen Familien. Unter diesen Umständen war der Beitrag der Warschauer Rabbinerschule zur Ausbildung einer neuen, weltlichen jüdischen Intelligenz bedeutend.

Als Polen nach dem Ersten Weltkrieg seine staatliche Unabhängigkeit zurückerlangte, lebten innerhalb der Landesgrenzen etwa 3 Mill. Bürger mosaischen Glaubens. Das waren mehr als 10% der Bevölkerung.

Der 1918 wiedergeborene polnische Staat garantierte den Juden die volle Gleichberechtigung als Bürger und sprach ihnen die Rechte einer anerkannten nationalen Minderheit zu.

Diese Garantien waren in der Verfassung verankert, die im März 1921 beschlossen wurde. Sie gewährleistete die Gleichheit aller Bürger vor dem Gesetz, die Gewissensfreiheit, das Recht, die eigene Sprache zu pflegen, ihren religiösen Glauben ungehindert auszuüben sowie auf eigene Kosten Wohltätigkeits- und Sozialeinrichtungen, Schulen und andere Erziehungsanstalten zu gründen.

Im Laufe und im Ergebnis des Ersten Weltkrieges waren die alten, konservativen Lebensformen der Juden stark geschwächt worden. Der früher nur für die Juden im preussischen Teilungsgebiet und für einen Teil der galizischen Juden charakteristische Drang nach dem weltlichen Wissen als Weg zur Befreiung aus dem kulturellen Ghetto erfasste jetzt auch die Juden im ehemaligen russischen Teilungsgebiet. Stark beeinflusst wurden diese Umwandlungen durch die gesellschaftlichen Bewegungen unter den Juden, die sich zwar schon früher angebahnt hatten, doch erst im wiedergeborenen Polen zur vollen Entfaltung gelangten. Diese Bewegungen waren eine Widerspiegelung der weltanschaulichen Unterschiede zwischen der Linken und den Gruppierungen, die die Zukunft der polnischen Judenschaft eindeutig in ihrer Beteiligung an der Schaffung eines jüdischen Staates in Palästina und in ihrer Vorbereitung auf Leben und Arbeit in diesem künftigen jüdischen Staat erblickten.

Zwischen diesen extremen ideellen Haltungen, die vom „Bund" und von den Zionisten vertreten wurden und wesentlichen Einfluss auf die Gründung von Schulorganisationen und auf deren erzieherische Voraussetzungen und Lehrpläne ausübten, gab es Mittelgruppen (die beiden Flügel von Poale Zion, die Volkisten und der Misrachi). Neben diesen beiden auf das jüdische Milieu einwirkenden politischen Kräften gab es immer noch die grosse, politisch indifferente Masse der orthodoxen Juden, die den verschiedenen Zaddikim sklavisch ergeben waren, jenen Zaddikim, die ihre Herrschaft über die Massen nicht so sehr ihren persönlichen Qualifikationen als vielmehr den tatsächlichen oder nur vermeintlichen Qualifikationen ihrer Vorfahren zu verdanken hatten. Auf dem Gebiet der Bildung und Erziehung von Jugendlichen verfügte diese Gruppe über eine Einrichtung, die auf jahrhundertealte Traditionen zurückblicken konnte und immer noch weiterbestand — die Chederschule mit ihrem meist nur halbgebildeten Melammed, und die Jeschiwa für Schüler, die komplizierter talmudischer Spekulationen fähig waren. Ausserdem gab es noch eine Kraft, die beträchtlichen Einfluss auf die Gemüter der rasch zu begeisternden Jugendlichen ausübte — die Kommunisten. Diese verzichteten jedoch ziemlich schnell auf die Konzeption einer Erziehung durch die jüdische Schule, da die Schule in einem kapitalistischen Staat kein Instrument der sozialistischen Erziehung sein konnte.

Ein verhältnismässig grosser, in den 20 Jahren zwischen den beiden Weltkriegen jedoch immer mehr zusammenschrumpfender Teil der jüdischen Jugend besuchte — besonders in Kleinpolen — staatliche Grund- und Oberschulen.

Diese kurzen Informationen beleuchten die Umstände und Voraussetzungen, unter denen sich das jüdische Schulwesen in den Jahren 1918—1939 entwickelte und wirkte. Sie sind unentbehrlich, will man die Differenziertheit der jüdischen Schulen sowohl hinsichtlich der Unterrichtssprache als auch der erzieherisch-didaktischen Voraussetzungen und Ziele verstehen. Diese Differenziertheit spiegelte das reiche gesellschaftliche und kulturelle Leben der Generationen von Juden wider, die im unabhängigen Polen lebten, jener Generationen, die trotz der zunehmenden ökonomischen Verarmung des eigenen Milieus und der immer krasseren antisemitischen Erscheinungen auf diese Weise die verschiedenen Formen des Kampfes um das Antlitz der jungen Generation manifestierten.

Die jüdischen Schulen waren im Prinzip Privatschulen, auch wenn ein grosser Teil von gesellschaftlichen Organisationen (Gesellschaften) unterhalten wurde, die die zuvor dargestellten Voraussetzungen und ideell-erzieherischen Richtungen vertraten. Der Status einer Privatschule verlieh diesen Schulen im besten Falle — nachdem sie den verschiedensten Anforderungen und Vorschriften entsprachen, was von den Schulbehörden genau geprüft wurde, — ganz oder teilweise die Rechte öffentlicher Schulen. Das bedeutete aber nicht, dass der Staat oder Selbstverwaltungsorgane diese Schulen finanziell unterstützten. Ihr Unterhalt ging zu Lasten der Eltern sowie auch karitativer amerikanisch-jüdischer Einrichtungen (Joint).

Nur eine einzige jüdische Schule war eine staatliche Schule. Es war das im Oktober 1918 eröffnete Seminar für Lehrer für den mosaischen Religionsunterricht, dessen erster Direktor Samuel Poznański, Prediger der Grossen Synagoge in Warschau, war.

Auf dem Gebiet des Schulwesens war die jüdische Bevölkerung auf eigene Kräfte und Mittel angewiesen. Sie organisierte die Ausbildung der Kinder und Jugendlichen in den folgenden Schultypen:

— Bekenntnisschulen. Dieser Schultyp hatte bis zum Schluss die höchste Zahl von Lehranstalten und Schülern aufzuweisen.

Zu dieser Gruppe gehörten die privaten Chederschulen, deren Anzahl nie genau festgestellt werden konnte, da nicht alle bei den Schulbehörden registriert waren. Die Zahl der Jungen, die diese Schulen besuchten, lag schätzungsweise bei über 40 000. Es gab auch private Jeschiwot.

Ausser den Privatschulen waren religiöse Lehranstalten tätig, die den zentralen Schulbehörden unterstanden und entweder mit der extrem konservativen Gruppierung Agudas Jisroel oder der fortschrittlicheren, teilweise verweltlichten Gruppierung Misrachi verbunden waren. Agudas Jisroel unterstanden die beiden zentralen Schulverwaltungen für Jungen Chorew in Warschau (Vorsitzender war der Rabbiner von Góra Kalwaria, Abraham Mordechaj Alter) und in Wilna (Vorsitzender war der Wilnaer Gaon Chaim Ozer Grodzieński) sowie die Zentrale der Bekenntnisschulen für Mädchen Beit Jaakowz mit Sitz in Krakau (Begründerin war Sara Schenirer). Die genannten Zentralverwaltungen unterhielten Mitte der dreissiger Jahre insgesamt 820 Lehranstalten, die von 109 000 Schülern und Schülerinnen besucht wurden.

Religiöse Oberschulen (Jeschiwot), die der Zentrale Chorew unterstanden, gab es zu jener Zeit 197. Sie wurden von 19 000 Schülern besucht.

Eine schulische Einrichtung der religiösen Fraktion der Zionisten, der Misrachi-Partei, war die Schulzentrale Jabne. Sie leitete 220 Grundschulen (meistens als Tachkemonischulen bezeichnet) und drei Oberschulen. Darüber hinaus leitete sie zwei Rabbinerseminare und vier Jeschiwot. In den Jabne-Schulen erfolgte der Unterricht in den allgemeinbildenden Fächern auf Polnisch und nur in den östlichen Grenzgebieten auf Hebräisch.

Zu den religiösen Schulen gehörten ferner die von den jüdischen Gemeinden finanzierten Gemeindeschulen. Es gab 58 solche Schulen — in Warschau z.B. 20 — mit insgesamt mehr als 10 000 Schülern.

— Weltliche Schulen. Was diese Schulen von den Bekenntnischulen unterschied, war allgemein genommen der Platz, den in ihren Lehrplänen der Religionsunterricht einnahm, d.h. das Fach oder die Gruppe von Fächern, die sich mit der Entwicklung von Grundlagen und Dogmatik der jüdischen Religion befassten. Wenn das Hauptziel einer Schule im Unterricht in allgemein als weltlich bezeichneten Fächern bestand, war es eine weltliche Schule. Sie konnte in ihren Lehrplan mehr oder weniger stark Elemente des Religionsunterrichts berücksichtigen, doch waren sie nicht ausschlaggebend für den Hauptgrundsatz des Unterrichts und der Erziehung.

In dieser Gruppe sind vor allem die Schulen zu nennen, die zur Zentrale des hebräischen Schulwesens Tarbut (Kultur) gehörten. Ihre ideell-gesellschaftliche Basis bildeten die schon vor dem Ersten Weltkrieg von der zionistischen Bewegung verkündeten Losungen von der Rückkehr zur hebräischen Kultur und Sprache. In allen Fächern ausser Polnisch und Geschichte Polens war Hebräisch Unterrichtssprache, und die bereits im Kindergarten und in den ersten Klassen der Grundschule angewandte Methode „iwrit baiwrit" (Hebräisch auf Hebräisch) gewährleistete das leichte Kennenlernen und die Aneignung des Hebräischen als Umgangssprache.

Ein Verdienst der Tarbut-Schulen war die Umgestaltung der toten Sprache der jüdischen Synagoge, der Sprache der Heiligen Schrift, der Gebete und Psalter, in eine lebendige Sprache des Alltags. In den Tarbut-Schulen wurde die Heilige Schrift nicht einer religiösen Analyse oder der Kontemplation wegen gelehrt, sondern hauptsächlich als literarischer Stoff und reichhaltige Basis für den Wortschatz der Umgangssprache behandelt.

Das in diesen Schulen verwirklichte Prinzip der Erziehung durch Arbeit brachte das Bestreben zum Ausdruck, die Jugendlichen vom traditionellen Verbalismus zu lösen. Es spiegelte auch die Ideen wider, die in der Chaluz-Bewegung — dem seinem Wesen nach romantischen Streben, die unfruchtbaren, öden Gebiete Palästinas als dem Land ihrer Vorfahren mit eigenen Händen zu bewirtschaften — voll zum Ausdruck kamen. Die Rückkehr in diese Gebiete, die die Juden aus eigener Kraft wiederaufbauen wollten, sollte ihnen das Gefühl der Menschenwürde wiedergeben, die man ihnen in den 2000 Jahren des Lebens in der Diaspora abgesprochen hatte.

Die Zentralverwaltungen der Tarbut-Schulen leiteten 269 Lehranstalten. Dazu gehörten 73 Kindergärten, 183 Grundschulen, neun allgemeinbildende Oberschulen und vier Lehrerseminare. In den Grundschulen wurden insgesamt 34 000 und an den Gymnasien 2700 Schüler unterrichtet.

Auf genau entgegengesetzten ideell-gesellschaftlichen Positionen beruhten die didaktisch-erzieherischen Prinzipien einer weiteren Organisation auf dem Gebiet des weltlichen Schulwesens, der Zentralen Jiddischen Schulorganisazje CISzO. Sie entstand 1921, zu jener Zeit, da man stark darauf hoffte, in Polen die Voraussetzungen für die Entwicklung einer kulturellen jüdischen Autonomie unter der Schirmherrschaft des Staates schaffen zu können. Die CISzO erblickte ihre Hauptaufgabe im Ausbau und in der Erweiterung des bereits bestehenden Netzes der Schulen, in denen Jiddisch, die Muttersprache der jüdischen Massen, die Unterrichtssprache war. Schöpfer, Fürsprecher und Verteidiger dieser Organisation waren die politischen Parteien der jüdischen Werktätigen — „Bund" (Die jüdische sozialistische Arbeiterpartei) und Poale Zion-Linke.

Den ideellen Programmen dieser Parteien entstammten die Richtlinien für die Bildung und Erziehung der Jugendlichen in den Schulen der CISzO. Ausser der Verbundenheit mit der jiddischen Sprache und Kultur (Hebräischunterricht gab es nicht, ausgenommen Schulen, in denen die Kinder auf ausdrücklichen Wunsch ihrer Eltern Hebräisch lernten) verkündeten diese Richtlinien, dass sich die Schulen der CISzO auf moderne Prinzipien der Erziehung im Kollektiv und durch das Kollektiv stützen und die Jugend auf selbständige Arbeit und selbständiges Leben in einer von Nationalismus und religiöser Voreingenommenheit freien Gesellschaft vorbereiten würden.

Die Schulen der CISzO waren die einzigen vollauf weltlichen Schulen in Polen, und zwar nicht nur im Bereich des jüdischen Schulwesens. In ihren Lehrplänen war überhaupt kein Religionsunterricht vorgesehen. In der ersten Klasse wurde er durch leichte Plaudereien über die Entstehung der Welt und des Lebens auf der Erde ersetzt und in den höheren Klassen durch Unterricht über die Entwicklung der Gesellschaften in Anlehnung an die Weltgeschichte, deren — wenn auch keineswegs wichtigster — Bestandteil die Geschichte der Juden bildete.

Die Schüler der CISzO-Schulen rekrutierten sich aus Kindern von Arbeitern und Handwerkern, die oft mit dem monatlich zu entrichtenden Schulgeld in Rückstand gerieten. Nur der grossen ideellen Engagiertheit der Lehrer und Erzieher war es zu verdanken, dass sie wochenlang bei ausstehendem Gehalt arbeiteten. Die Zahl der Jugendlichen in den CISzO-Schulen erreichte 15 000. Davon waren etwa 4000 ältere Schüler von Abendschulen und 650 Schüler der beiden Gymnasien in Wilna und Białystok.

Zur Gruppe der weltlichen jüdischen Schulen gehörten auch 16 private Lehranstalten (Kindergärten und Grundschulen), die vom „Schulkult" (zentrale jüdische Schul- und Bildungsorganisation) geleitet und von mehr als 2300 Schülern besucht wurden. In einem Teil dieser Schulen war Jiddisch die Unterrichtssprache, in anderen — den jiddisch-hebräischen — erfolgte der Unterricht in den unteren Klassen auf Jiddisch und in den höheren auf Hebräisch.

Im System des jüdischen Schulwesens in Polen kam den polnisch-hebräischen Oberschulen eine besondere Rolle zu. Es gab 31 solche Schulen. Verwaltet wurden sie in der Regel von gesellschaftlichen Vereinen, unter denen der Verband der gesellschaftlichen Vereine das höchste Ansehen genoss.

Sowohl die Auswahl der hochqualifizierten pädagogischen Kader als auch die ständige Sorge um gute Unterrichtsergebnisse sicherten diesen Schulen hohe Anerkennung der Schulbehörden und unbedingtes Vertrauen der Eltern.

Das Bild des jüdischen Schulwesens in den Jahren der Zweiten Republik wäre einseitig, erwähnte man nicht den Anteil der jüdischen Schüler in den staatlichen und nichtjüdischen Grund- und Oberschulen sowie an den Hochschulen.

In staatlichen und selbstverwalteten (städtischen) Grundschulen lernten nach Angaben aus dem Schuljahr 1934/35 insgesamt fast 60% aller von der Schulpflicht erfassten jüdischen Jugendlichen.

An den nichtjüdischen Oberschulen betrug der Prozentsatz der Juden 18%, davon 10% an staatlichen Schulen.

An den Hochschulen zeichnete sich eine rückläufige Tendenz des Prozentsatzes an jüdischen Studenten ab. Während es im Studienjahr 1924/25 21,5% gewesen waren, waren es zehn Jahre später nur noch knapp 15%.

DIE JAHRE DER NAZIOKKUPATION

Der Überfall Hitlerdeutschlands auf Polen im September 1939 setzte dem blühenden kulturellen Leben der Juden ein Ende. Von den ersten Okkupationstagen an gerieten die über drei Millionen polnischen Juden und Polen jüdischer Abstammung in das Räderwerk der Verfolgung. In der hitlerfaschistischen Doktrin und der Politik der Okkupanten war die Extermination der Juden geplant. Es begann mit einer gegen die Juden gerichteten verleumderischen Propaganda, die zu beweisen suchte, dass die Juden in Polen ein „destruktives Element" seien. Aus Beiträgen im von den Hitlerfaschisten in polnischer Sprache herausgegebenen Schmähblatt „Nowy Kurier Warszawski" (Neuer Warschauer Kurier) erfuhren die Leser, dass zahlreiche Prominente des wissenschaftlichen und kulturellen Lebens in Polen Juden oder Personen jüdischer Abstammung waren. Das Blatt „demaskierte" immer wieder diese „Verjudung", indem es die Namen von Schriftstellern und Schauspielern veröffentlichte, für deren Abstammung sich bisher niemand interessiert hatte. Genannt wurden solche Schauspieler wie Karol Borowski — wobei man daran erinnerte, dass er eigentlich Bilauer heisse —, Tadeusz Olsza (Blomberg), Michał Znicz, Stanisław Stanisławski (Bratman), Barbara Halska (Krakauer), Zofia Ternè und Aleksander Węgierko, bei den Regisseuren dagegen Stanisław Szebe (Finkelsztajn), Henryk Szaro, (Szapiro), Michał Waszyński (Waks) und andere. Unter den Schriftstellern und Publizisten wurden natürlich Antôni Słonimski und Julian Tuwim genannt, ferner Anatol Stern, Jacek Frühling, Samuel Marschak, Konrad Wrzos, Mieczysław Grydzewski (Grützhendler), Redakteur von „Wiadomości Literackie" (Literarische Nachrichten), und viele andere. Das war aber erst der Anfang (Dezember 1939).

Über die Lage der Juden in den von den Hitlerfaschisten auf polnischem Boden geschaffenen Ghettos gibt es bereits eine reiche Literatur. Das Leben war dort eine Hölle, die man sich nicht vorstellen kann. Die in den Ghettos zusammengepferchten Menschen — meistens aus ihrem Milieu herausgerissen, ihres Lebenswerks beraubt und ohne die Möglichkeit, ihren Beruf ausüben zu können, was die Intelligenz besonders schmerzlich traf — sahen plötzlich dem Elend und dem Hunger ins Auge. Manchen wurde bald bewusst, dass die Ghettos eine Übergangsetappe zur totalen Vernichtung waren. Anfänglich gab es auf polnischem Boden viele Ghettos, die von der hitlerfaschistischen Verwaltung als „jüdische Wohnbezirke" bezeichnet wurden. In fast jeder, selbst der kleinsten Stadt gab es eins. Da dieser Zustand nicht den hitlerfaschistischen Plänen zur „Endlösung der Judenfrage" entsprach, wurden Massenumsiedlungen und eine Zusammenfassung der Juden in den grössten Ghettos eingeleitet. Auf diese Weise befanden sich mit der Zeit im Warschauer Ghetto etwa 500 000 Menschen (die Bevölkerungsdichte betrug 120 000 Pers./km^2), in Łódź 200 000 und in Krakau etwa 70 000 Menschen, um nur die grössten Ghettos zu nennen.

Die Einrichtung der durch eine Mauer von der Stadt getrennten Ghettos begann in der zweiten Hälfte 1940 und die Auflösung durch totale Ausrottung der Insassen Mitte 1942. Nur das Ghetto in Łódź bestand bis 1944. In den Ghettos wurden nicht nur polnische Juden gefangengehalten, sondern auch aus anderen Ländern Europas deportierte Juden. Im Ghetto in Łódź gab es z.B. etwa 20 000 Juden aus Deutschland, Österreich, der Tschechoslowakei und aus Luxemburg. Ins Ghetto gerieten auch viele Polen, denen man jüdische Abstammung „nachwies".

Obwohl Hunger, Not, Krankheiten und Verbrechen der Okkupanten die Ghettoinsassen dezimierten, gab es innerhalb der Ghettomauern ein spezifisches kulturelles Leben. Besonders zu der Zeit, da die Extermination der jüdischen Bevölkerung noch nicht ihr entsetzliches Ausmass angenommen hatte, bemühten sich Kulturschaffende, Schriftsteller, Wissenschaftler und Künstler, gleichsam dem Schicksal zum Trotz, ein kulturelles Leben aufzubauen. Vielleicht war es auch eine Art Widerstand. Vielleicht sollte ihre Tätigkeit den Menschen Kraft geben und ihr Leben dadurch erträglicher machen, dass sie die Hoffnung auf menschliche Regungen der Okkupanten oder auch den Glauben an ein baldiges Kriegsende erweckte. Über die Krematorien von Treblinka, Majdanek, Auschwitz und anderen Vernichtungslagern sprach man 1940 und 1941 noch nicht. Jedenfalls vergass man über der Organisation der verschiedenen Formen des materiellen Daseins das geistige Leben nicht. Es war durchaus möglich, dieses Leben selbst unter den tragischen, ungewöhnlichen Umständen fortzusetzen, denn hinter den Mauern der Ghettos befand sich fast die gesamte jüdische Intelligenz.

Gefördert wurde die Entfaltung des kulturellen Lebens in den Ghettos anfänglich, z.B. 1941, durch den Anschein einer Stabilisierung und durch das Bestreben, zumindest einem Teil der Intelligenz die Rückkehr in ihren Beruf zu ermöglichen. Eine Hilfe für die Kultur- und Kunstschaffenden in den Ghettos waren die dort tätigen Fürsorgeeinrichtungen, so z.B. die Jüdische Soziale Selbsthilfe, das Jüdische Fürsorgekomitee oder die Jüdische Gesellschaft für Sozialfürsorge.

Einen empfindlichen Schlag versetzten die Hitlerfaschisten dem jüdischen Schulwesen Ende November, Anfang Dezember 1939, als sie alle jüdischen Schulen auflösten. Allein in Warschau wurden Zehntausende von Kindern und Jugendlichen der Möglichkeit beraubt, eine Schule zu besuchen. Auf nachhaltiges Drängen des Vorsitzenden des Judenrates, Ing. Adam Czerniakow, der bis Kriegsausbruch selbst sehr aktiv auf dem Gebiet der Volksbildung gewirkt hatte, wurde Mitte 1940 die Einrichtung von Grundschulen und berufsbildenden Kursen genehmigt. Ähnliche Schulen und Kurse entstanden auch in anderen Städten, doch wegen der unblässigen Schikanen der Hitlerfaschisten, die mal diese, mal jene Schule „aus sanitären Gründen" schliessen liessen, bestanden sie nur kurze Zeit. In Łódź war die Lage anfänglich etwas besser. Als dort das Ghetto eingerichtet wurde, übernahm die jüdische Gemeinde 46 Schulen verschiedener Art. Einige davon, sogar Oberschulen, bestanden bis Mitte 1941. Im Warschauer Ghetto gab es in der „besten", der anfänglichen Periode etwa 20 Schulen, die von verschiedenen weltlichen und religiösen Organisationen unterhalten wurden, darunter auch eine von der „Caritas" eingerichtete Schule für Kinder aus getauften Familien.

Im Grunde genommen stellte das Schulwesen jedoch eine Domäne des geheimen Unterrichts dar. Entwickelt wurde der konspirative Unterricht unter dem Patronat der Schulen, die ihn anleiteten und unterstützten, und im Rahmen der Verständigungskommission der politischen Parteien. Der geheime Grundschulunterricht erfolgte in den verschiedensten Unterkünften, Gemeinschaftsräumen und Küchen, die von Fürsorgeeinrichtungen unterhalten wurden. Der geheime Unterricht für Kinder war mit gewissen Formen des gesellschaftlichen und kulturellen Lebens, mit verschiedenen Veranstaltungen, Feiern usw. verbunden. Ähnlich wie die polnischen nahmen auch die jüdischen konspirativen Oberschulen bereits Ende 1939 ihre Tätigkeit auf. Die Leitung der geheimen Oberschulen stützte sich auf das Vorbild der entsprechenden Schulen auf der „arischen Seite". Im Ghetto stand Mateusz Frenkel, vor dem Krieg Eigentümer und Direktor eines bekannten Warschauer Gymnasiums, an der Spitze des Zirkels der Direktoren Jüdischer Schulen. Wie Ruta Sakowska (in „Ludzie w dzielnicy zamkniętej" — Menschen im abgeriegelten Wohnbezirk — Warschau 1975) berichtet, erfasste der geheime Unterricht im Warschauer Ghetto etwa 1000 Personen, die in 6—10 Schüler zählenden Gruppen organisiert waren. Ähnliche Formen des konspirativen Unterrichts gab es auch in einigen anderen Ghettos. Die Unterrichtssprache war Polnisch. Aus verständlichen Gründen waren einige

Fächer wie Turnen, Gesang und Handarbeit aus dem Lehrplan gestrichen. Die im geheimen Unterricht ausgebildeten Schüler legten Prüfungen ab, darunter auch das Abitur, und bekamen Zeugnisse, die nach dem Krieg von der Staatlichen Verifikationskommission legalisiert wurden. Die Reifeprüfung bestanden im Warschauer Ghetto 172 Abiturienten.

Im Warschauer Ghetto gab es auch ein berufsbildendes Schulwesen, doch die einzige offiziell zugelassene Lehranstalt war die Schwesternschule am Krankenhaus in der Czyste-Strasse. Mitte 1941 nahmen 2454 Hörer an berufsbildenden Kursen im Warschauer Ghetto teil. Höheres Niveau hatten der technische, der pädagogische und der Krankendienstkurs aufzuweisen, die aber von verhältnismässig wenigen Hörern besucht wurden. Der Kurs, der die meisten Hörer (250 im Jahre 1941) hatte und am längsten bestand, war der Kurs für den Sanitätsdienst zur Bekämpfung von Epidemien, der auf Anregung von Prof. Dr. Juliusz Zwiebaum hin durchgeführt wurde und bei dem Prof. Dr. Ludwik Hirszfeld, Dr. Janusz Korczak, Dr. Mieczysław Centnerszwer, Doz. Dr. Hilary Laks und hervorragende, bekannte Warschauer Ärzte, von denen sich viele im Ghetto befanden, Vorlesungen hielten. Vorträge über die Geschichte des jüdischen Gesundheitswesens hielt Prof. Dr. Majer Bałaban. Nach dem Kriege wurden die Diplome von etwa 70 Absolventen dieser Kurse in Volkspolen verifiziert.

Ausser der didaktischen Tätigkeit wurden in einigen Ghettos auch wissenschaftliche Forschungsarbeiten durchgeführt. Im Vordergrund stand die Tätigkeit des Geschichtswissenschaftlers Dr. Emanuel Ringelblum, der Mitte 1940 im Warschauer Ghetto das konspirative Archiv „Oneg Sabbat" (Freude am Samstag) einrichtete. Dort wurde alles zusammengetragen — von Flugblättern, losen Druckschriften, Annoncen, Bekanntmachungen (auch der Okkupanten), amtlichen und privaten Briefen bis hin zu im Ghetto verfassten literarischen und wissenschaftlichen Werken. Angesichts der Vernichtung des Ghettos wurde das Material an mehreren (vermutlich an drei) Stellen vergraben. Zwei Komplexe dieser Materialien sind unter den Trümmern des Ghettos entdeckt worden — einer im September 1946, der andere nach langwieriger Suche im Dezember 1950. Es sind bestimmt nicht alle vergrabenen Materialien, doch schon diese stellen — gegenwärtig bereits geordnet und katalogisiert — eine überaus reichhaltige Dokumentation über die tragischen Jahre der Okkupation dar.

Im Archiv Ringelblums gibt es neben Briefen, Berichten, Fragebogen, Tagebüchern u.ä. auch wissenschaftliche Arbeiten über Untersuchungen zu zahlreichen Aspekten des Ghettolebens. Einige Forschungsergebnisse waren das Resultat von Studien zu vielen politischen, sozialen, demographischen (reiches statistisches Material), kulturellen, gesundheitlichen und Versorgungsproblemen. Ein Ergebnis dieser Untersuchungen sind u.a. das Gemeinschaftswerk „Choroba głodowa" (Hungerkrankheit), das nach dem Kriege in Warschau herausgegeben wurde, sowie viele andere Arbeiten, u.a. Abhandlungen über das religiöse Leben, über die polnisch-jüdischen Beziehungen usw.

Obwohl zu den in den Ghettos eingeschlossenen Vertretern der jüdischen Intelligenz viele Schriftsteller, Dichter und Journalisten gehörten, hatten sie dort keine Arbeitsmöglichkeit, abgesehen von Veranstaltungen in der Art der „Lebendigen Tageszeitung". Wenn belangvollere Arbeiten entstanden, blieben sie Manuskripte. Ein Teil davon ist im Archiv Ringelblums erhalten geblieben. Gerettet wurden auf diese Weise das Poem „Der Tag meines grossen Unglücks" von Isaak Katzenelson (1866—1944), das erst 1980 in einer Übersetzung Jerzy Ficowskis vom Jiddischen ins Polnische erschien, oder Gedichte Władysław Szlengels (gest. 1943) aus dem Sammelwerk „Was ich den Toten gelesen habe" (Staatliches Verlagsinstitut PIW, Warschau 1977). Im Warschauer Ghetto wirkten ferner Rachela Auerbach, Hillel Zeitlin, Jehoszua Gotlieb, Josua Perle, Miriam Ulinower und viele andere.

Im Warschauer Ghetto war auch eine Gruppe von Schriftstellern tätig, die sich mit leichteren literarischen Gattungen befassten. Ihr Schaffen war für Kleinbühnen und Estraden in Cafés bestimmt. Dazu gehörte u.a. die „Lebendige Tageszeitung", ein satirisches Programm im Café „Sztuka", dargeboten von einer Gruppe von Literaten unter der Leitung Władysław Szlengels und unter Mitwirkung des Dichters und Satirikers Leonid Fikszański sowie von Wacław Teitelbaum und Pola Braun.

In den Ghettos kamen die Dichter Maurycy Szymel, Jerzy Kamil Weintraub, Koren (dr. Kornreich, ein Krakauer Rechtsanwalt und Satiriker), Zuzanna Ginczanka und viele andere ums Leben.

Die Journalisten hatten in den Ghettos kein Betätigungsfeld. Die in Krakau in polnischer Sprache herausgegebene „Gazeta Żydowska" (Jüdische Zeitung, Juli 1940 — August 1942), die für das ganze Generalgouvernement bestimmt war und auch Zweigstelle in Warschau besass, erschien mit Genehmigung und vielleicht sogar auf Anregung der hitlerfaschistischen Behörden und diente im Grunde genommen der Verbreitung der Anordnungen der Okkupanten, doch nicht ausschliesslich. Offiziell war sie das Organ der Jüdischen Gemeinden (Judenräte). Die Besatzer liessen ihr aber bis zu einem gewissen Grade freie Hand in der Publizistik, bei der Information über religiöse, literarische, historische und künstlerische Themen und sogar bei Berichten aus dem täglichen Leben, vor allem über Ereignisse aus den Ghettos in Warschau und Krakau. Daher stellt diese Zeitung heute eine wertvolle und in manchen Fällen die einzige historische Quelle dar. Sie brachte Rezensionen über Theateraufführungen und Konzerte, Berichte von verschiedenen Festveranstaltungen, aber auch Gedichte, Erzählungen, Beiträge aus religiösen Anlässen u.dgl. Im Hinblick auf den Charakter der Zeitung lehnten die jüdischen Journalisten jedoch mit wenigen Ausnahmen die Mitarbeit ab.

Die zweite legale jüdische Zeitung im besetzten Polen war die in Łódź in jüdischer Sprache herausgegebene „Ghetto-Zeitung. Far Informazje, far Ordnungen un Bekantmachungen", das offizielle „Organ des Vorstehers der Judenältesten" (Chaim Rumkowski). Vom 17. März bis zum 21. September 1941 erschienen 18 Nummern. Dabei konnte von publizistischer Freiheit überhaupt keine Rede sein. Im Ghetto von Łódź wurde dagegen auf einem Hektographen das „Bulletin der Ghettochronik" gedruckt, das vom 12. Januar 1941 bis zum 30. Juli 1944 (ab September 1942 in deutscher Sprache) erschien. Dieses wichtige Dokument jener Jahre erschien nach dem Krieg im Druck.

Die während der Besatzungszeit offiziell herausgegebene jüdische Presse wurde von der unmenschlich gequälten Bevölkerung nur ungern gelesen. Sie war weder repräsentativ noch glaubwürdig, wenn es darum ging, Stimmung, Anschauungen, Gedanken und Bestrebungen, Sorgen und Unruhe wiederzugeben. Sie verfälschte die Atmosphäre des zunehmenden Bewusstseins der immer mehr von Widerstands- und Kampfeswillen erfassten Massen in Ghettos und Vernichtungslagern.

Darüber informierte die konspirative jüdische Presse, die von verschiedenen Gruppierungen — von Kommunisten bis hin zur äussersten Rechten — herausgegeben wurde. Gerade diese konspirative jüdische Presse, zum Teil von Emanuel Ringelblum zusammengetragen und verwahrt, stellt ein einmaliges, ungewöhnlich wichtiges Dokument aus der Zeit des Krieges und der Okkupation dar. Insgesamt erschienen in den Jahren 1940—1943 im Warschauer Ghetto etwa 70 illegale Zeitschriften, meistens Organe des „Bund", der Kommunisten (darunter der Polnischen Arbeiterpartei), von „Haschomer Hazair", „Hechaluz" und „Poale Zion" sowie der Assimilatoren („Żagiew").

Zu Beginn der Einrichtung der „jüdischen Wohnbezirke" und selbst dann, als die Ghettos bereits durch Mauern abgeriegelt waren, gaben sich viele Insassen der Illusion einer gewissen Stabilisierung hin. Trotz der ungewöhnlich schwierigen materiellen Lage und des immer stärkeren Terrors entwickelte sich, besonders ab Mitte 1940, ein spezifisches kulturelles Leben. Dieser eigentümliche kulturelle „Aufschwung" hatte übrigens zwei Aspekte. Der eine bestand im Bestreben, trotz der tragischen Situation die schrecklichen Jahre zu überleben. Viele Ghettoinsassen glaubten nämlich irgendwie daran, dass doch ein beträchtlicher Teil der Bevölkerung gerettet werden könne, dass er eben dank der

Belebung verschiedener Lebensbereiche, darunter auch des kulturellen Lebens, durchhalten werde. Die zweite Ursache bestand, besonders im Warschauer Ghetto, in der hohen Zahl von Schriftstellern, Schauspielern und Musikern — Juden und Polen jüdischer Abstammung, aber auch Bürger anderer europäischer Länder. Diese Menschen versuchten Beschäftigung und Verdienstmöglichkeiten zu finden und zugleich der entwürdigenden Tatenlosigkeit zu entgehen. Dabei ist zu erwähnen, dass der Hauptausschuss des Verbands Polnischer Bühnenkünstler den während der Okkupation über die künstlerische Tätigkeit verhängten Boykott nicht auf die Ghettos ausdehnte, und zwar wegen der dort herrschenden tragischen Lebensbedingungen. Die Besatzer erteilten, wenn auch ungern, Konzessionen zur Leitung von Theatern und zur Durchführung von Musikveranstaltungen. Das galt aber nur für Werke jüdischer oder im Sinne der Nürnberger Gesetze als jüdisch geltender Künstler, die Darbietung von Werken „arischer" Komponisten war verboten. Dieses Verbot wurde übrigens geschickt umgangen, indem man z.B. den „Tartuffe" von Molière auf Jiddisch aufführte, wobei auf dem Theaterplakat statt des Autors der Übersetzer angegeben war.

Ende 1940 wirkten also bereits — wenn auch unter unbeschreiblich schwierigen Bedingungen — Theater, die wie z.B. „Eldorado", „Nowy Azazel" und „Melody Palace" Aufführungen in Jiddisch herausbrachten, und Theater wie „Femina" und „Nowy Teatr Kameralny", die in polnischer Sprache spielten. Ferner gab es die Kleinkunstbühne mit Kabarettcharakter „Na pięterku". Im Sommer, eigentlich nur in Sommer 1941, wurden auch Veranstaltungen in den sog. Gärten und Lokalen organisiert, bei denen bekannte Schauspieler, Schriftsteller, Sänger und Musiker auftraten, u.a. Michał Znicz, Stefania Grodzieńska, Jerzy Jurandot, Wiera Gran, Bolesław Norski, die „Nachtigall des Ghettos" Marysia Ajzensztadt, die Tänzerin Irena Prusicka und zahlreiche Musiker, darunter der Pianist Władysław Szpilman und das Orchester Leopold Rubinsteins. Auf Revuebühnen konnte man u.a. Franciszka Mann, Diana Blumenfeld-Dybińska, Stanisław Stanisławski, Ivo Vesby, den Revuestar Regina Cukier, die talentierte Schauspielerin, Sängerin und Tänzerin Róża Gazel und viele andere sehen. In anspruchsvolleren Theatern wurden Werke der jüdischen Klassik wie „Der Gott der Rache" von Schalom Asch oder „Dos grojse gewins" von Schalom Alejchem aufgeführt, und im „Nowy Teatr Kameralny", das vom bekannten Schriftsteller und Regisseur Andrzej Marek (Marek Arnsztejn) geleitet wurde, „Mirele Efros" von Jakob Gordin in polnischer Sprache, wobei Michał Znicz, Leon Rytowski und Diana Blumenfeld hervorragende Kreationen schufen. Dieses Theater brachte im Ghetto das Stück „Die Sänger" von Andrzej Marek heraus, das vor dem Kriege nicht nur auf polnischen Bühnen, sondern auch in anderen Ländern Europas und in Amerika gespielt worden war.

Das Musiktheater „Femina" bot ein Unterhaltungsrepertoire. Es verfügte über einen eigenen Chor und ein Ballett, in dem auch polnische Tänzerinnen auftraten. In diesem Theater wurden Operetten aufgeführt, u.a. „Die Csárdásfürstin" des ungarischen Juden Emmerich Kálmán, deren Handlung ins Ghetto übertragen wurde (die Liebschaft einer Sängerin mit einem Vertreter der „höheren" Kreise im Ghetto). Darüber hinaus wurden ziemlich oft Estradenkonzerte gegeben, deren Ertrag für wohltätige Zwecke bestimmt war. Unentgeltlich nahmen bekannte Schauspieler, Schriftsteller und Musiker daran teil.

Ein interessantes Kapitel in der Kulturgeschichte der Ghettos stellte das Musikleben dar. In den Ghettos, insbesondere in Warschau, Łódź und Krakau, gab es ziemlich viele Musiker. Im Warschauer Ghetto befanden sich zahlreiche Mitglieder von Orchestern, u.a. der Warschauer Philharmonie, des Grossen Hauses, der Operette und des Polnischen Rundfunks, sowie bekannte Dirigenten wie Szymon Pullman, Marian Neuteich, Adam Furmański, Ignacy Waghalter und Izrael Hammerman. Die finanzielle Lage dieser Musiker war tragisch. Viele hervorragende Instrumentalisten der Philharmonie spielten in Strassenkapellen. Andere organisierten kleine Kammerorchester. Ganz ausgezeichnet waren z.B. das Streichquartett Jakub Messer, Mozes Girkulski, Daniel Krakowski und Zygmunt Bokser oder der 15köpfige Männerchor unter der Leitung von Prof. Zaks.

Auf Anregung einer Gruppe von Musikliebhabern und Musikern sowie mit tatkräftiger Unterstützung der bei der Jüdischen Gesellschaft für Sozialfürsorge wirkenden Zentralen Veranstaltungskommission wurde das Jüdische Sinfonieorchester gegründet. Das Orchester setzte sich aus über 70 Personen zusammen. Es ging nicht ohne grosse Schwierigkeiten ab, denn es fehlten bestimmte Instrumentengruppen, vor allem Blasinstrumente, die man durch andere ersetzen musste, was eine arbeitsaufwendige Neuinstrumentierung der aufzuführenden Werke notwendig machte. Die Konzerte des Sinfonieorchesters fanden im Saal der Judaistischen Bibliothek in Tłomackie, in den Sälen der Theater „Femina" und „Melody Palace" sowie in Sälen des Restaurants „Gospoda" und im von Janusz Korczak geleiteten Waisenhaus statt. Eintrittskarten waren billig und für Arme sogar unentgeltlich. Es wurden auch Wohltätigkeitskonzerte veranstaltet.

Das Repertoire des Sinfonieorchesters war erstaunlich reich. Es wurden Werke von Beethoven, Mozart, Tschaikowsky, Chopin, Grieg, Auber, Brahms, Haydn und selbstverständlich auch Werke „nichtarischer" Komponisten wie Offenbach, Meyerbeer und Mendelssohn gegeben.

Das Musikleben im Warschauer Ghetto stiess auf grosse Schwierigkeiten. Vor allem hatten es die Hitlerfaschisten verboten, Werke „arischer" Komponisten aufzuführen, was in gewissem Sinne als Vorwand diente, um das Musikleben zu unterbinden. Die Hauptursache bestand jedoch in den heute geradezu unbegreiflichen allgemeinen Daseinsbedingungen und in der Furcht vor der grausamen Vernichtung. Trotz der von Ing. Adam Czerniakow bei den hitlerfaschistischen Behörden erhobenen Einwände wurde die Konzerttätigkeit Mitte 1942 eingestellt. Czerniakow träumte von der Entfaltung des Musiklebens, er überredete andere dazu, eine Oper aufzuführen. In Betracht kamen „Hoffmanns Erzählungen" von Offenbach, „Die Jüdin" von Halévy oder „Carmen" von Bizet. Künstlerische Möglichkeiten, wenn auch bescheidene, waren vorhanden. Ein Beweis dafür waren Konzerte, an denen Solisten teilnahmen, u.a. Romana Lilian, Diana Blumenfeld, Marysia Ajzensztadt, Lena Wolfisz, Helena Ostrowska, Krystyna Golner und Mieczysław Corti. Es gab auch eine Ballettgruppe, die von Renata Lachs geleitet wurde. Bei den Konzerten traten bekannte Solisten auf, die Pianisten Bernard Berkman, Edwarda Feinstein, Krystyna Dobrzańska-Hosenbal, Ryszard Spira, Zygmunt Wolfsohn, Władysław Szpilman, Hanna Dickstein, Maksymilian Filar, Leon Boruński, Ryszard Werner, Lola Strassberg und Józef Fiszhaut, die Geiger Edgar Aftergut, Rafał Broches, Halina Markowicz, Henryk Reinberg, Dawid Zajdel, Ludwik Holcman und viele andere.

Der letzte Akkord des Musiklebens im Warschauer Ghetto erklang auf einer grossen Sitzung, die am 1. Juli 1942 vom Vorsitzenden des Judenrates Adam Czerniakow einberufen wurde und an der mehrere Hundert führende Vertreter der jüdischen Gemeinde teilnahmen. Nach der erschütternden Rede des Vorsitzenden, der ohne Umschweife die Lage aller Juden im Ghetto darstellte, folgte eine Pause. Ludwik Hirszfeld schreibt in seinen Erinnerungen: „Während der Sitzung kam ein Gestapomann herein... In der Pause ertönte — das war ein unvergesslicher Augenblick — Klaviermusik, eine Folge Chopinscher Präludien, untermischt mit Akkorden von ‚Noch ist Polen nicht verloren'. Den Juden war es verboten, Werke nichtjüdischer Musiker zu spielen, so dass die Tatsache, dass auf einer offiziellen Sitzung Chopin gespielt wurde, eine besondere Aussage hatte. Aber auch das möchte ich der Nachwelt überliefern, dass auf dieser letzten offiziellen Sitzung der Gemeinde ‚Noch ist Polen nicht verloren' gespielt wurde. Für dieses Lied konnten sowohl der Vorsitzende als auch der Künstler und die Mehrheit der Anwesenden ins Konzentrationslager geschickt werden. Ich kann aber versichern, dass ich bei keinem der Anwesenden Furcht in den Augen sah — im Gegenteil, das Lied war ein Ausdruck der Hoffnung und der Dankbarkeit..."

Geringeres Ausmass hatte das Musikleben in den Ghettos von Krakau und Łódź. Erst am 22. Juni 1941 fand in Krakau das erste Konzert statt, bei dem Arien und Lieder dargeboten wurden. Es sangen Betty Sklutt und Tenor Henryk April. Es wurde noch gut ein Dutzend derartiger Konzerte veranstaltet, wobei nur Werke von „erlaubten" Komponisten, u.a. von Halévy, Meyerbeer, Mendelssohn, Offenbach, Wieniawski und Antoni Rubinstein, dargeboten wurden.

Zu den im Krakauer Ghetto ermordeten Musikern gehörten u.a. Ryszard Apte, Juliusz, Mieczysław und Dola Hoffman, Stella Margulies, Ziuta Pflaster, Jakub Weissman sowie Maria und Hanna Zimmerman. Mitte 1942 wurde jegliche musikalische Tätigkeit im Krakauer Ghetto eingestellt.

In Łódź war man hinsichtlich der Musik ehrgeiziger. Dort wurde ein Orchester zusammengestellt, das von Teodor Ryder und Dawid Bajgelman geleitet wurde. Die ersten Konzerte im Ghetto von Łódź fanden bereits Anfang 1940 statt. Dort wirkte auch der hervorragende, seit langem bestehende Chor „Hasomir", dessen Leiter Dawid Bajgelman war. Ende 1941 gab es im Ghetto in Łódź etwa 60 Musiker, Sänger und Schauspieler. Bis Mitte 1942 wurden dort über 100 Konzerte gegeben.

Auf der Liste der Verluste, die die jüdischen Musikerkreise erlitten haben, stehen mehr als 200 Namen. Eine gewisse Zahl von Musikern, die in Ghettos eingeschlossen waren, wurden von ihren polnischen Kollegen und Freunden gerettet.

In den Ghettos vegetierten, schufen und starben Maler, Graphiker und Bildhauer. Vor Hunger und Erschöpfung starb im Winter 1941 im Ghetto von Łódź der hervorragende Maler Maurycy Trębacz (1861—1941). Er hinterliess erschütternde Zeichnungen aus dem Ghetto. Bei der Liquidierung des Warschauer Ghettos kam der hervorragende Porträtist Abraham Neuman (1872—1942) ums Leben. Während der Deportation wurde Roman Kramsztyk (1865—1942) ermordet, der kurz vor Kriegsausbruch von Paris nach Warschau gekommen war, um seine Mutter zu besuchen. Seine Werke aus dem Ghetto stellen erschütternde Dokumente der hitlerfaschistischen Verbrechen dar. Ums Leben kam auch Henryk Hochman (1881—1942), Maler von Gemälden über jüdische Themen. Opfer des Hitlerfaschismus wurden darüber hinaus die Zwillingsbrüder Efraim und Menasze Seidenbeutel (1903—1945), Stanisława Centnerszwer (1889—1942), Józef Śliwniak, Henryk Glicensztajn (1870—1943), Adolf Behrman (1880—1943), Jan Gotard (1898—1943), Mojżesz Rynecki (1885—1942), Gela Seksztajn (1907—1942), Józef Kowner (1902—1943), Icchak Wincenty Brauner (1897—1944) und Jakob Glasner (1897—1942). Nur wenigen gelang es, die Okkupationszeit zu überleben. Zu ihnen gehörten u.a. Jonasz Stern, Marek Oberländer und Marek Włodarski (Henryk Streng).

Viele der in den Ghettos eingeschlossenen Künstler hinterliessen bleibende Dokumente vom Martyrium ihres Volkes, von der Entschlossenheit und vom Heldentum der Menschen hinter den Ghettomauern und den Stacheldrahtzäunen der Vernichtungslager, von bestialisch in den Tod getriebenen Menschen. Ein Zeugnis ihres Schicksals und ihrer schöpferischen Kraft, die sie trotz Hungers, Krankheit, Verfolgung und Folterung nicht verliess, sind ihre Zeichnungen, Aquarelle und Skizzen. Autoren dieser Dokumente des Martyriums waren weithin oder auch weniger bekannte Maler als auch Laien. Alle versuchten auf ihre Weise, diese grausamen Jahre unvergesslich zu machen.

Die grenzenlosen Verbrechen des Hitlerfaschismus führten nicht nur zur Vernichtung von über drei Millionen polnischen Juden, sondern vernichteten auch in beträchtlichem Masse das jahrhundertealte Erbe der jüdischen Kultur in Polen — einer Kultur, die Bestandteil sowohl der Kultur aller Juden als auch der dem polnischen Boden entstammenden und dort entwickelten, also der polnischen Kultur ist. Zum Glück ist es den hitlerfaschistischen Verbrechern nicht gelungen, alles zu vernichten. Das, was erhalten geblieben ist, ist ein Erbe der Kultur der Juden in Polen, ein Dokument ihrer grossen, humanistischen Werte.

SCHLUSSWORT

Als das Echo des Aufstands im Warschauer Ghetto verklungen war und die Hitlerfaschisten, um den „Sieg" zu feiern, am 16. Mai 1943 die Grosse Synagoge in Tłomackie, ein Werk Leandro Marconis, gesprengt hatten, schien es, sie hätten auch der jüdischen Kultur in Polen ein Ende bereitet. Doch auch diesmal, wie schon früher bei den strategischen Plänen für den Zweiten Weltkrieg, hatten sie sich verrechnet. Ihre Verbrechen, der Völkermord und ihre barbarische Zerstörungswut waren beispiellos in der Geschichte der Menschheit. Dennoch gelang es ihnen nicht, das gesamte Judentum in Polen auszurotten, und schon gar nicht, die Kultur der polnischen Juden zu vernichten.

Als der Krieg zu Ende ging, begannen die polnischen Juden, die mit dem Leben davongekommen waren, ihre Verstecke zu verlassen. Sie kamen aus den Wäldern, aus Partisanenabteilungen, Einheiten des Polnischen Heeres und aus dem Ausland. Es tauchten auch jene Juden wieder auf, die sich mit sog. arischen Papieren versteckt gehalten hatten, die die polnische Untergrundbewegung oder die Kirche für sie besorgt hatten.

Aus eben diesen Juden entstand nach dem Kriege das neue jüdische Milieu. Auch das kulturelle Leben der Juden in Polen blühte wieder auf. Gegenwärtig wirkt in Warschau und in weit über zehn polnischen Städten die Gesellschaftlich-Kulturelle Vereinigung der Juden in Polen. Es wird die gesellschaftlich-kulturelle Wochenschrift „Fołks-Sztyme" in jiddischer und polnischer Sprache herausgegeben, und in Warschau ist das Staatliche Jüdische Theater tätig, das den Namen der grossen Schauspielerin Ester Rachel Kamińska trägt.

Mit wissenschaftlichen Forschungsarbeiten zur Geschichte der Juden in Polen und in der Welt befasst sich das Jüdische Historische Institut in Polen, das in dem nach dem Zweiten Weltkrieg wiederaufgebauten Gebäude der Bibliothek und des Instituts für Judaistik in der Tłomackie-Strasse (der heutigen General-Karol-Świerczewski-Allee) seinen Sitz hat. Das Institut wird in fachlicher und finanzieller Hinsicht von der Polnischen Akademie der Wissenschaften PAN unterstützt. Seit 1950 veröffentlicht es die Quartalsschrift „Biuletyn Żydowskiego Instytutu Historycznego w Polsce" (Bulletin des Jüdischen Historischen Instituts in Polen) in polnischer Sprache mit Zusammenfassungen in Englisch und Jiddisch (bis Ende 1981 sind 120 Nummern erschienen) und seit 1948 das Jahrbuch „Bleter far Geszichte" (bis Ende 1980 sind 19 Bände erschienen, die sich aus 43 Heften zusammensetzen). Am Institut ist das Museum der Jüdischen Kunst entstanden. Seine Sammlungen umfassen u.a. Gemälde von Maurycy Gottlieb, Maurycy Trębacz, Artur Markowicz, Jan Gotard, Adolf Behrman, Bruno Schulz, Jonasz Stern und Marek Włodarski, Skulpturen und Metallplastiken von Abraham Ostrzega, Józef Gabowicz, Henryk Glicensztejn, Józef Śliwiak, Henryk Kuna, Alina Szapocznikow und Romuald Gruszczyński. Das Museum besitzt ferner reiche Sammlungen der sakralen Kunst mit liturgischen und kultischen Gegenständen. Im Institut gibt es drei ständige Ausstellungen: die Kunstgalerie sowie die Ausstellungen „Die Juden in Polen bis 1939" und „Martyrium und Kampf der jüdischen Bevölkerung in den Jahren der hitlerfaschistischen Okkupation". Die Bibliothek des Instituts umfasst über 50 000 Bände — Judaika, Semitika und Antisemitika sowie wissenschaftliche Literatur über alle Gebiete der Geschichte und des Lebens der Juden in Polen und in der Welt. Diese Bestände — in jiddischer, hebräischer und polnischer Sprache sowie in fast allen europäischen Sprachen — sind allen Interessenten in Polen und aus dem Ausland zugänglich. In der Bibliothek gibt es ferner reiche Sammlungen der jüdischen Presse in verschiedenen Sprachen, mehrere Dutzend jüdische Enzyklopädien — ebenfalls in verschiedenen Sprachen — und eine einmalige, unschätzbar wertvolle Sammlung von etwa 1000 alten Drucken und Handschriften, von denen manche aus dem 10. Jh. stammen.

In Warschau ist die Religiöse Kongregation des Mosaischen Glaubens tätig, die sich um die jüdischen Friedhöfe und Synagogen in Polen kümmert und eine religiöse Tätigkeit verfolgt.

Das geistige Leben der polnischen Juden ist also nicht erloschen, wenngleich sein Ausmass weitaus geringer geworden ist. Ein Zeugnis dieses Fortbestehens ist das vorliegende Buch.

Falls der Leser in diesem Buch nicht alles gefunden haben sollte, was er gerne erfahren möchte, bitten ihn die Verfasser um Geduld — es ist bestimmt nicht die letzte Publikation auf diesem Gebiet. Es scheint aber, dass auch das, was hier gedruckt ist, bereits den Reichtum der Kultur der polnischen Juden zum Ausdruck bringt — einer Kultur, die der Vernichtung entgangen ist und die die humanistischen Errungenschaften der Menschheit bereichert.

Tora-Rolle

Megilla — Buch Esther, Pergament, Venedig, 18. Jh.

Megilla, Pergament, Amsterdam, 18. Jh.

Megilla, Pergament, Italien, 18. Jh.

Megilla, Pergament, illuminiert von Natan, Sohn des Joseph, Schreiber der Heiligen Tora-Rollen, 18. Jh.

Isidor Kaufmann, Rabbiner mit bekleideter Tora

Bekleidete Tora mit Krone

Bekleidete Tora mit Rimmonim

Meil — Tora-Mantel
mit Gesetzestafeln, 1896

Meil, Detail

Parochet — Vorhang
vor dem Tora-Schrank, Detail

Tasche für den Tallit, 1752

Tora-Krone, Silber, 18. Jh.

Tora-Krone, Silber, 1819

Tora-Krone, Silber, Mitte des 19. Jh.

Rimmonim, Silber, Anfang des 20. Jh.

Jad — Tora-Zeiger, Silber, 18. Jh.

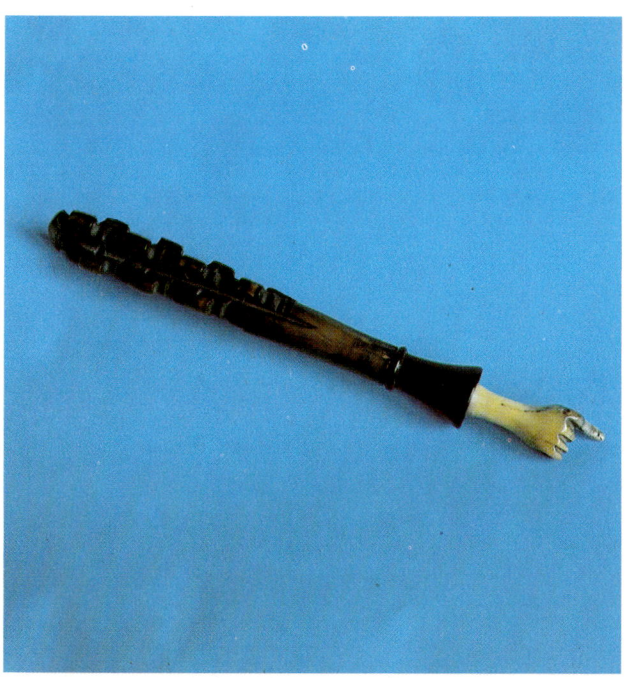

Jad, Elfenbein und Mahagoni, 18. Jh.

Jad, Silber, 18. Jh.

Tass — Tora-Schild, Silber, Anfang des 18. Jh.

Tass, Silber, 18. Jh.

Tass, Silber, 18. Jh.

Tass, vergoldetes Silber, 19. Jh.

Tass, Silber, Ende des 19. Jh.

Aron hak-kodesch — Schrein zur Aufbewahrung des auf Pergament handgeschriebenen Pentateuch. Alte Synagoge in Krakau

Jakob Glasner, In der Alten Synagoge in Krakau

Parochet, 18. Jh.

Einband eines Gebetbuches,
Silber, 18. Jh.

Festtagskäppchen, 18. Jh.,
Verlobungsring, 19. Jh.

Festtagskäppchen, 18. Jh.

Atara — „Kragen" für den Tallit

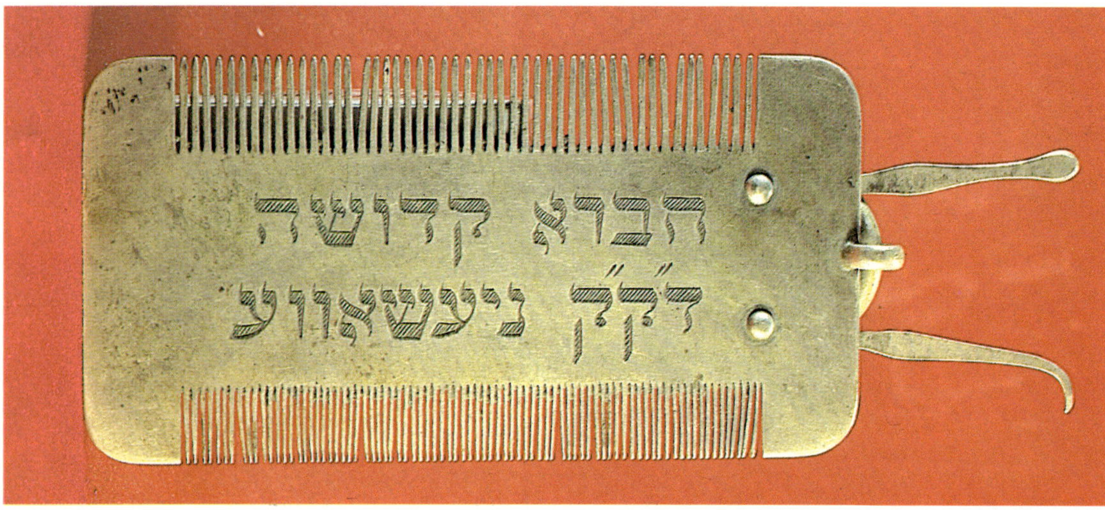

Totenkamm der Chewra kaddischa in Nieszawa, Silber, Ende des 19. Jh.

Tefillin — Gebetriemen mit Bibel- und Psalmentexten, Leder, 19. Jh.

Almosenbüchse, Silber, 1901

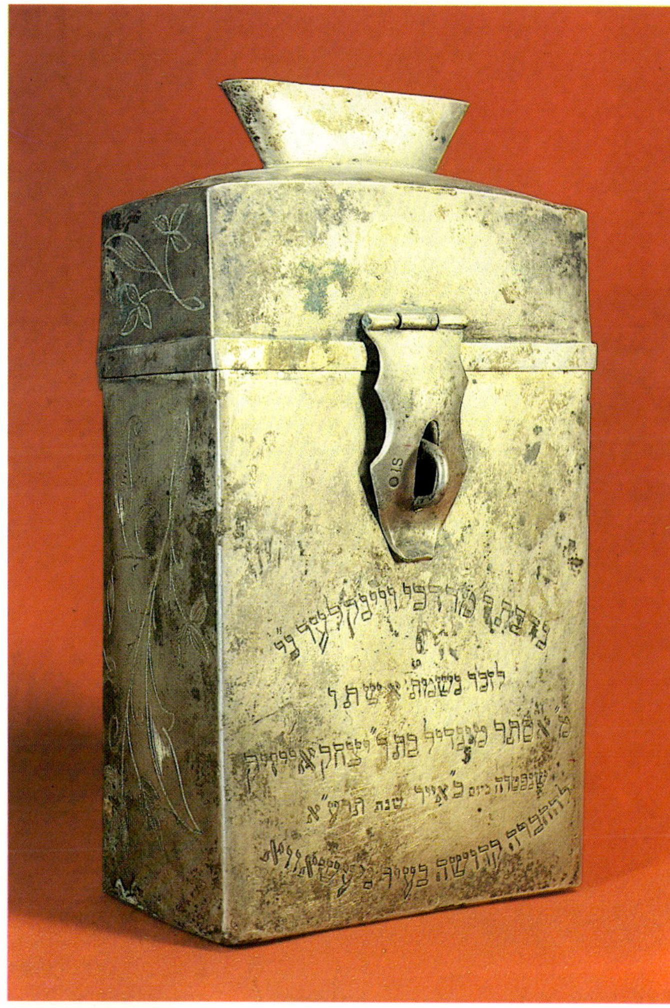

Tefillin-Gehäuse, Silber, 18. Jh.

Chanukka-Leuchter, Silber, 18. Jh.

Chanukka-Leuchter, Silber, 18. Jh.

Chanukka-Leuchter, Silber, 18. Jh.

Chanukka-Leuchter, Silber, 19. Jh.

Chanukka-Leuchter, Silber, 19. Jh.

Chanukka-Leuchter, Silber, 19. Jh.

Besamim-Büchse — Gefäss
zur Aufbewahrung von wohlriechenden
Gewürzen, Silber,
Ende des 18. Jh.

Besamim-Büchse, Silber,
Ende des 18. Jh.

Besamim-Büchse, Silber,
2. Hälfte des 19. Jh.

Besamim-Büchse, Silber, 2. Hälfte des 19. Jh.

Besamim-Büchse, Silber, 2. Hälfte des 19. Jh.

Etrog-Dose, Silber, 20. Jh.

Etrog-Dose, Holz, 20. Jh.

Sabbat-Teller, Silber, 19. Jh.

Seder-Teller,
Metall, 20. Jh.

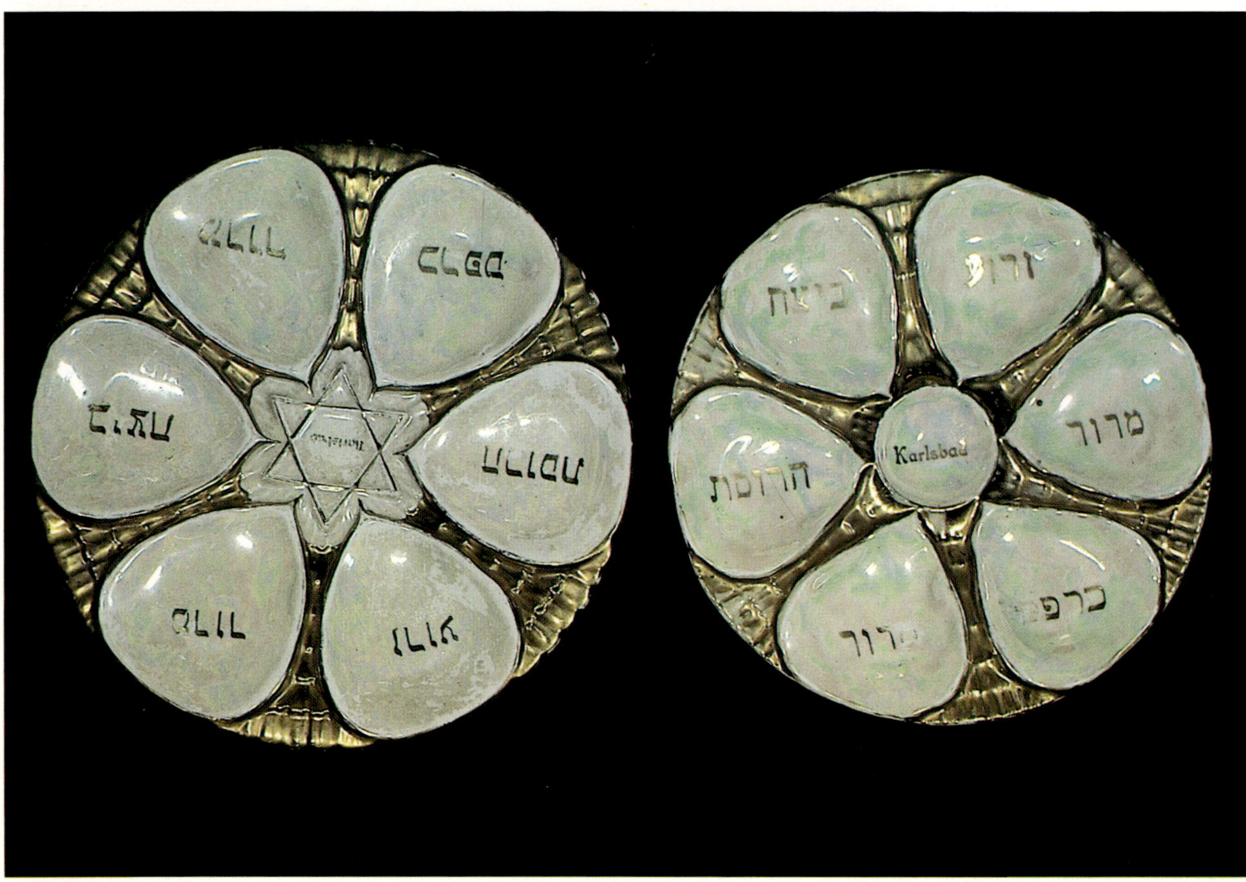

Seder-Teller, Porzellan, 20. Jh.

Mazza-Beutel,
Anfang des 19. Jh.

Mesusot — Kapseln für Bibelsprüche zum Anbringen am Türpfosten, 20. Jh.

Chanukka-Leuchter, Messing, 20. Jh.

Chanukka-Leuchter, Silber, 20. Jh.

Chanukka-Leuchter, versilbert, 19. Jh.

Ehevertrag, Pergament, Rom, 1804

Chuppa —Trauhimmel, 1891

Krakau, Alte Synagoge, das älteste Denkmal der sakralen jüdischen Architektur in Polen

Krakau, Eingang zur Remo-Synagoge, gestiftet Mitte des 16. Jh. vom Kaufmann Israel Isserles

Tykocin, Synagoge, 1642

Tykocin, in der Synagoge
vor der Restaurierung

Detail der in den Jahren 1974—1978 restaurierten Ornamente und rekonstruierten hebräischen Inschriften aus dem 17. und 18. Jh.

Zamość, Synagoge, 17. Jh.

Szczebrzeszyn, Synagoge,
Anfang des 17. Jh.

Szczebrzeszyn, Synagoge

Rzeszów,
Altstädtische Synagoge,
Anfang des 17. Jh.

Lesko, Synagoge, 17. Jh.
An der Giebelwand der Bibelspruch:
„Wie heilig ist diese Stätte!
Hier ist nichts anderes als
Gottes Haus, und hier ist
die Pforte des Himmels."

Łęczna, Synagoge, um 1648

Łańcut, Synagoge, 18. Jh.

Chęciny, Synagoge, 17. Jh.

Przysucha, Synagoge, 18. Jh.

Dąbrowa Tarnowska, Synagogengewölbe mit polychromer Malerei, u.a. Tierkreiszeichen

Krakau, Synagoge, sog. Tempel, um 1862

Tarnów, Bima
der von den Hitlerfaschisten
niedergebrannten Synagoge

Krakau, Bethaus
der Bruderschaft
Koba Itim l'Tora

Zygmunt Nadel, Jude im Kalpak

Szymon Buchbinder, Betender Jude

Maurycy Gottlieb, Selbstbildnis in orientalischer Tracht

Maurycy Gottlieb, Ahasver

Maurycy Gottlieb, Bildnis der Schwester des Künstlers

Maurycy Trębacz, Greis

Artur Markowicz, Gebet

Adolf Behrman, Wasserträger

Wilhelm Wachtel, Knabe

Leopold Gottlieb, Dr. Kupczyk

Leon Lewkowicz, Mann mit Pfeife

Józef Mittler, Nach dem Pogrom

Józef Messer, Lesende

Rafael Lewin, Alte Synagoge in Wilna

Max Naheman, Schneider

Antoni Grabarz, Kürschner

Henryk Gotlib, Frau mit Hut

Fryc Kleinman, Juden mit der Tora

Roman Kramsztyk, Bildnis eines Mannes

Efraim und Menasze Seidenbeutel, Bildnis eines Mannes

Jan Gotard, Märchen vom Aschenputtel

Jankiel Adler, Die letzte Stunde Rebes

Jankiel Adler, Geiger

Jankiel Adler, Meine Eltern

Eliasz Kanarek, Idylle

Marcin Kitz, Kleinstadt

Henryk Berlewi, Dibbuk

Adam Muszka, Grüne Bassgeige

Henryk Berlewi, Glaser

Bruno Schulz, Selbstbildnis

Roman Kramsztyk, Jüdische Familie im Ghetto

Norbert Strasberg, Ekstase

Gela Seksztajn, Mädchen

Marek Oberländer, Nie wieder Ghetto

Krakau, Remo-Friedhof

Krakau, Remo-Friedhof,
Grabmal des Moses Isserles
(gest. 1572), eines hervorragenden
Gelehrten und Talmud-Kommentators

Krakau, Remo-Friedhof, nach dem Zweiten Weltkrieg aus Überresten der von den Hitlerfaschisten zerstörten Grabmäler errichtete Mauer

Warschau, Friedhof in der Okopowa-Strasse, Grabmal des Berek Sonnenberg (gest. 1826), Sohn des bekannten Kaufmanns Szmul Zbytkower

Flachrelief am Grabmal des Berek Sonnenberg mit der Darstellung des Motives aus dem Psalm 137 „An den Flüssen Babylons", ein Werk David Friedländers

Warschau, Grabmal des Samuel Poznański (gest. 1921), eines Predigers und Gelehrten, Entwurf Henryk Stifelman

Warschau, Grab der Ester Rachel Kamińska (gest. 1925), Schauspielerin und Gründerin des jüdischen Theaters in Warschau. Daneben das Grab des Schauspielers Chewel Buzgan (gest. 1971)

Grabmal der Schriftsteller Schalom An-Ski, Jakob Beniamin Dinesohn und Isaak Leib Perez, errichtet 1924 nach einem Entwurf von Abraham Ostrzega

Warschau, Denkmal zu Ehren der beim Ghettoaufstand ums Leben gekommenen Mitglieder des „Bund"

DR. MICHAŁ
SZULDENFREI
1·VII·1965
OBROŃCA POLITYCZNY
WYBITNY DZIAŁACZ
"BUNDU"
CZŁONEK KRN
POSEŁ NA SEJM
USTAWODAWCZY
DYR. BIURA PRAWNEGO
URZĘDU RADY
MINISTRÓW

Szydłowiec, Friedhof

Szydłowiec, Grabmal eines Priesters, 1877

Ostrowiec Świętokrzyski, Friedhof

Lubaczów, Friedhof

Sieniawa, Grabstein des Jechaskel Halbersztam, 1899

Tarnów, Grabstein im alten Teil des Friedhofs

Tarnów, Grabstein, 16. Jh.

Lublin, Grab des „Sehers von Lublin" Jakob Isaak Horowitz (gest. 1815), eines der Väter des Chassidismus

המצבה הזאת מצבת
קודש קדושת רבינו גאון עוז״נ
מאור עינינו תפארת לבבינו וכל
בית ישרא׳ יבכו כי חשך אור
איש קדוש
המפורס׳ בכל קצוי ארץ
אשר רבים השיב מעון ורבים
ששמחה נהפך ליגון ביום המר
תנצבה

Lesko, Friedhof

Leżajsk, Ohel des Zaddik Elimelech von Leżajsk (gest. 1787), eines der Begründer des Zaddikismus

Chrzanów, Friedhof

Ożarów, Friedhof

Sandomierz,
aus Grabmälern errichtetes
Denkmal zu Ehren
der Kriegsopfer

Sandomierz,
Denkmal, Detail